KNAUR.LEBEN

Über den Autor:

Matt Fraser ist *New York Times*-Bestsellerautor und Amerikas führendes Medium. Er ist außerdem der Star der Reality-TV-Serie »Meet the Frasers«. Seine Live-Events, Fernsehauftritte und spirituellen Lehren schenken Menschen auf der ganzen Welt Hoffnung und Heilung. Matts außergewöhnliche Fähigkeiten ermöglichen es Millionen – von Prominenten über Influencer bis hin zu gewöhnlichen Menschen – weltweit, in Kontakt mit jenen zu treten, die sie verloren haben. Über ihn wurde u. a. in der *New York Times,* in *People* und auf *CBS Radio* berichtet; zudem ist er ein gefragter TV-Show-Gast.

Matt Fraser

Wir alle sind unsterblich

Ein Medium beantwortet unsere drängendsten Fragen zum Weiterleben nach dem Tod

Aus dem amerikanischen Englisch von Elisabeth Liebl

KNAUR.LEBEN

Die Originalausgabe erschien 2022 unter dem Titel *We never die*
bei Gallery Books, einem Imprint von Simon & Schuster, Inc.

Die in diesem Buch vorgestellten Übungen wurden vom Autor und dem Verlag sorgfältig geprüft und haben sich in der Praxis bewährt. Da jeder Mensch für sich besonders ist, können wir allerdings Ergebnisse nicht garantieren. Der Verlag und der Autor schließen jegliche Haftung für Gesundheits- und Personenschäden aus.

Besuchen Sie uns im Internet:
www.knaur-leben.de

MIX
Papier | Fördert gute Waldnutzung
FSC® C014496

Deutsche Erstausgabe Juni 2024

Redaktion: Ralf Lay
Covergestaltung: ZERO Werbeagentur, München
Coverabbildung: Collage unter Verwendung
von Motiven von Shutterstock.com
Satz und Layout: Adobe InDesign im Verlag
Druck und Bindung: GGP Media GmbH, Pößneck
ISBN 978-3-426-44694-2

2 4 5 3

· Inhalt ·

Dieses Buch ist all jenen gewidmet,
die den Verlust eines geliebten Menschen betrauern.
Ich hoffe, dass das, was du auf den folgenden Seiten findest,
dir helfen wird, den Menschen, die du liebst,
im Geist näherzukommen.

· Vorwort ·

von Alexa Fraser

Was geschieht mit uns, wenn wir sterben? Noch vor sechs Jahren lag die Antwort auf diese Frage für mich vollkommen im Dunkeln. Ja, die Frage selbst war etwas, worauf ich die Antwort gar nicht kennen wollte. Allein beim Gedanken an Tod und Sterben schwirrte mir der Kopf, und mein Magen begann zu revoltieren. Mir Filme zum Thema anzusehen, Bücher zu lesen oder mich an Gesprächen darüber zu beteiligen, war mir unmöglich.

Auch bei uns zu Hause war der Tod nicht eben ein gängiges Gesprächsthema ... meine Cousins und ich durften nicht einmal zur Beerdigung unserer Oma mitkommen. Wir blieben mit einem Babysitter daheim. Die einzige Erinnerung, die ich an ihren Sterbetag habe, ist, dass ich bei meinen anderen Großeltern zu Besuch war und gerade in meinem Halloweenkostüm losziehen und »Süßes oder Saures« einfordern wollte, als mein Vater, nachdem er mit meiner Mutter telefoniert hatte, langsam die Treppe heraufkam und mit leiser Stimme sagte: »Sie ist von uns gegangen.« Ich weiß noch, wie ich vor mich hin starrte und die Übelkeit in mir hochstieg. Ich habe nicht geweint. Ich glaube, ich habe nicht einmal ein Wort gesagt. Ich war traurig, keine Frage, aber noch mehr war ich schockiert, dass sie nicht mehr hier mit uns auf der Erde war. Ich erinnere mich noch, wie ich später an diesem Halloweenabend mit einem Sack voller Süßigkeiten zurück zu meinen Onkeln und Tanten kam, die im schwach beleuchteten Wohnzimmer meiner Großmutter saßen und sich, wie es mir vorkam, Hunderte von Fotos anschauten. Ich sah, wie alle weinten und wie sich in dieses Weinen hin und wieder ein leises Lachen mischte, wenn sie sich an Begebenheiten aus der Zeit erinnerten, als Oma noch lebte. Ich mochte es ganz und gar nicht, wie ich mich an diesem Abend fühlte. Es war alles so dunkel und still und traurig. Meine Verwirrung hätte nicht größer sein können. Ich wusste nicht, ob ich weinen, lachen oder mit irgendjemandem reden sollte.

Als wäre das Hinscheiden meiner Großmutter nicht genug gewesen, um mich schon in jungen Jahren mit dem Tod zu konfrontieren, sahen meine Eltern sich im Fernsehen am liebsten »Wahre Verbrechen« an. Irgendeine True-Crime-Sendung lief bei uns immer im Hintergrund. Möglicherweise ging *ihnen* ja nicht unter die Haut, was da über den Bildschirm flimmerte. Sie konnten sich ungerührt von diesen Bildern abwenden, um ein Buch zu lesen, zu kochen oder Arbeiten am Computer zu erledigen. Meine jungen Augen aber klebten förmlich am Fernseher. Es entsetzte mich, auf wie viele grausame Arten Menschen zu Tode kamen. Natürlich war das Ganze aufbereitet und nachgestellt, aber das änderte nichts daran, dass alles, was mit Tod und Sterben zusammenhing, mir Beklemmungen verursachte.

Fünfzehn Jahre lang versuchte ich dann, jeden Gedanken an den Tod so weit als möglich von mir wegzuschieben. Was natürlich nicht gelang. In der Highschool-Zeit hatte ich eine weitere schreckliche Begegnung mit dem Tod. Einer meiner Freunde wurde, als er spätabends mit dem Rad unterwegs war, von einem Auto überfahren. Ich weiß noch, wie der Schuldirektor am Tag darauf in der ersten Stunde – wir hatten Spanisch – hereinkam und uns mit gefasster Stimme mitteilte, dass einer unserer Klassenkameraden einen tödlichen Unfall gehabt hatte. Mir sackten Herz und Magen in die Kniekehle, und mir wurde schwindelig, sodass ich mich in meine Bank setzen musste. Ich konnte nicht glauben, was ich da hörte. Die Beisetzung verlief geradezu tragisch. Seine vierzehnjährige Freundin fing an seinem Sarg an loszuschreien ... Du kannst dir die Szene vielleicht vorstellen.

Wenn jemand das Wort »Tod« nur in den Mund nahm, liefen mir kalte Schauer über den Rücken. Jetzt fragst du dich vielleicht: »Wieso fängt denn ein Mädchen, das vor nichts mehr Angst hat als vor dem Tod, ausgerechnet mit jemandem, der Tote hören und sehen kann, eine Beziehung an?« Das frage ich mich auch jeden Tag aufs Neue, aber ich nehme mal an, das ist Schicksal, oder?

Als ich Matt kennenlernte, war ich drauf wie eben geschildert. Ich hatte die Gedanken an Tod und Sterben so tief in den hintersten Winkel meiner selbst verbannt, dass ich nicht einmal begriff, was Matt da eigentlich machte. Ich weiß noch, wie ich mit ihm in einem Coffeeshop am Hochtisch saß und meine Beine von diesem hohen Hocker baumelten. Ich stellte ihm allerhand doofe Fragen. »Aha ... du siehst also dauernd tote Leute, die durch die Gegend spazieren?« Er reagierte nett und freundlich und musste sich vermutlich immer wieder mal das Lachen verkneifen. Ich schätze, er konnte mir ansehen, dass ich einfach nicht kapierte, dass er ein Medium war. Außerdem war ich damals gerade mal achtzehn – wozu in aller Welt sollte ich ein Medium brauchen? Da ich normalerweise nie an den Tod dachte und schon gar nicht darüber sprach, hatte ich natürlich auch noch nie von medial veranlagten Menschen gehört. »Und? Kannst du jetzt gerade jemanden sehen, der um mich herumspaziert?«, fragte ich ihn und kicherte, als hätte ich einen guten Witz gemacht. Ich dachte nicht, dass er darauf überhaupt reagieren würde. Ich fragte mich, ob er jetzt einen Packen Karten hervorziehen, einen Zauberspruch aufsagen oder irgendwas Komisches mit seinen Händen machen würde. Er aber sagte einfach nur: »Ja, ich kann hinter dir deine Oma sehen.« Ich kann mir nur vorstellen, was ich in dem Moment für ein Gesicht gemacht haben muss. Mir klappte die Kinnlade herunter, und ich starrte ihn an. Ich vermute mal, ich war bleich wie ein Gespenst (was ja passte ...). Mein Gesicht wurde glühend heiß, während mir zugleich von der Stirn abwärts bis hinunter zu den Zehen der kalte Schweiß aus allen Poren trat. »Sie steht direkt hinter dir.« Mir war, als müsste ich mich gleich übergeben. Nicht, dass es mich nicht gefreut hätte zu hören, dass meine so innig vermisste Oma noch da war. Nein, einfach weil dieser Typ, den ich eben erst kennengelernt hatte und der so ganz und gar normal wirkte, mit seinen Augen meine Oma deutlich *sah.* Ich konnte einfach nicht fassen, was da gerade ablief. »Ich sehe auch, dass du eine kleine Tasche von ihr bei dir hast, die ihr in deiner Familie aufgehoben habt und untereinander herumgebt.« Gut, das wäre eigentlich das Stichwort gewesen, um fluchtartig den Raum zu verlassen. Habe ich schon erwähnt, dass ich auch an Angststörungen leide? Das hier war ganz bestimmt nicht ideal für mich.

Ich versuchte, so ruhig, cool und gelassen wie nur möglich zu bleiben. Ich sprang vom Hocker und griff mir die Handtasche, die ich auf dem Nachbartisch abgelegt hatte. Ich machte den Reißverschluss auf und holte einen kleinen hellblauen Beutel mit einem Kreuz drauf heraus. Dieses Beutelchen hatte meiner Oma (»Grammy«) gehört. Es enthielt ihre Ringe und ein paar andere Schmuckstücke, Perlen von einem Rosenkranz und ein silbernes Gebetsmedaillon. Das Beutelchen geben wir in unserer Familie immer der- oder demjenigen, der beziehungsweise die es gerade am dringendsten braucht – weil eine wichtige Prüfung oder ein Vorstellungsgespräch bevorsteht oder man eben an Angststörungen leidet. Niemand, der nicht zur Familie gehörte, wusste von der Existenz dieses Beutels. Woher auch? Ich war völlig fertig, gelinde gesagt.

Vielleicht denkst du jetzt, dass mit mir etwas nicht ganz stimmen kann, wenn ich dir sage, dass mir das Thema »Tod« immer noch Unbehagen verursachte – selbst nachdem Matt mir bei unserem ersten Treffen dieses Reading gegeben und ich diese schönen Dinge über meine Oma erfahren hatte. Als Matt und ich uns dann öfter trafen und einander allmählich näherkamen, lud er mich ein, doch einmal zu einem seiner Live-Gruppen-Readings mitzukommen. Ich dachte nur: »Es gibt also tatsächlich Leute, die freiwillig zu so was gehen?« Und so saß ich mit Hunderten aufgeregter, trauernder Menschen in einem Raum und versuchte, mich anzupassen. Matt wählte nach dem Zufallsprinzip eine Person aus dem Publikum aus und übermittelte ihr Botschaften von Verwandten oder geliebten Menschen, die gestorben waren, wobei er eine Tatsache nach der anderen aus deren Leben erzählte. Die Leute brachen in Schluchzen aus, manche schrien auch. Viele waren von Matts Worten absolut überwältigt. Die Energie im Raum war so ganz anders als alles, was ich bis dahin in meinem Leben erfahren hatte. Das Ganze war eine Achterbahn der Emotionen, und ich war mir nicht sicher, ob ich damit etwas zu tun haben wollte. Ich saß da mit gesenktem Blick und versuchte mich abzulenken, indem ich an meinen Fingernägeln herumnestelte oder auf mein Handy schaute. Das funktionierte aber immer nur kurz, denn ich konnte die Botschaften, die Matt diesen Fremden übermittelte, einfach nicht überhören. Menschen, mit denen er bis dahin keinerlei Kontakt gehabt hatte. Die Stimmung im Raum war unbeschreiblich. Als ließe sich die Erleichterung der Menschen, das Gefühl, endlich mit etwas abschließen zu können, förmlich mit Händen greifen. Dieses Erlebnis hat mich für immer verändert.

Vielleicht bin ich als Matts Frau nicht ganz unvoreingenommen, aber was er hat, ist eine gottgegebene Begabung. Die Art und Weise, wie er mit den Leuten redet und wie sie spontan darauf reagieren, die Emotionen, die in ihnen aufsteigen, wenn er über die geliebten Menschen spricht, die sie so sehr vermissen – all das ist eine Wahnsinnserfahrung. Es ist eine Ehre, es miterleben zu dürfen.

Was mich am meisten verändert hat, ist nicht das, *was* Matt sagt (obwohl er darin unglaublich genau ist und es einen echt umhaut, was er über ihm völlig fremde Menschen weiß). Aber das Entscheidende ist, *wie* er es sagt. Sobald Matt mit dir spricht, stellt sich sofort ein Gefühl von Nähe und Vertrautheit ein. Er sieht dich an mit seinem wunderbaren, freundlichen Lächeln und seinen sanften braunen Augen, und du fühlst dich gleich sicher und geborgen. Er hat ein ausgesprochen warmes, einladendes Wesen, und dabei ist er eine elektrisierende, umgängliche Persönlichkeit. Niemand außer ihm kann den Tod als etwas so Lichtes und Besonderes erscheinen lassen. Die Art, wie Matt sich selbst und das Gehörte präsentiert, während er scherzt und einen umarmt, nimmt den Menschen eine schwere Last von der Seele. Er kann dir das Gefühl geben, dass ein verstorbener geliebter Mensch tatsächlich neben dir sitzt oder steht (was sie ja auch tun), aber das eigentlich Unerklärliche ist die Empfindung dabei. Und er ist der Einzige, der sie dir geben kann.

In den sechs Jahren, die ich mittlerweile mit Matt zusammen bin, haben sich meine Ansichten über Tod und Sterben geändert. Ich habe viel gelernt, denn Matt ist ein außergewöhnlicher Lehrer. Er hat mir in einfühlsamen Gesprächen die andere Seite nähergebracht und mir vermittelt, wie schön der Tod sein kann und wie eng die Verbindung zu geliebten Menschen ist, auch wenn sie körperlich nicht mehr hier bei uns sind. Jeden Tag stelle ich Matt Fragen über den Tod und den Himmel – wenn wir im Auto unterwegs sind, miteinander kochen oder bis zwei Uhr früh im Bett reden, obwohl wir eigentlich schlafen sollten. Er hat mir die Augen für eine andere Welt geöffnet, eine Welt, die mir, wie ich zu meinem großen Bedauern sagen muss, lange Zeit verschlossen war. Während ich ihn zu seinen Auftritten in Tanzsälen von Hotels, mittlerweile auch in Theatern und Gemeindezentren begleite, genieße ich es immer mehr, die Geschichten und Botschaften all dieser Menschen zu hören. Mittlerweile freue ich mich darauf. Wie Matt einer Person, die schwer unter der Trauer über den Tod eines geliebten Menschen gelitten hat, zu hellem Lachen, spontaner Freude und dem Gefühl, einen Abschluss gefunden zu haben, verhilft, muss man selbst miterlebt haben, um es zu verstehen. Ich genieße es immer wieder, wenn ich sehe und spüre, wie sich im Verlauf seiner Readings bei den Menschen, die schwere Kämpfe durchzustehen hatten, emotional etwas löst, während er ihre Hand hält. Es macht mir Freude, bei Matts Kursen und Vorträgen dabei zu sein, ihm zuzuhören und jedes Mal etwas Neues zu lernen. (Nein, ich kann nicht genug davon bekommen, ihn zu sehen, obwohl wir täglich beisammen sind.) Ich freue mich jedes Mal von Herzen auf das, was Matt mir über das Leben nach dem Tod, den Himmel und das, was unsere Lieben tun, erzählen wird. Matt hat mein Herz und meinen Geist dafür geöffnet, den Tod und mit ihm den Kreislauf des Lebens und dessen Schönheit anzunehmen. Ich hatte zuvor nie wirklich gespürt, wie nah unsere Lieben uns sind, auch wenn sie uns weit weg vorkommen. Ich habe eine starke Intuition entwickelt, sodass ich die geistige Welt nun auf so ganz andere Weise spüren und mich darauf einlassen kann. Matt hat mir gezeigt, wie ich Verbindung mit meiner Energie aufnehmen kann. Er ermutigt mich, jeden Tag zu beten und mit meinen Lieben, die diese Welt verlassen haben, zu sprechen. Dieser Weg war und ist so schön – ich kann gar nicht fassen, dass ich ihn nie eingeschlagen hätte, wäre ich Matt nicht begegnet … Aber wie schon gesagt: Schicksal, nicht wahr?

Bist du auch nur ansatzweise so gestrickt wie ich, also ziemlich neugierig (und manchmal etwas ängstlich), dann hast du wahrscheinlich auch jede Menge Fragen! Matts Buch kann dir helfen, zu dir selbst zu finden und dich für deine Spiritualität auf eine Weise zu öffnen, die du nicht für möglich gehalten hättest. Ich möchte dich ermutigen, beim Lesen so offen wie nur möglich zu bleiben und darüber nachzudenken, wie schön der Tod tatsächlich sein kann ... Ja, so verrückt das klingen mag, gerade wenn jemand wie ich das sagt!

· Eine Botschaft von Matt Fraser für dich ·

ICH WEISS, WARUM DU HIER BIST!

Der Tod eines geliebten Menschen ist eine der emotional belastendsten Erfahrungen, durch die man gehen kann. Doch das Geheimnis ist: Der Mensch, den du verloren hast, ist nicht wirklich verschwunden. Als Medium kann ich Hinterbliebenen helfen, Verbindung zu verstorbenen Freunden und Verwandten aufzunehmen. Und ihnen so beweisen, dass der Mensch, den sie so schmerzlich vermissen, nicht wirklich tot ist – er ist jetzt nur in ein anderes Sein eingetaucht. Das zu erkennen, kann das ganze Leben verändern.

Stünde es in meiner Macht, etwas für die ganze Menschheit zu tun, dann würde ich dafür sorgen, dass jeder nur einmal einen Tag lang das Leben so erfahren kann, wie es einem Medium möglich ist. Könnten die Leute sehen, was ich sehe, würde das dem Tod etwas von seinem Schrecken nehmen, von dem Dunkel, das ihn umgibt. Wo immer ich bin, sehe ich die »Toten« neben den »Lebenden« – eine Tochter im Geist, die neben ihrer Mutter an der Supermarktkasse Schlange steht. Einen Vater, der vor Jahren diese Welt verlassen hat und über seinen Sohn wacht, der mit der U-Bahn zur Arbeit fährt. Ein treues Haustier, das hinübergegangen ist und seinem Herrchen oder Frauchen immer noch überallhin folgt. Diese Seelen sind mit ihren Lieben auf ewig verbunden. Und egal, welche (Horror-)Filme du im Fernsehen oder im Kino vielleicht gesehen hast, ich kann dir eines versichern: Die »Toten« sind keinesfalls so Furcht einflößend, wie sie dort meist gezeigt werden!

Wie oft überlegen wir, was wir unseren Lieben sagen würden, die jetzt im Himmel sind, aber hast du dich schon einmal gefragt, was sie *dir* sagen würden? Hast du, während du dich auf ein Leben ohne sie einrichtest, schon einmal darüber nachgedacht, wie deine Lieben sich das Leben auf der anderen Seite einrichten? Ich möchte dir helfen zu verstehen, was aus Sicht der Verstorbenen geschieht, denn je mehr du über das Leben auf der anderen Seite weißt, desto näher wirst du dich denen fühlen, die jetzt in der geistigen Welt leben.

Und aus genau diesem Grund wollte ich dieses Buch schreiben.

Als Medium kommuniziere ich täglich mit den »Toten«. Das war aber nicht immer so. Es gab eine Zeit, da habe ich meine Gabe verdrängt in dem verzweifelten Bemühen, »normal« zu sein. Und so habe ich die »Toten« viele Jahre lang weder gesehen noch gehört oder gespürt. Erst als ich, gegen Ende meiner Teenagerzeit, selbst zu einem Medium ging, erkannte ich, dass ich einen Riesenfehler machte. Von da an widmete ich mein Leben dem Bemühen, meine Gabe zu verfeinern und so viel wie möglich über die geistige Welt zu erfahren. Als ich meine medialen Fähigkeiten wiederentdeckte, wurde mir bewusst, dass jeder Mensch eine Verbindung zur himmlischen Welt hat und seine Lieben, die in diese Welt hinübergewechselt sind, auf seine einmalige, ureigenste Art und Weise spüren kann.

Und es gibt noch etwas, was die Menschen tröstet: So intensiv wir uns bemühen, uns mit unseren Lieben zu verbinden, so intensiv versuchen sie, Kontakt mit uns aufzunehmen. Sie lassen uns wissen, dass sie in vielen unterschiedlichen Formen bei uns sind.

Hier ist es also: mein Buch über das Leben nach dem Tod! Alles, was hier steht, habe ich in vielen Gesprächen mit Seelen auf der anderen Seite erfahren. Die im Folgenden vorgestellten Einsichten beruhen ausnahmslos auf authentischen Erfahrungen meinerseits und auf den Botschaften, die ich erhalten habe. Doch denke beim Lesen immer daran: Jeder von uns hat seine individuellen Glaubensvorstellungen. Wenn also etwas von dem, was du hier liest, dich nicht anspricht, dann nimm nur das, was dein Herz berührt, und vergiss das Übrige.

Wenn du selbst medial veranlagt bist und deine Gabe besser verstehen möchtest, wenn du über den Verlust eines geliebten Menschen trauerst oder einfach mehr über das Leben auf der anderen Seite wissen willst, dann bist du hier richtig.

Ich hoffe, dieses Buch wird dir ein hilfreicher Begleiter sein auf deiner eigenen spirituellen Reise!

Mögest du stets gesegnet und inspiriert bleiben!

· 1 ·

Das große Einmaleins der sensitiven Veranlagung

»Jeder von uns ist zumindest ein bisschen sensitiv veranlagt!«

WAS BEDEUTET »SENSITIV VERANLAGT«?

Hast du je über einen anderen Menschen etwas Bestimmtes einfach *gewusst* oder ein Ereignis vorhergesagt, bevor es eingetroffen ist? Wenn ja, dann hast du dich vielleicht gefragt: »Woher weiß ich, ob es sich bei dem, was ich wahrnehme, um eine übersinnliche Erkenntnis handelt, um den Nachhall eines früheren Erlebens oder schlicht um Wunschdenken?«

Diese Frage wird mir immer wieder gestellt.

Die Antwort lautet: Vielleicht kommt da mehr zusammen als nur diese Möglichkeiten.

Unser sechster Sinn

Denk einfach an irgendeine beliebige Erfahrung in deinem Alltag. Gewöhnlich sind daran mehr als nur einer deiner Sinne beteiligt. Wenn du zum Beispiel ein Brot isst, dann hast du eine bestimmte

Geschmacksempfindung. Aber gleichzeitig siehst, fühlst und riechst du dein Brot auch – und wenn du es zuvor getoastet hast, dann kannst du auch hören, wie es knuspert, wenn du hineinbeißt.

Unsere sensitiven Fähigkeiten aber gehen über unsere fünf primären Sinne Sehen, Hören, Schmecken, Fühlen und Riechen hinaus. Dieser sechste Sinn ermöglicht es uns, das Unsichtbare zu sehen und zu deuten. Unser sechster Sinn bedient sich dabei unserer fünf primären Sinne, die er auf eine höhere Stufe hebt, sodass sie über den normalen Erfahrungsbereich hinausreichen.

Mit unseren sensitiven Fähigkeiten zapfen wir die Energie des Universums an. Wenn du dem Universum eine Frage stellst, dann ist das ein bisschen so wie eine Google-Suche – mit dem Unterschied, dass du hier nicht auf das Internet und seinen Datenpool zugreifst, sondern auf ein Meer grenzenloser Weisheit.

Auf diese Weise beschreiben viele Sensitive und Medien ihre Erfahrungen. Wie bei einer Internetrecherche musst du deine Frage klar formulieren, sonst bekommst du nicht die richtige Antwort. Und noch etwas: Du kannst nie genau sagen, woher oder auf welchem Weg die Antwort zu dir gekommen ist. Sie kommt einfach.

Sich auf Freunde und die Familie einstimmen

Bei den meisten sensitiv Veranlagten gibt es bestimmte Bereiche, in denen sich ihre Begabung am stärksten bemerkbar macht. Ich zum Beispiel weiß immer, wenn jemand aus meiner Familie oder ein enger Freund irgendetwas Besonderes erlebt. Dann verspüre ich plötzlich den starken Drang, zu ihnen Kontakt aufzunehmen. Auch wenn die betreffende Person weit weg lebt oder ich nur gelegentlich mit ihr spreche, geht sie mir ständig durch den Kopf – und will gar nicht mehr heraus!

Als ich neulich den Abfall rausbrachte, blitzte in mir plötzlich der

Gedanke an Freunde auf, die in Florida leben. Ich musste unwillkürlich an ihren Hund denken. Dieser Hund war für sie wie ein Kind. Sie hingen wirklich sehr an dem Tier, und ich hatte das Gefühl, dass der Hund krank oder vielleicht sogar tot war. Daher wollte ich mich bei ihnen melden. Aber bei dem Gedanken, sie anzurufen, fühlte ich mich unwohl: Was sollte ich sagen? Was, wenn sich meine Signale irgendwie überlagert hatten und der Hund in Wirklichkeit wohlauf war? Statt sie anzurufen, beschloss ich also, sie zu besuchen. Wir verabredeten uns zum Abendessen; und kaum hatten wir uns an den Tisch gesetzt, erzählten sie mir auch schon, dass ihr Hund gestorben war. Meine Intuition hatte mich also nicht getäuscht. Ich konnte sie jedoch trösten mit der Versicherung, dass ihr Hund voller Frieden war.

Intuition beziehungsweise unsere sensitive Veranlagung kann die unterschiedlichsten Formen und Gestalten annehmen. Sie kann dich vor einer möglichen Gefahr warnen, die dir selbst, einem lieben Menschen oder auch einem dir völlig Fremden droht. Und sie kann dich auf die Höhepunkte des Lebens wie die Geburt eines Kindes oder die Begegnung mit deinem Seelenpartner vorbereiten.

Vertrau deinem Bauchgefühl

Kurz zusammengefasst, kann man sagen: Ein sensitiv veranlagter Mensch weiß Dinge, bevor sie geschehen. Viele Menschen haben solche übersinnlichen Einsichten, wissen es aber nicht und suchen alle möglichen anderen Erklärungen für das, was sie spüren. Sensitiv veranlagt zu sein, hat allerlei Vorteile – aber um in ihren Genuss zu kommen, musst du erst lernen, der Stimme deiner Intuition zu vertrauen.

Sensitiv zu sein, das hört sich mystisch, ja »abgedreht« an – aber eigentlich handelt es sich dabei um eine praktisch recht nützliche

Fähigkeit. Sie kann dir helfen, in allen Angelegenheiten bessere Entscheidungen zu treffen, ob es nun um Jobangebote, die Partnerwahl oder selbst nur die beste Reiseroute geht. Es lohnt sich also, wenn du auf deine Intuition horchst und lernst, ihr zu vertrauen.

WAS IST DER UNTERSCHIED ZWISCHEN »SENSITIV VERANLAGT« UND »MEDIAL VERANLAGT«?

Dazu musst du wissen: Jedes Medium ist auch ein Sensitiver, doch ist nicht jeder Sensitive auch ein Medium.

Sensitive können die Zukunft vorhersagen – sie lesen die Energie eines Menschen, und sie ziehen auch Energie aus dem Universum an.

Um Informationen zu erhalten, verwenden Sensitive alle möglichen Hilfsmittel und Techniken – doch unterm Strich sind das nur »Kanäle«, um die Botschaft rüberzubringen. Tarotkarten sind hierfür ein gutes Beispiel. Es gibt tolle Tarotkarten, doch wirklich Sensitiven genügt ein Satz ganz normaler Spielkarten. Meine Großmutter machte sich ihr ganz persönliches Wahrsagedeck, indem sie normale Spielkarten mit Wörtern und Symbolen versah. Das benutzte sie viele Jahre und gab damit verblüffende Readings.

Neben der Verwendung von Karten lesen manche Sensitiven auch aus Teeblättern oder dem Kaffeesatz, um Bilder und Visionen vor ihrem inneren Auge entstehen zu lassen. Wieder andere machen Readings, indem sie einen Gegenstand, der dem Fragenden gehört, in der Hand halten oder sein Foto betrachten.

Doch der entscheidende Punkt ist der: Egal, ob ein sensitiver Mensch nun Karten oder ein anderes Hilfsmittel verwendet, es kommt immer auf die Energie an, die er oder sie aufnimmt. Fünf Sensitive können dieselben drei Karten ziehen und trotzdem ganz unterschiedliche Einsichten haben. Der Grund dafür ist, dass die

Bedeutung über die Karte hinausgeht. Karten, Teeblätter, Fotos – oder welches Instrument auch immer verwendet wird – stellen stets nur das Tor dar, durch das die Botschaft kommt.

Botschaften aus der jenseitigen Welt aufnehmen

Manche Botschaften stammen aus dem Energiefeld der Person, die das Reading erhält, andere wiederum können von Seelen kommen, die bereits auf die andere Seite gewechselt sind. Das bringt uns zurück zu der Frage: Was ist der Unterschied zwischen einem Sensitiven und einem Medium?

Ein Medium kann sich mit Verstorbenen verbinden. Er oder sie stimmt sich ein auf Menschen, die gestorben sind, und erhält von ihnen Botschaften. Medien können die Seelen, die sich um dich herum aufhalten, spüren und die jeweilige Person beschreiben. Sie sind so etwas wie eine menschliche Fernsprechleitung zwischen Himmel und Erde. Doch das Ganze ist keine Frage des Entweder – oder, denn ein Medium kann Informationen von Verstorbenen auch auf sensitivem Weg erhalten.

Für gewöhnlich ist es aber so, dass ein Medium übersinnliche Einsichten nicht aus dem Energiefeld der Person erhält, die das Reading bekommt, sondern von jemandem auf der anderen Seite.

Vorhersagen aus der himmlischen Welt

Bei einem meiner Readings schickte eine Großmutter ihrer Enkelin die Botschaft, dass sie im Laufe des nächsten Jahres ein Baby, einen Jungen, bekommen würde. Zu dem Zeitpunkt war die Frau noch nicht schwanger, aber tatsächlich brachte sie binnen Jahresfrist einen Sohn zur Welt. Fungierte ich also in diesem Fall als Medium, das eine Verbindung zwischen dieser Frau und ihrer Großmutter herstellte, oder habe ich ihre Schwangerschaft auf sensitivem Weg vorhergesagt?

Technisch gesehen, fungierte ich als Medium, da diese Botschaft von jemandem kam, der bereits verstorben war. Doch woher wissen die Seelen in der himmlischen Welt, was hier bei uns auf der Erde passieren wird? Sie wissen es, weil sie Energie sind – und das Morgen daher besser sehen können als wir das Gestern. Deshalb machen sie sich auch keine Sorgen um uns. Sie wissen, was passieren wird, und sie können das Licht am Ende des Tunnels sehen. Zudem führen die »Toten« keine irdische Existenz und haben daher eine größere und umfassendere Perspektive. Sie vermögen das Gesamtbild mit den Augen der Liebe zu sehen, frei von Voreingenommenheit oder persönlichen Interessen. Sie sehen das Leben aber auch durch deine Augen und sind in der für dich idealen Lage, dass sie nur dein Bestes wollen.

Die Werkzeuge eines Mediums

Wir haben ja schon darüber gesprochen, dass Sensitive Hilfsmittel wie Tarotkarten oder Teeblätter benutzen, um Informationen zu bekommen, und so wie sie haben auch Medien ihre Werkzeuge, um sich mit der anderen Seite zu verbinden.

Manche Medien schreiben etwas auf ein Stück Papier oder verwenden ein Foto des Verstorbenen, weil ihnen das dabei hilft, den Kanal offen zu halten. Andere schließen vielleicht die Augen und halten deine Hand, weil sie eine körperliche Verbindung brauchen.

Medien arbeiten also nicht nur mit unterschiedlichen Techniken, sie empfangen auch ihre Botschaften auf unterschiedlichen Wegen: als Stimmen, die sie hören, als Visionen oder als gedankliche Schwingungen, die sie aufnehmen.

Ich wuchs damit auf, dass ich Verstorbene sehen und hören

konnte. Und wenn ich ein Reading gebe, dann arbeite ich mit diesen Sinnen.

Du musst kein Medium sein, um die geistige Welt spüren zu können – vielleicht hast du eine kurze Vision oder fühlst ihre Präsenz ganz nah bei dir –, doch ein Medium kann solche Botschaften auch deuten. Das ist, als würde man ein Puzzle zusammensetzen: Alle Teile finden zueinander, um eine Geschichte zu erzählen. Allerdings – ganz so simpel ist es auch wieder nicht. Stell dir vor, du hast bei einem Hofflohmarkt ein Puzzle gekauft, und jetzt fehlen dir ein paar Teile. Ein gutes Medium kann diese »Leerstellen« auffüllen und eine klare Botschaft übermitteln.

Da alle Medien auch sensitive Fähigkeiten haben, können wir bei einem Reading ebenso das Energiefeld des Fragenden lesen. Aber wir verfügen auch noch über eine zusätzliche Informationsquelle – die Seelen auf der anderen Seite. Ich empfinde die Einsichten, die sie mir vermitteln, als besonders wertvoll, da sie so unglaublich persönlich sind.

Die Leute fragen mich immer wieder etwas wie: »Woher weißt du das denn?« Und häufig lautet meine Antwort dann zum Beispiel: »Von deiner Großmutter in der geistigen Welt!«

KANN ICH LERNEN, EIN MEDIUM ZU WERDEN?

Ich kann den Leuten nicht beibringen, Verstorbene nach Belieben zu hören oder zu sehen. Das ist eine Gabe, mit der man geboren wird oder nicht. Aber ich bin fest davon überzeugt, dass jeder Mensch eine sensitive Seite hat – und dass wir sie dazu verwenden können, unseren verstorbenen Lieben näherzukommen. Mit ein wenig Übung und Vertrauen kann jeder lernen, sich mit seiner Intuition zu verbinden, um so vom Universum auf seine ureigenste Art Zeichen und Botschaften zu erhalten.

Wie stark deine Intuition ist, kann sich von Situation zu Situation ändern, und vielleicht erhältst du deine Botschaften über Kanäle, über die niemand sonst solche Einsichten empfängt. Aber das, was dir den Zugang zu sensitiven oder medialen Einsichten am meisten blockiert, ist die Angst davor, deiner Intuition beziehungsweise deinen Instinkten zu vertrauen.

Das Schöne an der Sache ist: So wie du dich danach sehnst, dich deinen Lieben in der himmlischen Welt näher zu fühlen, so möchten auch sie sich gern mit dir verbinden. Das ganze Geheimnis besteht allein darin, einen Weg zu finden, wie sich die Grenzlinie überwinden lässt, sodass ihr miteinander kommunizieren könnt.

Zeichen und Träume

Meine Überzeugung ist, dass wir alle eine einzigartige »Telefonleitung« haben, um mit der himmlischen Welt zu kommunizieren. Wenn du kein Medium bist, heißt dies also nicht, du könntest keine Botschaften von dort empfangen. Die Seelen in der anderen Welt werden auf den unterschiedlichsten Wegen mit dir in Kontakt treten. Deine Lieben, die von dir gegangen sind, können sich mit dir verbinden: in Form eines Bauchgefühls oder in Form von Visionen, Träumen und Gedanken, die du dir nicht erklären kannst.

Die häufigste Art, wie Seelen mit uns Kontakt aufnehmen, sind Zeichen, die sie uns schicken. Diese Zeichen können alles Mögliche sein, was für dich oder deine Lieben Bedeutung hat: Vögel, Münzen, ein Lied im Radio, der Anblick eines Menschen, der dich an den Verstorbenen erinnert – all das können solche Zeichen sein. Doch gibt es auch recht ungewöhnliche. Zeichen sind wie ein Insiderwitz – wichtig ist nur, dass du und der Sender etwas damit anfangen könnt.

Noch ein abschließendes Wort zur Frage, ob man lernen kann, ein

Medium zu werden: Wie gut du wirst, hängt erstens davon ab, wie groß deine natürliche Begabung ist, und zweitens, wie gut du sie schulst. Das ist wie Singen. Ich wollte immer schon singen können. Ich habe geübt und bin so (ein bisschen) besser geworden. Ich singe beim Autofahren für mein Leben gern bei den Songs im Radio mit, doch die Gabe des Gesangs wurde mir nicht in die Wiege gelegt. Ich bin eben kein Michael Bublé. Aber wenn ich singe, macht mir das Spaß. So ähnlich empfinden die meisten Menschen Freude und inneren Frieden, wenn sie erkennen lernen, wann ihre Lieben ihnen im Geist nah sind – und das ist, worauf es ankommt.

SIND ALLE SENSITIVEN UND MEDIEN GLEICH?

Ganz und gar nicht! Wie sensitive beziehungsweise mediale Begabungen sich äußern, könnte unterschiedlicher nicht sein. Nehmen wir zum Beispiel meine eigene Familie. Meine Großmutter war ein Medium, meine Mutter ist ein Medium, und ich bin ebenfalls eins. Wir drei teilen offensichtlich unsere Gene, doch unsere Begabung drückt sich jeweils ganz unterschiedlich aus.

Meine Oma war in erster Linie sensitiv veranlagt. Sie machte direkte Readings mit den Leuten und deutete ihnen Vergangenheit, Gegenwart und Zukunft mithilfe ihrer selbst gemachten Tarotkarten. Sie verließ sich dabei auf ihre sensitiven Fähigkeiten, aber da sie auch medial veranlagt war, meldeten sich manchmal Seelen aus der anderen Welt und lieferten ihr weitere und detailliertere Informationen.

Meine Mutter macht sensitive Lebensberatung. Sie sagt künftige Ereignisse voraus, zum Beispiel wen du heiraten wirst, welche günstigen Gelegenheiten sich dir bieten werden, worauf du achtgeben solltest oder wann du besser eine Kurskorrektur vornimmst. Sie liest aus den Karten, sieht aber auch Ereignisse in den Teeblättern oder im Kaffeesatz in deiner Tasse. Was schon komisch ist, denn weder Teeblätter noch Kaffeesatz sagen mir auch nur irgendetwas – für meine Mama aber sprechen sie Bände. Wenn meine Mutter sich Fotos anschaut, bricht ihre mediale Gabe durch. In Fotos kann sie auch die geistige Welt sehen und erkennen und ihre Botschaften übermitteln.

Bei mir ist das alles noch mal anders, denn ich habe Visionen in ganz alltäglichen Situationen. Das ist aber nicht so wie im Kino. Was ich sehe, sind eher flüchtige Eindrücke oder Impressionen. Das Ganze ist nicht so klar, wie du vielleicht denken könntest.

Such dir ein Medium, das »deine Sprache spricht«

Mögen Sensitive und Medien ihre Informationen auf die unterschiedlichste Art und Weise erhalten, was zählt, ist die Botschaft selbst. Wir alle »beziehen« unsere Informationen vom selben Ort, und doch schlagen wir verschiedene Wege dorthin ein.

Ich habe oft gesagt, dass ein Medium so etwas wie ein Übersetzer ist, der zwischen dir und der geistigen Welt vermittelt. Darum ist es so wichtig, dass du einen Sensitiven beziehungsweise ein Medium findest, zu dem du einen Draht hast. Das ist, wie einen Lehrer zu finden, der »deine Sprache spricht« und dich deswegen voranbringt.

Das richtige Medium zu finden, ist noch einmal eine eigene Angelegenheit. Ob du es glaubst oder nicht, die meisten Medien haben, ähnlich wie Mediziner, ein Spezialgebiet. So sind manche auf die Kommunikation mit Tieren fokussiert, andere können sich in den Körper einfühlen und Krankheiten entdecken. Wieder andere leisten sensitive Detektivarbeit und lösen Verbrechen. Manche Medien können verlorene Gegenstände aufspüren.

Mein »Spezialgebiet« war von jeher, Kontakt mit Verstorbenen aufzunehmen und Botschaften von ihnen zu übermitteln. Wir alle haben eine Berufung, eine bestimmte Aufgabe im Leben. Die meine ist es, Menschen wieder mit ihren Lieben zu verbinden – ihnen Belege dafür zu liefern, dass ihre Lieben immer bei ihnen sind, und zu beweisen, dass das Leben nicht auf das Diesseits beschränkt ist.

WAS IST EINE SENSITIVE VISION, UND WOMIT IST SIE VERGLEICHBAR?

Sensitive Visionen lassen sich am besten so beschreiben: Du träumst, während du wach bist. Hattest du je einen Wachtraum, aus dem man dich mehr oder weniger energisch herausreißen musste? Als hätte dein Geist dich an einen völlig anderen Ort versetzt. Genauso läuft das bei sensitiven Visionen ab – es ist, als würde man plötzlich in einen Traum versetzt, wenn man kein bisschen damit rechnet.

Denk an deine Träume und daran, wie du im Traum die unterschiedlichsten Orte aufsuchen kannst und Erlebnisse hast und Gespräche führst, die sich völlig real anfühlen. Ganz genauso verhält es sich mit sensitiven Visionen.

Die meisten Medien werden dir erklären, dass Visionen sich bei ihnen sehr schnell einstellen, wie aufblitzende Eilmeldungen, die an ihnen vorbeifliegen, und manchmal sind die Worte verwischt. Dann muss das Medium sich konzentrieren, um eine klare, präzise Botschaft zu bekommen. Deswegen kannst du auch immer wieder beobachten, wie Sensitive und Medien ihre Augen schließen, um sich auf das zu konzentrieren, was gerade zu ihnen durchkommt.

Einsichten aus heiterem Himmel

Auch wenn ich kein Reading gebe und keine Veranstaltung durchführe, habe ich trotzdem unwillkürliche Visionen. Vielleicht unterhalte ich mich gerade mit jemandem, spaziere eine Straße entlang oder sitze daheim vor dem Fernseher, und *wusch!* habe ich eine Vision. Das passiert mir so, seit ich klein war.

Meine Mutter schärfte mir stets ein, diese Visionen ernst zu nehmen. Sie lehrte mich, dass es sich immer um eine wichtige Botschaft handele, wenn die geistige Welt sich sozusagen »ungebeten« melde. Sie war der festen Überzeugung, es sei meine Pflicht als Medium, diese Botschaften der Person zu übermitteln, für die sie bestimmt waren. Sie half mir dabei herauszufinden, wer diese Person war und wie man ihr die Information so vermitteln konnte, dass sie nicht überreagierte.

Wenn ich die Präsenz einer Seele zu mir durchkommen spüre, dann stelle ich ihr gedanklich bestimmte Fragen. Manchmal bitte ich sie, mir präzisere oder mehr Informationen zu geben. Ich versuche, ihren Namen zu erfahren und für wen die Botschaft bestimmt ist.

Meine Familie und meine Freunde können immer genau sagen, wenn ich eine Vision habe. Dann wird nämlich mein Blick ganz glasig. In der Öffentlichkeit kann das schon mal peinlich werden. Die Leute meinen dann, ich starre sie an, während ich in Wirklichkeit gerade eine Botschaft für sie erhalte. Alexa konnte sich darüber immer fürchterlich aufregen – »Du starrst dauernd diese Frau an!« –, doch mittlerweile ist sie daran gewöhnt, dass ich aus heiterem Himmel Visionen habe, und sie weiß, wie heilsam solche Botschaften für die Empfänger sein können.

KANN EIN MEDIUM SAGEN, OB JEMAND SENSITIV BEGABT IST?

Viele entdecken ihre sensitive Begabung, wenn sie einen Sensitiven oder ein Medium aufsuchen. Es kam mehrfach vor, dass ich mich mit einer Seele verband und sie mir sagte, die Person, die gerade das Reading bekam, könne sie ebenfalls spüren und sehen.

So ist das auch in meinem Fall abgelaufen. Ich war eben achtzehn geworden und hatte meinen »Erstkontakt« mit einem Medium. Von dieser Frau erfuhr ich, dass ich mich bewusst mit der anderen Seite verbinden könne. Meine Großmutter und andere Geistwesen hätten ihr die Botschaft übermittelt, dass sie versuchen würden, mich zu erreichen, ich sie aber blockiere.

Diese Eröffnung haute mich total um. Ja, als Kind konnte ich die Präsenz von Geistwesen spüren, doch im Teenageralter hatte ich diese Gabe bis dahin unterdrückt. Als Schüler, der mit »Toten« spricht, fügt man sich halt nicht gerade gut in die Klassengemeinschaft ein – und so hatte ich fast vergessen, dass ich über diese Fähigkeit verfügte.

Eigentlich hatte ich dieses Medium fragen wollen, wie es um meine Chancen bei einem bestimmten Mädchen und um meine berufliche Zukunft bestellt war, doch bekam ich für mein Geld weit mehr als gedacht. Sie konnte sehen, dass die geistige Welt versuchte, mit mir in Kontakt zu treten; und als sie mir das sagte, warf das mein bisheriges Leben total über den Haufen. Dieses Reading öffnete sämtliche Schleusen. Ich blickte auf die verflossenen Jahre zurück und erkannte meine Begabung.

Verwandte Seelen

Eine ähnliche Situation erlebte ich im gleichen Jahr noch einmal, als ich meine Ausbildung zum Rettungssanitäter absolvierte. Jedem wurde ein Partner zugeteilt, und als ich die mir zugedachte Partnerin das erste Mal traf, vernahm ich eine Stimme, die mir sagte, dass auch sie die geistige Welt hören und fühlen könne. Sie war der erste Mensch außerhalb meiner Familie, dem ich von meiner Gabe erzählte. Ist es nicht verrückt, dass wir uns kennenlernten, weil wir uns für denselben Lebensweg entschieden hatten, weil wir beide den Wunsch hatten, den Menschen zu helfen, wieder gesund zu werden? Aber vielleicht ist das gar kein so merkwürdiger Zufall – vielleicht wollten wir Rettungssanitäter werden, weil wir beide eine Fähigkeit hatten, von der wir nicht so recht wussten, was wir damit anfangen sollten.

Obwohl sie nie offen über ihre Gabe sprach, setzte sie den eingeschlagenen Weg, Menschen medizinische Hilfe zu bringen, fort. Ihre Gabe machte sie zu einer besseren Sanitäterin, weil sie Dinge jenseits der körperlichen Ebene fühlen konnte. Sie war beinahe schon ein medizinisches Medium.

Nun werde ich selbst von Medien kontaktiert, die mehr über ihre Begabung herausfinden und sie stärken wollen. Viele kommen auch zu mir, weil sie eine Art Rückversicherung suchen. Sie wünschen sich keinen Lehrer oder Mentor, sondern einfach nur jemanden, der ihnen versichert, dass sie keine Angst haben müssen vor dem, was da abläuft.

Ich werde dem Medium, das mir die Augen geöffnet hat, immer dankbar sein. Sie hat mir gezeigt, wie ich von meiner Gabe auf ganz neue Weise Gebrauch zu machen und Menschen zu helfen vermag. Und es freut mich, wenn ich für andere tun kann, was diese Frau für mich getan hat.

SEHEN SENSITIVE BEI EINEM READING AUCH SCHLECHTE EREIGNISSE?

Das hängt ganz von der Person des Mediums ab, doch ich glaube, die meisten von uns wollen den Leuten konstruktive Ratschläge geben und sie nicht zu Tode erschrecken. Wir ziehen gewöhnlich die Informationen an, auf die wir uns konzentrieren, deswegen bete ich immer darum, nur solche Nachrichten zu bekommen, die sich zum Besten meiner Klient*innen auswirken und ihnen ermöglichen, ihr Leben erfüllender zu gestalten.

Ein Beispiel: Was nützt es dir, wenn du von der geistigen Welt erfährst, dass du einen Autounfall haben wirst? Aber die Botschaft, während der regnerischen Jahreszeit doch möglichst langsamer und vorsichtiger zu fahren, kann dein Leben retten.

Wenn der Verlust noch ganz frisch ist

Manchmal muss die Person, die das Reading bekommt, noch sehr viel Trauerarbeit leisten. Dann ist es besonders wichtig, dass sich das Medium in den Klienten oder die Klientin einfühlt. Vielleicht hat er oder sie gerade einen lieben Menschen auf tragische Weise verloren und keine Gelegenheit gehabt, sich von ihm zu verabschieden. Vielleicht hat der oder die Verstorbene sich das Leben genommen, oder es gab zwischen ihm oder ihr und dem beziehungsweise der Fragenden einen Konflikt, der nie gelöst wurde. Für mich sind das oft die schwierigsten, aber zugleich auch die beglückendsten Readings. Schafft ein Medium eine Verbindung zu einem geliebten Menschen in der geistigen Welt, so kann das dem Hinterbliebenen helfen, diese unerledigten Dinge beizulegen und so Heilung zu finden.

Wenn die Wahrheit wehtut

Manchmal bringt die geistige Welt bei einem Reading auch Botschaften hervor, die für die Ratsuchenden nicht gerade angenehm sind.

So war es bei einer Frau, die den Rat ihrer verstorbenen Mutter erbat. Sie wollte wissen, ob sie etwas beziehungsweise was sie tun könne, um ihre Ehe zu retten, in der es ständig kriselte. Sie hoffte verzweifelt auf eine ermutigende Botschaft, aber aufgrund dessen, was ich von ihrer Mutter erfuhr, musste ich ihr sagen, dass sie tatsächlich nichts tun könne.

Ihr Mann hatte eine andere Frau kennengelernt, und sein Entschluss, sie zu verlassen, stand fest. Ich hatte ehrliche Bedenken, ihr das mitzuteilen, doch für meine Klientin war es wohl eine große Erleichterung zu wissen, was ihre Mutter zu der Sache zu sagen hatte. Aufgrund ihres kulturellen Hintergrunds glaubte meine Klientin, es sei ihre Schuld, dass ihre Ehe auseinandergegangen sei. Doch ihre Mutter sagte ihr, es sei sinnlos, einem Mann hinterherzurennen, der sie nicht liebe. Sie gab ihrer Tochter die Erlaubnis, die Scheidungspapiere zu unterzeichnen und einen Schlussstrich unter die ganze Angelegenheit zu ziehen. Ihre Mutter konnte sehen, dass dieser Mann nicht ihr Seelengefährte war. Zudem hatten die beiden keine Kinder miteinander, und der Tochter war es bestimmt, welche zu bekommen. Sie befolgte den Rat ihrer Mutter; und nachdem die Scheidung hinter ihr lag, war sie innerlich bereit, ihrem Seelengefährten zu begegnen, zu heiraten und eine Familie zu haben.

Einen offenen Geist bewahren

Manche Leute kommen zu einem Reading in der festen Erwartung, etwas über eine ganz spezifische Angelegenheit zu hören. Doch die geistige Welt hält gern mal eine Überraschung für uns bereit. So kann es passieren, dass du eine Auskunft bekommst, die du nie erwartet hättest. Oder du möchtest dich mit einem bestimmten Menschen verbinden, aber es meldet sich jemand ganz anderes. Ich konnte schon des Öfteren beobachten, dass sich solche überraschenden Wendungen für die Empfangenden später als höchst bedeutsam erwiesen. Die Seelen in der himmlischen Welt können bekanntlich das ganze Bild sehen. Das heißt, sie wissen, von wem du welche Botschaft hören *musst,* auch wenn es nicht das ist, was dich ursprünglich zu diesem Medium geführt hat. Du solltest dem Universum (und dem Medium) also auf jeden Fall vertrauen und offen sein für die Botschaft, die durchkommt.

IST EINE SENSITIVE VERANLAGUNG ERBLICH?

Eine sensitive Veranlagung mitbekommen zu haben, ist nicht anders, wie rothaarig oder groß von Statur zu sein. Gibt es in deiner Familie schon jemanden, der sensitiv veranlagt ist, so werden andere Familienmitglieder diese Gabe wahrscheinlich ebenfalls haben, wenn auch vermutlich nicht alle.

Nehmen wir zum Beispiel meine Familie. Meine Großmutter und meine Mama hatten wie gesagt diese Gabe, und ich wurde ebenfalls damit geboren. Meine Schwester ist dagegen wie der buchstäbliche Squib im Harry-Potter-Universum. Sie besitzt keinerlei sensitives Talent. Es war für sie nicht einfach, als ich anfing, Erfahrungen mit der geistigen Welt zu machen. Sie konnte einfach nicht verstehen, was da ablief. Sie kommt ganz nach meinem Vater, der nicht »unsensitiver« sein könnte, wenn er es tatsächlich versuchen würde.

So ist es bei uns quasi zum geflügelten Wort geworden, dass meine Schwester ganz die skeptische Ader unseres Vaters geerbt habe wie ich die sensitiven und medialen Gaben unserer Mutter.

Es ist nicht nur völlig normal, wenn manche Familienmitglieder sensitiv begabt sind und andere nicht. Es kann auch vorkommen, dass diese Gabe eine oder auch mehrere Generationen überspringt. Dann besitzt jemand diese Gabe und kann sich nicht erklären, woher sie kommt, bis er den Familienstammbaum zurückverfolgt und viele Generationen früher auf Vorfahren stößt, die sensitiv veranlagt waren.

Eine Nahtoderfahrung kann sensitive Talente freisetzen

Außer Vererbung gibt es manchmal auch andere Gründe, warum ein Mensch zum Sensitiven werden kann. Die häufigste Ursache sind sogenannte Nahtoderfahrungen. So hatte eine meiner Klient*innen einen Autounfall, an dessen Folgen sie beinahe gestorben wäre. Sie wurde künstlich beatmet, und ihr Fall war so gut wie hoffnungslos. Ihre Chancen auf Genesung wurden gleich null geschätzt.

Kurz bevor ihre Familie entscheiden musste, ob alle lebenserhaltenden Maßnahmen eingestellt werden sollten, wachte sie auf wunderbare Weise auf. Als sie aus dem Krankenhaus entlassen wurde und sich erholte, begann sie zu Hause überall merkwürdige Gestalten zu sehen. Ihr wurde nicht klar, dass diese Menschen nicht wirklich da waren. Ihre Familie glaubte daher, sie würde halluzinieren. Doch wie sich herausstellte, hatte ihre Begegnung mit dem Tod eine Tür zur anderen Seite aufgestoßen.

Man weiß, dass Nahtoderfahrungen bei manchen sensitive Fähigkeiten freigesetzt haben, was mich nicht wundert. Immerhin waren diese Menschen schon halb in der himmlischen Welt, und es ist durchaus möglich, dass sie diese Verbindung auch nach ihrer Genesung aufrechterhalten.

Manchmal kann eine sensitive Begabung auch Folge von Komplikationen bei der Geburt sein. So habe ich von Babys gehört, die mit der Nabelschnur um den Hals zur Welt kamen und später sensitive Fähigkeiten zeigten.

Und dann sind da noch die Fälle von sensitiver Begabung, deren Ursprung völlig im Dunkeln liegt. Es gibt dafür keinerlei Erklärung, niemand sonst in der Familie ist sensitiv oder medial begabt. Ihm oder ihr wurde diese Gabe aus völlig unerfindlichen Gründen in die Wiege gelegt.

Und noch was: Viele Menschen machen in jungen Jahren die Erfahrung, dass sie sensitiv veranlagt sind, und verdrängen diese Fähigkeit. Doch wird sie dadurch nie mit Stumpf und Stiel ausgerissen. Man kann sie sich jederzeit wieder zurückholen, indem man sich einfach dafür öffnet.

WIE KANN ICH HERAUSFINDEN, OB EIN KIND SENSITIV VERANLAGT IST?

Sehr kleine Kinder sind von Natur aus sensitiv. Wenn sie sich dann aber ihres Umfelds bewusst werden und den Unterschied zwischen materieller und geistiger Welt erkennen, verlieren die meisten diese sensitive Seite. Kinder, die sie nicht verlieren, können darauf sehr verwirrt reagieren. Sie sind alt genug, um zu wissen, dass das, was sie sehen, nicht »real« ist, und können nicht verstehen, was da vor sich geht. Diese Erfahrung kann für ein Kind erschreckend und verwirrend sein.

Der »schwarze Mann« raunt in der Nacht

Ich kann mich noch gut daran erinnern, wie schlimm ich das fand. Ich war vielleicht vier und hörte überall um mich herum ein Raunen und Wispern. Ich sah Fremde oder dunkle Schatten am Fuß meines Bettes stehen. All das war schrecklich beängstigend! Ich öffnete die Augen und erblickte einen Schatten, und plötzlich stand da ein Mann. Das Raunen wurde immer lauter und lauter, und ich schrie wie verrückt nach meiner Mutter.

Meine Mama wusste, was ich sah, und wollte nicht, dass ich mich davor fürchtete. Sie stellte sich direkt neben die Geister, damit ich sehen konnte, dass sie ihr nichts taten. Sie versicherte mir, sie habe als Kind die gleichen Erscheinungen gesehen und ihre Mutter habe sie so getröstet wie sie mich. Sie erklärte mir, ich müsse mir diese Botschaften anhören, weil sie wichtig seien. Sie erklärte mir weiter, dass dies die Seelen von Verstorbenen seien, von Nachbarn und Leuten, die in der Nähe gelebt und gearbeitet hatten. Sie bat mich eindringlich hinzuhören, was sie mir sagten, aber trotzdem habe ich es nicht getan. Aber weil meine Mutter mir glaubte und versuchte, mir zu helfen, wurde es für mich sehr viel leichter, mit alldem umzugehen.

Jedes Kind hat eine andere Art sensitiver Begabung

Wird ein Kind mit einer Gabe wie der meinen geboren, ist das, als hätte man es in den Film »The Sixth Sense« versetzt. Doch sensitive Veranlagung ist nicht gleich sensitive Veranlagung. Manche Kinder können künftige Ereignisse vorhersagen, andere können mit den Seelen Verstorbener Kontakt aufnehmen. Wieder andere sind supersensitive Empath*innen, die sich so stark auf die Emotionen anderer einschwingen können, dass sie sie wie ihre eigenen empfinden.

Du solltest dein Kind daher aufmerksam beobachten, während es heranwächst – gerade dann, wenn es in deiner Familie schon jemanden gibt, der sensitiv oder medial veranlagt ist. Bei den imaginären Freunden, die jedes Kind hat, könnte es sich de facto um die Seelen von Verstorbenen handeln. Es völlig normal, dass sensitiv veranlagte Kinder Besuch von den Seelen Verstorbener bekommen, von Leuten, die sie nie kennengelernt haben. Und das müssen auch nicht immer »junge Seelen« sein. Es können vielmehr Seelen jeden Alters kommen.

Wenn du das Gefühl hast, dein Kind könnte sensitiv veranlagt sein, dann sprich mit ihm ganz offen darüber. Frag es, wen es sieht, was es sieht, was es bei dieser Seele spürt und wie es sich fühlt, wenn sie in seiner Nähe ist.

Besuche vom Großpapa

Der Sohn einer Freundin konnte Verstorbene sehen und hören. Er schien mit sich selbst zu reden und stundenlang mit jemandem zu spielen, der gar nicht da war, was die Mutter zutiefst beunruhigte. So kam sie zu mir und fragte, was sie tun solle. Ich konnte sofort sehen, dass ihr Sohn mit seinem Opa, ihrem Vater, redete, der vor der Geburt des Kindes gestorben war.

Ich riet ihr, sich zusammen mit ihrem Sohn das Fotoalbum der Familie anzusehen und sich von ihm zeigen zu lassen, mit wem er redete. Der Junge deutete sofort auf ein Bild ihres Vaters: »Das ist der Mann, der zu mir zum Spielen kommt!«

Da sie zuerst einmal skeptisch war, fragte sie ihren Sohn, wie dieser Mann denn so sei. »Er ist nett zu mir und kaut immer Kaugummi.« Worauf die Mutter in Tränen ausbrach, da ihr Vater zu Lebzeiten tatsächlich stets ein Kaugummi im Mund hatte. Nach diesem Gespräch erzählte sie ihrem Sohn viele Geschichten über seinen Großvater, damit er verstand, wer ihn da besuchte.

Bei manchen Kindern ist es nun so, dass sie an dieser Gabe eine Zeit lang festhalten und sie dann ablegen. Diejenigen, die ihre Verbindung zur anderen Welt aufrechterhalten, sind auch als Erwachsene sensitiv.

KÖNNEN SENSITIVE DIE LOTTOZAHLEN VORHERSAGEN?

Kriegte ich jedes Mal einen Dollar, wenn man mir diese Frage stellt, müsste ich gar keinen Sechser haben – ich wäre so schon reich! Leider lautet die Antwort auf diese Frage aber: »Nein!«

Bei dem Thema muss ich immer an den Film »Bruce Allmächtig« mit Jim Carrey denken. Jim Carrey darf einen Tag lang Gott spielen, und es gibt eine Szene im Film, in der er mit Gebeten von überall auf der Welt bombardiert wird. Bruce möchte jedem geben, worum er bittet, und ein Haufen Leute beten um einen Sechser im Lotto. Er erfüllt ihre Wünsche, aber da so viele gewinnen, fällt der Hauptgewinn so niedrig aus, dass quasi nichts herauskommt.

Tatsache ist: Auch wenn du sensitiv veranlagt bist, kannst du das Leben nicht nach deinen Vorstellungen steuern.

Du kannst nicht alles vorhersagen – und ich würde das auch gar nicht wollen

Als Medium möchte ich beileibe nicht alles wissen, was das Leben für mich und meine Familie bereithält. Da gibt es ein klares »Bis hierher und nicht weiter«. Ich glaube, es wäre nicht richtig, meine Gabe dafür zu gebrauchen, und ich möchte das auch gar nicht. Ich halte es für wichtig, dass man das Leben so nimmt, wie es kommt. Wir sind auf dieser Erde, um die Herausforderungen zu meistern, vor die es uns stellt, und unsere Lektionen zu lernen. Da führt kein Weg dran vorbei.

Die Seelen in der himmlischen Welt wollen uns führen und uns helfen, aber die notwendigen Schritte können wir nicht überspringen. Das Universum gibt uns stets alles, was wir brauchen, das ist aber nicht unbedingt immer das, was wir möchten.

Wenn du dich also angesichts eines Sensitiven oder eines Mediums fragst, wie wohl seine Chancen am Roulettetisch aussehen mögen, dann kann ich dir nur sagen: »Nicht anders als die deinen.« Meine mediale Begabung ist ein Geschenk, das aber nicht mir allein gehört. Für mich verbindet sich damit die Verantwortung, sie zum Nutzen anderer einzusetzen. Natürlich nutzt sie auch mir selbst, denn sie ermöglicht mir, dass ich in meinem Leben etwas tun kann, was ich gern tue – Menschen helfen und sie heilen.

TIEFER EINSTEIGEN

Erkunde deine spirituelle Verbindung

Jeder Sensitive verbindet sich auf seine ganz individuelle Art und Weise mit der anderen Seite.
Sicher ist dir der Begriff »hellsichtig« nicht unbekannt, und vielleicht denkst du, er bedeute dasselbe wie »sensitiv veranlagt«. Tatsächlich ist die Gabe der »Hellsichtigkeit« nur eine von mehreren Möglichkeiten, wie Sensitive und Medien ihre Botschaften erhalten. Im Folgenden beschreibe ich daher kurz die fünf bekanntesten »Hell-Fähigkeiten« und wie ein Medium die jeweilige Fähigkeit erlebt:

- **Hell-Sehen:** Mit dieser Art sensitiver Veranlagung kannst du Dinge mit deinem geistigen Auge oder deinem Dritten Auge, wie man es auch nennt, klar sehen. Achte auf deine Tagträume und das, was du für Fantasien deinerseits hältst. Erzähle anderen, was du siehst, denn was du vielleicht für bedeutungslos hältst, könnte für einen Freund oder Verwandten durchaus Sinn haben. Sie können dir helfen, das, was du siehst, zu »entschlüsseln«. Versuche, dein Denken zu reinigen und zu klären, damit deine sensitiven Einsichten durchdringen können. Meditation ist eine Möglichkeit hierfür.

- **Hell-Hören:** Mit dieser Art sensitiver Veranlagung kannst du hören, wie die geistige Welt zu dir spricht. Die Worte sind dabei aber nicht so klar wie bei einem Telefonat. Das Medium muss sie immer irgendwie zusammensetzen. Meistens kommen diese Botschaften sehr schnell und ungeordnet. Oft ist es auch ein Gewirr von Stimmen, das sich anhört, als würdest du am Radio schnell von Sender zu Sender springen. Oft sind es die leisesten Stimmen, welche die wichtigsten Botschaften übermitteln, also höre aufmerksam hin. Versuche jemandem, der schon in die andere Welt übergewechselt ist, Fragen zu stellen, und lausche aufmerksam der Antwort.

- **Hell-Fühlen:** Mit dieser Art sensitiver Veranlagung kannst du die Gegenwart der geistigen Welt spüren. Vielleicht fühlst du einen Schauer, der dir über den Rücken läuft, oder du hast das Gefühl, nicht allein im Raum zu sein. Vielleicht wirst du sogar den Eindruck nicht los, dass dich jemand beobachtet. Wenn du derartige Empfindungen hast, ist es absolut in Ordnung zu fragen, wer da mit dir im Raum ist. Lade diese Seele ein, sich dir vorzustellen. So könntest du zum Beispiel fragen: »Wenn du das bist, Mama, dann gib mir ein Zeichen, damit ich weiß, dass du hier bei mir bist.«

- **Hell-Wissen:** Mit dieser Art sensitiver Veranlagung »weißt du etwas einfach« ohne vorherige Information darüber. Diese Erfahrung wird gewöhnlich beschrieben als kurzer Moment der Einsicht, als Vorahnung, als plötzliches Verstehen, das aus dem Nichts zu kommen scheint. Wenn du diese Art von Gabe hast, bist du hochgradig intuitiv und solltest unbedingt deinem Bauchgefühl vertrauen. Spürst du ein solches Bauchgefühl, dann tu, was es dir sagt. Intuition ist ein »sensitiver Muskel« – je mehr du auf sie hörst, desto stärker wird sie.

- **Hell-Schmecken:** Damit bezeichnet man die Fähigkeit, dass jemand Düfte und Gerüche wahrnehmen kann, die von der geistigen Welt ausgeschickt werden. Diese Gerüche können einen Bezug haben zu der Seele, welche dir die Nachricht schickt, zum Beispiel der Geruch nach Zigarette oder Pfeife, wenn diese Person geraucht hat. Oder du nimmst einen Hauch des Lieblingsparfüms dieser Seele wahr. Wenn du einen solchen Geruch bemerkst, überleg, welcher Mensch dir spontan in den Sinn kommt. So findest du am leichtesten heraus, wer da in deiner Nähe ist.

Kommt dir irgendeine von diesen Fähigkeiten bekannt oder vertraut vor? Nachdem du jetzt die verschiedenen »Hell-Fähigkeiten« kennst, achte auf alle Einsichten und Ahnungen, die dich im Alltag vielleicht überkommen. Achte darauf, ob du gesehen, gerochen, gehört, gefühlt oder gewusst hast, dass die geistige Welt dir hier eine Botschaft schicken wollte. Halte derartige Erfahrungen in einem Tagebuch fest, und schau, ob du Muster erkennen kannst!

• 2 •

Die Wahrheit über den Himmel

»Wenn du stirbst, dann gibt dies das größte Familientreffen überhaupt!«

WAS PASSIERT, WENN DU STIRBST?

Diese Frage stellt man mir oft, aber ich merke auch, dass die Leute eine gewisse Nervosität befällt, während sie auf meine Antwort warten. Ich glaube, sie fürchten sich ein bisschen davor. Schließlich ist die größte Angst der Menschen, eine geliebte Person durch den Tod zu verlieren oder selbst zu sterben. Im Grunde ja beides. Also nehmen wir mal ein wenig Stress aus dem Thema. Sprechen wir statt vom »Tod« also von unserem »Übergang«: »Was passiert, wenn du hinübergehst?«

Zuallererst: Du bist ja nicht nur dein Körper. Nicht mal annähernd. Tief in dir ist deine Seele, und diese Seele ist ewig (mehr dazu später). Vor diesem Hintergrund gibt es ein paar Dinge, die du über den Übergang wissen solltest.

Sanft hinübergehen

Niemand wehrt sich mit Händen und Füßen gegen den Himmel. Wenn du bereit bist für den Übergang, wirst du geleitet von Engeln, lieben Menschen und Tieren, die diesen Übergang bereits vollzogen haben. Manche dieser Wesen zeigen sich schon recht früh. Aus diesem Grund sehen viele Menschen vor ihrem Tod ihre Lieben und sprechen mit ihnen, bevor sie sterben. Ich weiß das, weil ich zu den Seelen auf der anderen Seite eine Verbindung habe, aber das können dir auch all jene bestätigen, die schon eine Nahtoderfahrung gemacht haben. Es ist einer der Gründe, weshalb Menschen aus einer Nahtoderfahrung so gut wie immer verändert hervorgehen.

Wenn ein Mensch stirbt, weil er alt oder krank ist, besuchen seine verstorbenen Lieben ihn und bereiten ihn auf den Übergang vor. Aber dafür ist eben nicht immer Zeit. Tritt der Tod plötzlich ein wie bei einem Autounfall, findet auch der Übergang unvermittelt statt.

Viele Seelen erzählen mir, dass der plötzliche Tod wie das Einschlafen ist – nur dass sie auf der Erde eingeschlafen und auf der anderen Seite wieder aufgewacht sind. Das ist ein bisschen, als würde man als Kind im Auto einschlafen. Dann trägt einen der Papa ins Haus, und man wacht wunderbarerweise im eigenen Bett auf. Bei manchen Menschen läuft das ähnlich ab: Sie schließen die Augen und wachen im Himmel wieder auf.

Lass alles Schlechte einfach zurück

Die Seelen haben erklärt, dass man beim Übergang einen Tunnel aus weißem Licht sieht. Während man sich dem Licht nähert, weichen Angst und andere Widerstände einem Gefühl der inneren Ruhe. An diesem Punkt hat man seine menschliche Form abgelegt. Doch auch wenn du deinen Körper und deine irdischen Besitztümer nun zurücklässt, trägt deine Seele immer noch deine Persönlichkeit, deine Erinnerungen und deinen Humor mit sich. Und die Liebe, die du im Herzen hast. Daher kann ein Medium dir helfen, deine Lieben mittels ihrer Erinnerungen und ihrer Persönlichkeit zu erkennen. Sonst könnte das Medium dir ja nur sagen: »Bei mir meldet sich ein wunderbares, heiteres Wesen, das keinen Schmerz und keine Sorgen kennt.« Und du hättest keine Ahnung, um wen es sich handelt!

Wenn deine Seele den Körper verlässt, lässt sie allen Schmerz und alle Krankheit zurück. Auch wenn die Menschen, die dich auf Erden lieben, den Verlust betrauern, erlebst du auf der anderen Seite die freudige Wiedervereinigung mit jenen Lieben, die den Übergang vor dir vollzogen haben. Und mit einem Mal bekommt alles, was dir je widerfahren ist, Sinn. Aber die wahre Bedeutung deines Lebens erkennst du erst, wenn du ganz hinübergegangen bist.

WO IST DER HIMMEL?

Der Himmel ist eine unsichtbare Welt, die nur aus Energie besteht, sich aber mitten unter uns befindet: überall und nirgends. Wie Elektrizität, die allenthalben präsent ist, obwohl wir sie nicht sehen können. Den Lebenden erscheint der Himmel als ferner Ort, aber für deine geistigen Lieben fühlt es sich so an, als hätten sie die Erde nie verlassen. Sie sind immer noch mit ihr verbunden, was an den Menschen liegt, die sie lieben und über die sie wachen.

Als Medium spüre ich die Präsenz der himmlischen Welt um mich herum. Manch einer glaubt, seine Lieben auf der anderen Seite schwebten in der Luft, im physikalischen Himmel, in den Wolken, aber sie sind uns viel näher.

»Okay, Matt«, denkst du nun wahrscheinlich. »Geht das auch ein wenig genauer? Wo ist der Himmel denn jetzt wirklich?« Aber ich kann dir nicht mehr sagen. Wenn du von einem geliebten Verstorbenen geträumt hast, dann hast du einen Blick auf das erhascht, was der Himmel tatsächlich ist.

Die himmlische Welt kennt keine Grenzen

Ich werde oft gefragt, wie Seelen an verschiedenen Orten zugleich sein können. Manche spirituellen Lehrer verweisen hier auf die Quantenphysik und erklären, dass Raum und Zeit ein Kontinuum sind. Aber das ist mir zu hoch! Ich habe es gern einfach, daher definiere ich das so: Es ist wie eine Telefonkonferenz oder ein Onlinemeeting. Die Menschen befinden sich an verschiedenen Orten, in verschiedenen Zeitzonen, als Lebende und als Verstorbene. Aber sie können sich virtuell verbinden. Und in diesem Fall können sie von mehreren Teilnehmern der Telefonkonferenz zugleich empfangen werden.

Man kann das auch noch anders erklären, mit einem einfachen Bild: Wir leben alle unter derselben Sonne. Für uns fühlt sich das an, als scheine sie speziell in unserem Hinterhof. Tatsächlich aber können die Menschen auf der ganzen Welt sie sehen.

Die himmlische Welt ist ein Ort, der nur aus Energie besteht. Daher können die Lebenden ihn nicht sehen, verändern oder zerstören. Ich bin ein Medium, aber ich bin trotzdem ein materielles Wesen. Meine Eindrücke und Einsichten über den Himmel habe ich von meiner Verbindung zu Seelen, die dort leben, nicht aus persönlicher Erfahrung.

WIE SIEHT DIE HIMMLISCHE WELT AUS?

Der Himmel lässt sich mit dem vergleichen, was du im Traum erlebst, denn er kann alles sein, was du dir wünschst. Was ein wunderbarer Traum ist, sieht für jeden Menschen anders aus. Und mit dem Himmel ist das genauso. Du erlebst dein eigenes Paradies und bist von Dingen umgeben, die du liebst.

Manche Menschen sehen den Himmel als Ort atemberaubender Landschaften, hoch aufragender Berge, bedeckt von den schönsten

Blumen. Für andere ist er eine magische Stadt, eine durch und durch reine, idealisierte Version von Städten auf der Erde.

»Gestalte ihn selbst!«

Deine Vorstellung vom Himmel ist sicher anders als die meine, denn die Seelen schaffen ihre eigene Version der himmlischen Welt, und zwar eine, die sie glücklich macht. Das ist der energetische Raum, in dem sie leben.

Ich weiß, das ist schwer nachvollziehbar, aber ich stelle mir den Himmel als riesiges Mietshaus vor. Von außen sieht es aus wie aus einem Guss, drinnen aber gleicht keine Wohnung der anderen. Jedes Stockwerk ist anders, jede Wohnung hat ihren ganz eigenen Stil. Das ist der Grund, weshalb im Himmel alle Religionen harmonisch nebeneinander existieren. Jeder kann einen anderen Glauben haben und eine andere Vorstellung vom Himmel. Und genau das erlebt die Person dann auch, wenn sie stirbt – und trotzdem sind alle am selben »Ort«.

Und noch etwas ziemlich Verrücktes: Du kannst in der himmlischen Welt mit einem lieben Menschen zusammen sein, und doch erlebt ihr beide euer Umfeld ganz unterschiedlich.

Der Traum eines Fischers

Ich gab einmal ein Reading für eine Frau, deren Ehemann Fischer gewesen war. Als ich mit ihm Kontakt aufnahm, saß er auf einem Boot mitten im Ozean und tat, was er am liebsten tat. Seine Frau war entsetzt, denn sie wollte nach ihrem Tod mit ihm zusammen sein: »... aber nicht in einem Fischer-Himmel!« Ich musste ihr erklären, dass sie durchaus mit ihm zusammen sein konnte, während sie ihre eigene Version des Himmels erlebte. Das Wunderbare an der himmlischen Welt ist ja, dass du keine Kompromisse eingehen musst, denn dort bekommt jeder, was er will.

Manche Menschen wollen exakt wieder das haben, was sie auch auf Erden hatten. Viele Seelen melden sich aus demselben Haus, in dem sie ihr Leben lang wohnten. Sie liebten ihr Heim, also nahmen sie es mit sich hinüber und machten daraus ihren Himmel. Mit Kleidung und Schmuck ist das ganz ähnlich. Die Seelen, die zu mir durchkommen, tragen manchmal noch ihren Ehering, auch wenn der reale Ring sich hier auf Erden befindet. Es macht auch keinen Unterschied, ob der reale Ring etwa verkauft wurde oder in einem Schließfach liegt. Oder ob die Tochter ihn jetzt trägt.

Das heißt nun nicht, dass es im Himmel einen Goldschmied gäbe. So wie wir uns auf der Erde zurechtmachen, unsere Kleidung und Accessoires auswählen, so spiegeln wir auch in der himmlischen Welt wider, was uns wichtig ist. Eine Großmutter, deren liebste Beschäftigung es war, sonntags ihre ganze Familie zu bekochen, erscheint dir vielleicht in einer Schürze, weil diese zeigt, wer sie im Leben wirklich war und was sie am meisten mochte. Was wäre Michael Jackson ohne seine weißen Handschuhe? Du kannst sicher sein: Falls er sich bei einem Medium meldet, wird er sie tragen.

HABEN DIE LEUTE IM HIMMEL AUCH EINEN BERUF?

Seelen haben keinen Beruf im traditionellen Sinn, aber wir alle folgen unserer Bestimmung, die mit dem Tod ja nicht endet. Es gibt in der himmlischen Welt kein Starbucks, Macy's oder Dunkin' Donuts, aber die Seelen gehen göttlichen Aktivitäten nach, die man als »Gottes Werk« bezeichnen könnte. Die Verstorbenen übernehmen häufig die Aufgabe, uns bei solchen Herausforderungen beizustehen, die sie selbst zu ihren Lebzeiten meistern mussten.

Ich hatte einmal Kontakt zu einer Seele, deren Leben und Tod von Sucht geprägt waren. Diese Seele hatte Angehörige zurückgelassen, die mit demselben Problem zu kämpfen hatten. Als der Mann auf die andere Seite ging, wurde es zu seiner Aufgabe, über noch lebende Angehörige zu wachen. Ihm wurden Menschen anvertraut, die er zu Lebzeiten gekannt hatte, aber das muss nicht der Fall sein. Er hätte auch die Aufgabe bekommen können, Fremde zu behüten.

Der kleine »Stups«, den du niemals übersehen solltest

Sobald dieses Thema aufkommt, werde ich gewöhnlich mit Fragen überschüttet. Üblicherweise geht es darum, wie so etwas möglich ist oder wie die Seelen das anstellen. Vielen fällt es nämlich schwer, sich vorzustellen, wie eine Seele in der himmlischen Welt uns hier in unserem irdischen Leben beeinflussen sollte. Nun, sie kommen nicht auf einem weißen Ross dahergesprengt oder umflattern uns mit Engelsflügeln. Sie greifen vielmehr auf ganz subtile Weise ein, um ihre irdischen Schutzbefohlenen in die richtige Richtung zu lenken.

Wenn jemand beispielsweise suizidgefährdet ist, erkennt eine Seele das vielleicht und alarmiert ein Familienmitglied. Häufig geben sie dieser Person den Gedanken ein, sich mal bei dem gefährdeten Menschen zu melden, vor dem Hintergrund, so das tragische Ereignis zu verhindern. Wir nennen dies eine »göttliche Fügung«, aber es ist die gemeinsame Anstrengung einer Seele in der himmlischen Welt und eines Menschen auf der Erde. Daher solltest du solche Eingebungen nie einfach beiseiteschieben, vor allem dann nicht, wenn sie dich drängen, dich bei einem anderen Menschen zu melden – und wenn dir das Ganze noch so seltsam vorkommt.

Manchmal werden solche göttlichen Eingebungen dem Betroffenen auch unmittelbar als innere Führung zuteil, sodass er aus eigener Kraft aus einer Krise herausfindet. Dabei hat die Person nicht selten das Gefühl, ihr sei etwas Überirdisches zu Hilfe gekommen. Ich kenne mehrere Menschen, die sich aus unerfindlichen Gründen verspätet hatten, sodass sie einem Unfall oder einer anderen schlimmen Erfahrung entgingen. Diese Leute wissen, dass ihnen etwas ganz Außergewöhnliches widerfahren ist.

Zufall oder göttliche Fügung?

Die folgende Geschichte erzählte mir eine Freundin und wollte dann wissen, ob ich für göttliche Fügung halte, was da geschehen war. Und ob! Sie war mit dem Auto unterwegs zum Einkaufen und spürte plötzlich den unvermittelten Drang, eine Nachbarin anzurufen, mit der sie jahrelang nicht gesprochen hatte. Die beiden Frauen hatten sich wegen einer Kleinigkeit gestritten, und die Beziehung lag seitdem auf Eis. Als ihre Nachbarin ans Telefon ging, sagte sie nur: »Ich kann es einfach nicht fassen! Dass du dich ausgerechnet jetzt meldest!«

Es stellte sich heraus, dass die Nachbarin in der Wohnung ihrer Mutter saß, die einige Stunden zuvor dort gestorben war. Der Vermieter hatte die Tochter angerufen, weil in der Wohnung der Mutter die Badewanne übergeflossen und das Wasser in die darunterliegende Wohnung gelaufen war. Als die Tochter die Badezimmertür öffnete, fand sie ihre Mutter tot in der Badewanne. Eine schreckliche Erfahrung. In diesem Moment, während sie auf den Leichenbeschauer wartete, hatte sie eine Freundin, mit der sie reden konnte, bitter nötig. War es ein Zufall, dass meine Bekannte den plötzlichen Drang verspürte, sich bei ihrer früheren Freundin zu melden? Beide Frauen sind der Ansicht, dass dieser Anruf eben zu jenem Zeitpunkt erfolgte, als er am meisten gebraucht wurde!

Die Seelen in der himmlischen Welt helfen uns auch auf andere Weise. Zum Beispiel als spirituelle Mentoren, die uns mit Menschen zusammenbringen, die wir brauchen, um voranzukommen, die uns bei Herausforderungen zur Seite stehen, die uns stärker machen und uns ermutigen, unseren wahren Weg einzuschlagen.

Ein geliebter Mensch, der von dir gegangen ist, kann dir helfen. Aber es kann auch seine Aufgabe sein, einer ganz fremden Person beizustehen. Wenn jemand den Übergang vollzieht, ist sein Leben auf der Erde an ein Ende gekommen, aber seine Seele entwickelt sich weiter, indem sie anderen Menschen hilft, jene Fehler zu vermeiden, die er selbst gemacht hat, oder an die eigene Größe zu glauben. Doch welche Aufgabe dein lieber Mensch auch erfüllt, du kannst dir sicher sein, dass er auch auf dich ein Auge hat und dir zumindest weiter seine Liebe schickt.

VERMISSEN MICH MEINE GELIEBTEN MENSCHEN IM HIMMEL?

Die kurze Antwort ist: »Nein.« Aber wenn ich das sage, reagieren die meisten Leute ärgerlich. Sie glauben dann, ihr lieber Verstorbener habe sie zu seinen Lebzeiten nicht geliebt, wenn sie ihm in der himmlischen Welt nicht fehlten. Das ist natürlich nicht wahr.

Die Seelen missen dich deswegen nicht, weil sie immer noch bei dir sind! Tatsächlich sitzen deine Lieben in der ersten Reihe, was dein Leben angeht. Es hört sich vielleicht verrückt an, aber tatsächlich sind sie dir im »Tod« näher als zu Lebzeiten.

Überlege nur mal, was du den ganzen Tag über so tust. Du fährst morgens zur Arbeit? Sie sind bei dir. Du sitzt am Schreibtisch? Sie sind bei dir. Sie sind bei dir, wenn du zu Mittag isst. Und sogar, wenn du im Badezimmer bist (aber darüber reden wir jetzt mal nicht ...).

Geht ein geliebter Mensch von uns, fühlt sich das für die Zurückgebliebenen so an, als sei die Trennung unwiderruflich. Für die Dahingeschiedenen ist das ganz anders. Sie fühlen sich immer noch nahe und verbunden – und nicht nur mit einem Menschen. Sie sind bei dir: in guten wie in schlechten Zeiten und in allem, was dazwischen so passiert.

Sich für das Leben entscheiden, nicht für die Trauer

Das Letzte, was deine Lieben wollen, ist, dass du um sie weinst. Sie sind ja nicht weg. Sie wollen nicht, dass deine Trauer dich daran hindert, glücklich zu sein und das Leben zu genießen.

Was die Seelen auf der anderen Seite mir als Medium immer wieder sagen, ist: Sie wollen nicht, dass du dein Leben damit zubringst, um sie zu trauern. Wieder und wieder bitten sie mich, exakt die gleiche Botschaft weiterzugeben: »Ich bin immer an deiner Seite.«

Besuch von der Großmama

Das erste Mal habe ich diese Botschaft von meiner eigenen Großmutter gehört. Und das kam so: Ich war drei, als meine Großmutter auf die andere Seite hinüberging. Ich verstand nicht, was geschah, weil ich seelisch immer so eng mit ihr verbunden war, dass sich das für mich noch so anfühlte, als sei sie am Leben.

Meine Großmutter besuchte mich noch lange Zeit nach ihrem Übergang, meistens abends, wenn meine Mutter eingeschlafen war.

Ich erzählte meiner Mutter von diesen Besuchen, und sie war überrascht, dass Oma nicht auch zu ihr kam. Bevor meine Großmutter starb, hatte Mama sie gebeten, zurückzukommen und sie zu besuchen. Sie hatte fest damit gerechnet, dass sie das tun würde. Aber meine Großmutter besuchte meine Mutter kein einziges Mal, zu mir aber kam sie oft. Ich weiß, dass das meine Mutter verletzte, aber ich konnte nichts dagegen tun.

Dann wachte ich eines Tages auf und hatte eine Botschaft von Oma an meine Mutter. Sie sagte, meine Mutter sei so sehr in Trauer versunken und könne einfach nicht loslassen. Das aber war das Gegenteil dessen, was meine Großmutter wollte. »Sag deiner Mutter: Du hast eine Familie, um die du dich kümmern musst. Also mach einfach weiter, und lebe dein Leben.«

Ich fragte meine Oma, warum sie das meiner Mutter nicht selbst sagte. Sie meinte, es wäre nicht gut für meine Familie. Da meine Mutter sich früher in allen Dingen auf Oma verlassen hatte, hatte meine Großmutter Bedenken, dass sie ständig versuchen könnte, sie in der geistigen Welt zu erreichen.

Ich weiß nicht mehr genau, was passierte, als ich die Botschaft weitergab, nur dass meine Mutter weinte. Ich war aber glücklich, nachdem sie mir zugehört und die Botschaft akzeptiert hatte.

Das ist ein gutes Beispiel dafür, warum manche Seelen nicht zu einem Medium kommen oder sich auf andere Weise bemerkbar machen. Sie wissen, wann die Gefahr besteht, dass du zu sehr an ihrer geistigen Gestalt hängst, und das wollen sie keineswegs. Vergiss nicht: Sie wissen am besten, was gut für dich ist. Und sie möchten, dass du dein bestes Leben lebst.

Manche Menschen, die stark trauern, kämen gern jede Woche zu mir, um den Kontakt zu ihren Lieben aufrechtzuerhalten. Seelen in der himmlischen Welt aber wollen nicht, dass du ständig zu einem Medium rennst. Es hat keinen Sinn, zu mehreren Readings zu gehen. Du wirst dabei nichts Neues erfahren, und es verhindert nur, dass du dein Leben sinnvoll weiterlebst.

WERDE ICH IN DER HIMMLISCHEN WELT MEINEM HAUSTIER BEGEGNEN?

Ja, Tiere finden ihren Weg in den Himmel, wo sie mit Freunden und Familie wieder vereint werden. Es gibt einen Grund dafür, dass Tiere wie Familienmitglieder sind – deine Seele erkennt die Seele in ihnen. Selbst wenn sie zu einer anderen Art gehören, unterscheidet sich die Seele eines Tieres nicht von der unseren. Tiere fühlen Schmerz, Angst, Einsamkeit, aber vor allem sind sie fähig zur Erfahrung der Liebe.

Pelzige, geschuppte und gefiederte Engel auf Erden

Wir alle kennen die unglaublichen Geschichten über Haustiere, die Leistungen vollbringen, wie man sie bei einem Tier nie für möglich gehalten hätte. Dabei ist das gar nicht so erstaunlich! In manchen Fällen treten Engel und Seelen in Gestalt eines Tieres in unser Leben, um uns Hilfe und Unterstützung zu bringen. Als Begleithund, der seinem Besitzer die Augen ersetzt, als bester Freund, Gefährte oder Beschützer. Und das trifft nicht nur für Hunde und Katzen zu. Ich habe alle möglichen Tiere kennengelernt, die ihre Menschen durchs irdische Leben führen – Hasen, Meerschweinchen, Pferde. Einmal sogar eine Schlange!

Noch umwerfender aber ist, dass diese Tiere später in der himmlischen Welt immer bei ihren Familienmitgliedern oder Freunden sind. Und nicht nur solche, die erst kürzlich das Zeitliche gesegnet haben. Auch dein geliebter tierischer Gefährte aus deiner Kindheit ist immer für dich da.

»Ich nehme meinen Vogel mit!«

Einmal gab ich einer Frau ein Reading, und ihr Bruder kam zu uns. Ich sagte zu ihr: »Vermutlich halten Sie mich jetzt für verrückt, aber

Ihr Bruder meint, er sei gekommen, um seinen Vogel mit in den Himmel zu nehmen!«

Ihr Bruder hatte einen Papagei, den er über alles liebte. Nach seinem Tod kümmerte seine Schwester sich um das Tier. Sie hatte nie einen Vogel als Haustier gewollt, und dieser laute Papagei trieb sie in den Wahnsinn. Was sie auch tat, er war nicht einen Moment lang still! Sie stellte ihn reihum in jedem einzelnen Zimmer des Hauses ab, damit er endlich mal aufhörte zu plappern. Eines Tages wachte sie auf und hörte ihn nicht mehr.

Entsetzt stellte sie fest, dass der Vogel gestorben war. Sie fühlte sich schrecklich, weil sie glaubte, ihren Bruder im Stich gelassen zu haben. Aber der Bruder kam durch und ließ sie wissen, er habe die Seele seines Papageis mit ins himmlische Reich genommen.

Das ist nicht ungewöhnlich. Ein Haustier stirbt manchmal ganz unerwartet, weil sein früherer Besitzer kommt und seine Seele auf die andere Seite führt.

Unsere Haustiere brechen uns manchmal das Herz, weil ihr Leben so viel kürzer ist als das unsere. So wie ich das sehe, hast du die Wahl: Entweder du suchst dir einen langlebigen tierischen Freund wie eine Riesenschildkröte oder einen Ara, oder du akzeptierst die tröstliche Tatsache, dass dein geliebtes Tier einmal in alle Ewigkeit bei dir sein wird!

VERTRAGEN SICH IM HIMMEL DENN ALLE?

Der Himmel ist ein Ort, an dem alle Seelen miteinander in Frieden leben. Das ist wie die Passagierkontrolle am Flughafen. Um durchgelassen zu werden, musst du deine Wasserflasche zurücklassen, deine Schuhe ausziehen und alle scharfen Objekte abgeben. Wenn du in die himmlische Welt eintrittst, musst du schwierige Emotionen wie Ärger, Angst, Misstrauen und Eifersucht ablegen. Die schaffen es nicht durch die Pforte! Anderenfalls wäre der Himmel kein Ort des Friedens mehr. Ein Teil des Übergangs hat mit Vergebung zu tun: den Menschen vergeben, die dich verletzt haben, und alles loslassen, was in dir Ärger und Groll ausgelöst hat.

Keine Sorgerechtsvereinbarung nötig

Die Seelen auf der anderen Seite kennen nur eines: Liebe! Das ist auch der Grund, weshalb Eltern ihren Kindern gemeinsam als Paar erscheinen, selbst wenn sie sich im realen Leben schon vor langer Zeit haben scheiden lassen.

Das heißt nicht, dass deine Eltern sich in der himmlischen Welt wieder verheiratet haben. Es heißt, dass ihr irdischer Kummer verflogen ist. Wenn Eltern sich scheiden lassen, dann müssen sie eine Sorgerechtsvereinbarung treffen, aber gesetzliche Regelungen zählen nicht mehr, wenn sie sterben. Sie sind nicht nötig, weil deine Eltern in ihrer Liebe zu dir vereint sind.

Wenn ich hier von Eltern rede, die für die zurückgelassenen Kinder da sind, dann ist damit übrigens jede Art von Bezugsperson gemeint: Adoptiv-, Pflege- und Stiefeltern, Mentoren oder Großeltern – wer auch immer!

Es ist fast ein bisschen wie Facebook, wo letztendlich jeder mit jedem verbunden ist und du dir Bilder von Menschen ansehen kannst, die du selbst nie kennengelernt hast, die aber mit Leuten in Verbindung stehen, die du kennst. Das Gleiche passiert im Himmel. In dem Moment, in dem du den Übergang vollziehst, hast du eine göttliche Verbindung zu jedem Geschöpf auf der anderen Seite: Urgroßeltern, Urahnen, Menschen, die du noch nie getroffen hast. Aber plötzlich »kennst« du sie.

Man könnte auch sagen, im Himmel ist's in gewisser Hinsicht wie in einer gemütlichen Stammkneipe: Jeder kennt dort jeden.

MACHEN SICH MEINE LIEBEN IM HIMMEL SORGEN UM MICH?

Manchmal glauben die Leute, die zu mir kommen, ihre Angehörigen in der himmlischen Welt würden nur aus Sorge, was ihnen als Nächstes passieren wird, ständig über sie wachen! Nein, so ist das nicht. Deine Lieben sind in der einzigartigen Position, dass sie – lange vor dir – wissen, was in dein Leben treten wird. Welche Herausforderung du im Moment auch zu bewältigen haben magst – Jobverlust, Scheidung, gesundheitliche oder finanzielle Probleme –, sie sehen das Licht am Ende des Tunnels. Sie wissen, dass schließlich auf die ein oder andere Weise alles gut geht. Daher machen nur wir uns Sorgen, sie sich jedoch nicht.

Vergiss nicht, sie sind durch eine Art Filter gegangen, der alles Negative von der anderen Seite fernhält, alle Ängste, Sorgen und negativen Werturteile. Was übrig bleibt, ist die reinste positive Energie. Sie sehen das, was du erlebst, völlig anders.

Manchmal können wir den Blick nicht über die aktuelle Herausforderung hinausrichten. Wir werden nervös oder sind voller Verzweiflung.

Aber selbst in den schwersten Zeiten sehen deine Lieben vorher, was Gutes aus dieser Situation entstehen kann, zum Beispiel:

- Wenn du eine schwierige Scheidung durchmachst und außer dem Schmerz in dir nichts siehst, dann richten sie ihren Blick über die Gegenwart hinaus auf den Moment, in dem du deinen Seelenpartner triffst.
- Wenn du gesundheitliche Probleme hast und dir das Schlimmste ausmalst, sehen deine Lieben dich als gesunden und vitalen Menschen.
- Vielleicht hast du deinen Job verloren und machst dir Sorgen, wie du nun deine Rechnungen bezahlen sollst. Sie aber sehen, dass du eine neue Stellung findest, die dir Freude macht.

- Wenn die Zeit für dich gekommen ist und du dich vor dem Sterben fürchtest, wissen deine Lieben, dass sie dich beim Übergang auf die andere Seite unterstützen können.

Seelen in der himmlischen Welt haben den Tod, die ultimative Angst, schon hinter sich. Sie wissen, dass der Übergang etwas Natürliches ist. Daher besuchen sie uns in unseren Träumen und schicken uns Zeichen. Sie wollen uns ermutigen, zuversichtlich zu bleiben.

Eine positive Sicht der Dinge gehört zu den wichtigsten Lektionen, die ich von den Verstorbenen gelernt habe. Und ich teile sie gern mit meiner Zuhörerschaft in aller Welt. Du musst aber nicht warten, bis der Übergang ansteht. Du kannst alle negativen Emotionen schon loslassen, bevor du stirbst. Niemand wird versuchen, dich daran zu hindern. Und ich verspreche dir: Du wirst sehr viel glücklicher sein!

Das Leben ist so, wie du es siehst. Wenn du voller Angst und Sorge auf etwas zugehst, färbt dies die ganze Erfahrung negativ. Näherst du dich dem Leben aber voller Vertrauen, Mitgefühl und Optimismus, wirst du dein Dasein viel mehr genießen.

Eines noch: Wie oft sorgen wir uns um Dinge, die dann gar nicht eintreten, oder falls doch, so schlimm nicht sind, wie wir befürchtet haben? Deine Lieben sehen all das aus ihrer himmlischen Perspektive. Schon deshalb machen sie sich keine Sorgen um dich.

WELCHE SPRACHE SPRICHT MAN IM HIMMEL?

Es gibt keine Übersetzer für den Geist. Man braucht sie auch nicht, denn die Sprache des Geistes ist universell. Im Himmel verstehen sich alle Seelen, und das geht weit über menschliche Kommunikation hinaus. Die Seelen von Menschen und Tieren können ebenfalls miteinander reden.

Daher kann ich als Medium mit Klient*innen aus aller Welt arbeiten. Ich mache Readings für Menschen, die im Leben nicht die gleiche Sprache gesprochen haben. Aber versteh mich nicht falsch: Ich bin immer noch ein materielles Wesen und kann daher nicht so mit Seelen kommunizieren, wie sie das untereinander tun.

Die Puzzlestücke zusammensetzen

Die Seelen drücken sich anders aus, wenn sie zu einem Medium durchkommen. Wollen sie durch mich eine Botschaft weitergeben, nutzen sie für die Kommunikation meinen ganzen Körper. Ich höre keine vollständigen Sätze oder zusammenhängenden Gespräche. Was ich erhalte, sind vielmehr kurze Sprachfetzen, Bilder und Eindrücke, die ich zusammenfüge, damit daraus eine verständliche Botschaft für den Empfänger wird.

Deine Lieben kommen nicht zu mir durch und sagen etwas wie: »Erzähl meiner Tochter, dass ich ihr neues Haus in der Blueberry Lane sehen kann.« Sie zeigen mir vielmehr Visionen von dem Gebäude: wie es aussieht, wo es liegt, was sich rundherum befindet. Sie zeigen mir die Familie, die in diesem Haus lebt. Ein paar Worte klingen meistens auch mit. Auf der Grundlage all dieser Informationen kann ich der fragenden Person sagen, dass ihre Mutter sieht, wo sie lebt und wie es ihr damit geht.

Die Seelen sind sehr erfinderisch darin, wie sie eine Botschaft rüberbringen. Was schwer zu übersetzen ist, sind Namen, die mir so nicht vertraut sind. Die Seelen wissen das und versuchen, sich auf meinen begrifflichen Rahmen einzustellen. Wenn jemand einen unüblichen, fremden Namen hat, den ich vielleicht nicht verstehe, wie »Frangelica«, dann geben sie mir eine Aussprache durch, die so ähnlich klingt, zum Beispiel »Angelica«. Daher klingen die Namen, die ich bekomme, oft ähnlich, aber nicht genau richtig.

Wenn die geistige Welt spricht, dann ist das für mich, als würde mir jemand ins Ohr flüstern. Hin und wieder flechten sie dann ein Wort aus einer fremden Sprache ein, das ich der Person übermitteln kann, die das Reading bekommt.

Oft sagen mir die Botschaften absolut gar nichts. Ich weiß nicht, was die Seele meint, aber ich nehme, was ich spüre, fühle, sehe und höre, und setze es auf eine Art zusammen, die eine Geschichte erzählt. Und die Person, an die sich die Botschaft richtet, kann sie verstehen.

Wie man ein Sprachdefizit überbrückt

Vor einiger Zeit war ich auf einer Rundreise und hielt ein Reading für eine Frau im Publikum. Ich überbrachte ihr eine detaillierte Botschaft von ihrer Mutter. Je mehr ich darüber sprach, was ihre Mutter sagte, desto ungläubiger sah mich die Tochter an. Schließlich fragte ich die Mutter auf der geistigen Ebene: »Wieso kann deine Tochter nicht bestätigen, was ich sage?«

Die Mutter sagte mir, dass sie zu Lebzeiten nie Englisch gesprochen habe. Deswegen könne ihre Tochter nicht akzeptieren, dass ich tatsächlich mit ihr kommunizierte. Ich sagte der Frau im Publikum, ihre Mutter sähe, dass sie mir nicht glaube, weil sie selbst zu Lebzeiten nie Englisch gesprochen habe. Die Frau im Publikum dachte, ich läse ihre Gedanken, aber diese wenigen Worte von ihrer Mutter überzeugten sie schließlich doch! Von nun an konnte sie annehmen, was ich ihr ausrichtete. Und alle im Publikum erfuhren an diesem Tag etwas über die Sprache des Himmels.

Da die »Toten« den Lebenden meist eher Zeichen schicken, als direkt mit ihnen zu reden, stellt sich die Frage nach der verwendeten Sprache eher selten. Also achte lieber auf Zeichen und Signale. Und wenn du selbst hinübergehst, wirst du in der universellen Sprache der geistigen Welt sprechen können, ob nun mit deiner Urgroßmutter aus Italien, deinen schwedischen Urahnen oder deinem geliebten Bassett.

WAS IST DIE »OFFIZIELLE RELIGION« DES HIMMELS?

Es gibt keine! Die Bewohner des Himmels werden nicht durch Religionen getrennt. Wir kommen alle an denselben Ort, ganz egal, welchem Glauben wir anhängen. Wenn du den Übergang vollziehst, ist das nicht, als würdest du am Flughafen stehen und das richtige Gate für deine Konfession suchen. Jeder kommt in den Himmel, sogar wenn er Atheist ist.

Die himmlische Politik der »offenen Tür« für alle Religionen

Bei einem Event zum Thema »Medium sein« spürte ich einen Mann, der hinter seiner Tochter stand. Er wollte ihr unbedingt etwas mitteilen. »Sagen sie ihr, dass ich hier bin, im Himmel!« Er hatte zu Lebzeiten nie an eine höhere Macht oder einen Himmel geglaubt, und jetzt wollte er sie wissen lassen, dass er trotz seines fehlenden Glaubens genau dort war. Er erzählte mir, dass er und seine Tochter vor seinem Ableben gestritten hätten. Sie glaube an den Himmel und ein Leben nach dem Tod, und er wollte davon nichts hören! Aber er versprach ihr etwas: »Wenn ich falschliege und es einen Himmel gibt, dann werde ich einen Weg finden, dir das mitzuteilen!« Natürlich konnte weder sie noch ich wissen, dass er mich zu seinem Sprachrohr machen würde. Als ich ihr diese Botschaft übermittelte, bekam sie eine Gänsehaut. Sie freute sich, dass er tatsächlich im Himmel war, und sie konnte die Sorge loslassen, dass ihm die himmlische Welt verschlossen bliebe, weil er nicht gläubig war.

Also noch mal: Der Himmel trennt Menschen nicht nach Glaubensrichtungen. Ich als Medium weiß, dass deine Lieben zu dir durchkommen, ganz egal, welcher Religion du angehörst.

Der Himmel mag für Menschen mit verschiedener Religionszugehörigkeit jeweils anders aussehen. Doch es wird für alle immer der richtige Himmel sein. Da es also verschiedene Versionen von ihm gibt, können auch verschiedene Religionen nebeneinander existieren.

Ich wurde als Katholik geboren, bin heute aber eher Spiritualist. In meinem Büro stehen Statuen von Buddha, Ganesha, der Jungfrau Maria – und jede einzelne schenkt mir ein Gefühl des Friedens. Ich habe unglaublich viel gelernt, indem ich die verschiedenen Religionen studierte. Ich glaube, jede davon hat uns etwas Wichtiges zu sagen. Ich begebe mich auch regelmäßig in die verschiedenen Kirchen und Tempel. Viele Menschen glauben, dass das Gebet der beste Weg ist, um Verbindung mit der himmlischen Welt aufzunehmen. Ich bin da ganz ihrer Meinung, aber »Gebet« kann alles Mögliche sein: ein Lied, ein Gedicht, ein Bibelvers oder einfach, sich eine Minute Zeit zu nehmen, um jemandem ein nettes Wort zu sagen oder die Wunder der Natur zu bestaunen.

TIEFER EINSTEIGEN

Visualisiere deinen »persönlichen Himmel«

Wie stellst du dir den Himmel vor? Wenn du deinen eigenen vollkommenen Ort erschaffen könntest, wie würde er aussehen?

Wie du in diesem Kapitel erfahren hast, hat jeder von uns seine eigene Version des Himmels. Ich weiß, dies ist nicht ganz einfach zu verstehen. Aber fangen wir mal damit an, dass du dir – solange du noch in dieser Welt lebst – vorstellst, wie *dein* Himmel aussieht.

Im Folgenden findest du Fragen, die dir helfen, deinen besonderen Ort nach deinen Vorstellungen zu gestalten. Nimm dir die Zeit, dir das alles wirklich bildlich vorzustellen. Lass deinen Geist herumschweifen. Es soll ja Spaß machen, die Leerstellen zu füllen.

Bevor du anfängst, nimm ein paar tiefe Atemzüge, und lass deinen Geist leer werden: Lass die Logik eine Weile Logik sein, und tauch ein in jenen Teil von dir, wo du zutiefst du selbst bist. Sag dem Alltag Adieu, und stell dir vor, dass du an diesem besonderen Ort bist, der nur für dich geschaffen wurde. Schau dich um, und stell dir folgende Fragen:

- Wenn du dir deinen vollkommenen Ort vorstellst, bist du drinnen oder draußen?
- Was siehst du um dich herum? Gebäude? Berge? Den Ozean?
- Welche Jahreszeit ist es? Schneit es, regnet es, oder scheint die Sonne?
- Siehst du Menschen? In der Ferne oder in der Nähe?
- Was sind das für Leute? Was tun sie?
- Hast du Tiere um dich herum? Wo sind sie? Welche Verbindung hast du zu ihnen?

- Was tust du? Sitzt du ruhig da, oder machst du etwas? Fischen vielleicht? Oder kegeln?
- Was hast du an? Ein T-Shirt oder einen Smoking?
- Ist dir der Raum, in dem du dich aufhältst, vertraut? Dein Heim vielleicht oder ein Ort, den du schon einmal besucht hast? Oder kennst du ihn aus der Vorstellung?
- Wie fühlst du dich? Öffne deinen Geist, und stell dir einen Ort vor, an dem du positive Gefühle verspürst. Freude, Ruhe oder Inspiration – dein vollkommener Ort wird dir immer ein gutes Gefühl geben!

Jetzt, da du weißt, wie dein Himmel aussieht, bitte einen Freund oder eine Freundin, die gleiche Übung für sich zu machen. Danach vergleicht ihr eure besonderen Orte. Vermutlich werden eure Visionen ziemlich unterschiedlich ausfallen. Aber genau darum geht es ja! Es ist, wie ich schon sagte: So wie deine Wohnung ganz anders gestrichen sein kann als die deiner Nachbarin, so bist du auch in der himmlischen Welt von Menschen umgeben, die ihre jeweils eigene Version vom Himmel haben.
Sobald du entschieden hast, wie dein persönliches Paradies aussieht, schreib es auf, oder mal ein Bild, um die Vision deinem Geist gut einzuprägen. Du wirst feststellen, dass diese Vorstellung dir einen Ausblick auf den Himmel gibt, der dir Freude schenkt und dir hilft, dich deinen lieben Dahingeschiedenen näher zu fühlen.

· 3 ·

Engel, Zeichen und geistige Besuche

»Selbst wenn du sie nicht bemerkst, sind deine Lieben immer an deiner Seite. Sie führen dich, weisen dir den Weg und wachen über dich.«

Viele Menschen sind von Engeln und geistigen Führern fasziniert, und das ist auch nicht weiter verwunderlich! Das Leben kann schwierig sein. Jeder Mensch »profitiert« davon, wenn eine himmlische Präsenz über ihn wacht und ihm auf die Sprünge hilft. Leider erblicken wir im Alltag nur höchst selten Engel. Woher weißt du also, dass Führung, Ermutigung und Schutz von einer göttlichen Quelle kommen?

Bevor wir uns das näher anschauen, möchte ich dir eine Geschichte erzählen …

Ich habe einen guten Freund, der im Marketing tätig ist. Er hat Jahre bei der gleichen Firma gearbeitet, aber irgendwann hatte er das Gefühl, ein Wechsel wäre fällig. Er mochte seine Kollegen, und die Leute mochten ihn. Aber es langweilte ihn nun mal, tagein, tagaus immer dasselbe zu machen. Und seine Karriere schien irgendwie festzustecken. Also sah er sich nach einem neuen Arbeitgeber um und fand eine Gelegenheit, die fast zu gut schien, um wahr zu sein. Das Büro lag in fußläufiger Entfernung von seinem Haus.

Die Arbeitszeiten schienen perfekt zu sein, und auch die Bezahlung war besser als in seinem alten Job. Er war so aufgeregt, dass er sich auf der Stelle bewarb. Eigentlich glaubte er nicht daran, eine Antwort zu erhalten, aber innerhalb einer Woche hatte er ein Vorstellungsgespräch mit dem ganzen Team.

Aus dem letzten Interview kam er mit einem Jobangebot und einer Mappe, die das ungewöhnliche Tintenfisch-Logo seines neuen Arbeitgebers trug. Darin waren alle Papiere, die er ausfüllen sollte.

Und obwohl er so aufgeregt war, vernahm er irgendwo ein leises Stimmchen, das ihm sagte, er solle nicht sofort kündigen. So verstrichen einige Tage, und er brachte es immer noch nicht über sich, seinem alten Chef Bescheid zu sagen.

Eines Abends ging er am Strand spazieren, weil er hoffte, so einen klaren Kopf zu bekommen. Es war ein wunderschöner Abend, die Sonne ging gerade unter. Im goldenen Licht erspähte er etwas, was ihn innehalten ließ. Ein Warnschild mit einem Symbol, das ihm irgendwie bekannt vorkam. Darunter stand geschrieben: »Vorsicht vor Tintenfischen!« Der Oktopus auf dem Schild ähnelte dem Logo der neuen Firma. Und er hatte das sichere Gefühl, dass dies eine Warnung war.

Er erzählte niemandem davon, weil er glaubte, die Leute würden ihn für verrückt halten. Aber er kündigte seine Stelle nicht und nahm auch den neuen Job nicht an. Als einen Monat später Covid-19 zuschlug, erwischte es die Firma mit dem Tintenfisch-Logo besonders stark. Sie verloren massenhaft Kunden und mussten am Ende schließen. Sein alter Arbeitgeber hingegen hatte alle Hände voll zu tun, um seinen Kunden durch die Pandemiezeit zu helfen. Das Unternehmen blühte förmlich auf, und mein Freund erhielt eine Beförderung. Er machte ein Foto von dem Tintenfischschild, das seitdem auf seinem Schreibtisch steht – als Erinnerung an die göttliche Führung, die ihn vor einer beruflichen Katastrophe bewahrte.

GIBT ES ENGEL WIRKLICH?

Ja, Engel sind real. Tatsächlich stehen sie in diesem Augenblick an deiner Seite. Warum sie da sind? Nun, das hängt davon ab, was du brauchst. Es gibt verschiedene Arten von Engeln. Zum Beispiel die Schutzengel, die über dich wachen und dich behüten. Oder die Erzengel, die in der Engelhierarchie am höchsten stehen. Und dann gibt es noch Engel, die für göttliche Aufgaben zuständig sind. Sie treten in dein Leben, weil sie einen bestimmten Zweck erfüllen sollen.

Dein Schutzengel – dein Leben lang bei dir

Möglicherweise hast du davon nie etwas bemerkt, aber du verbrachtest schon einige Zeit mit deinem Schutzengel, bevor du geboren wurdest. Er wurde dir zugeteilt, ehe du deinen Lebensweg auf der Erde angetreten hast.

Schutzengel sind die Rat- und Richtungsgeber des Himmels. Sie sind göttliche, höhere Wesen, die dir helfen, mit den schwierigsten Herausforderungen und Tragödien fertigzuwerden. Sie sind bei dir, wenn du Angst hast, einsam oder depressiv bist oder die Hoffnung verlierst. Vielleicht kennst du deinen Schutzengel als die sanfte Stimme, die dir sagt, dass du weitermachen sollst, auch wenn das Leben schwierig ist. Oder er zeigt sich inmitten einer Tragödie als das tröstliche Gefühl, dass alles wieder in Ordnung kommen wird.

Wenn du in Schwierigkeiten steckst, treten die Engel auf den Plan. Ich werde oft gefragt, was passiert, wenn jemand ganz allein stirbt, zum Beispiel bei einem schrecklichen Unfall. Spüren diese Menschen Schmerz oder Angst? Wissen sie, was vorgeht? Es ist ein Trost zu wissen, dass du selbst in solch schlimmen Zeiten nicht allein bist. Denn dann kommt dir dein Engel zu Hilfe. Bevor du auch nur einen Anflug von Leiden verspürst, trägt er dich in den Himmel.

Und wenn du in die himmlische Welt eintrittst, verbringst du Zeit mit deinem Schutzengel, wie du das schon vor deiner Geburt getan hast.

Immer wieder werde ich auch von den Leuten gefragt, ob ihr Vater oder ihre Großmutter ihr Schutzengel ist. Nicht ganz. Auch sie wachen über dich, aber sie spielen in deinem spirituellen Team eine andere Rolle.

Engel auf Erden

Was ich sowohl von den Lebenden als auch von »Toten« hörte, brachte mich zu der Überzeugung, dass Engel die Gestalt von realen Menschen annehmen können, wenn dies nötig sein sollte.

Vor Kurzem erzählte mir eine Freundin von einer Begegnung, die sie als göttliche Fügung betrachtete. Vor einigen Jahren eröffnete ihr der Mann, mit dem sie verlobt war, dass er sie wegen einer anderen verlassen würde. Sie stürmte aus der gemeinsamen Wohnung und sprang ins Auto. In ihrer Einsamkeit und Verzweiflung kam es ihr in den Sinn, den Wagen in einen nahen See zu steuern. Sie stieg aufs Gas, sah aber plötzlich ein Blinklicht hinter sich: Ein Polizeiauto, das ihr signalisierte anzuhalten. Sie fuhr rechts ran, und ein Polizist kam auf sie zu. Sie öffnete das Fenster, aber er wollte gar nicht ihren Führerschein sehen, sondern schaute sie nur mitfühlend an und fragte sie, was denn los sei.

»Ich erzählte ihm alles, was passiert war, und er hörte mir einfach zu und sah mich gütig an.« Nach einer Weile ließ die Verzweiflung nach, und ein Gefühl der Hoffnung stellte sich ein.

»Haben Sie jemanden, zu dem Sie fahren können?«, wollte er wissen.

Dann folgte er ihr mit dem Polizeiauto bis zur Wohnung ihrer Freundin. Als sie sicher dort angekommen war, setzte er seine Fahrt fort. Sie hatte sich den Namen auf seinem Namensschild gemerkt, und so rief sie am nächsten Tag bei der Polizeistation an, um sich zu bedanken. Und musste überrascht feststellen, dass es dort keinen Beamten mit diesem Namen gab. Sie hatte ohnehin das Gefühl gehabt, dass ihr Polizist nicht war, was er vorgab. Als sie ihn auch sonst nirgends aufspüren konnte, verstärkte dies den Eindruck, den sie schon hatte.

Und noch eine Geschichte, die von einer anderen Art der Engelbegegnung handelt. Zugetragen hat sie sich in meiner Familie. Meine Mutter machte eine schwere Zeit durch, war niedergeschlagen und hoffnungslos. Sie hatte jung geheiratet und war bald darauf geschieden worden. Sie tat sich schwer damit, jemand Neuen kennenzulernen, und verlor allmählich die Hoffnung, dass sich ihr Wunsch nach einer glücklichen Ehe und einer Familie je erfüllen würde. Meine Großmutter, die sensitiv veranlagt war, empfahl ihr, zu ihrem Schutzengel zu beten, damit dieser die richtige Person in ihr Leben führe. Meine Mutter versuchte es, aber es geschah trotzdem nichts. Also hörte sie auf zu beten, obwohl meine Oma sie dazu drängte.

Eines Tages kam meine Mutter von der Arbeit nach Hause und ging in ihr Schlafzimmer, um sich umzuziehen. Zu ihrem Erstaunen sah sie einen Rosenkranz über ihrem Bett hängen. Sie hielt das für eine weitere Mahnung meiner Großmutter, die sie zum Beten anhalten wollte. Also stieg sie aufs Bett, um nach dem Rosenkranz zu greifen. Verblüfft musste sie aber feststellen, dass ihre Hand in die Luft griff. Tatsächlich war es das durch die Jalousien fallende Mondlicht, das den Eindruck von Perlen erweckt hatte. Als meine Mutter das erkannte, schlug ihr Ärger in tiefes Staunen um. Sie wusste, dass dies ein Zeichen des Himmels war. Meine Großmutter hatte meiner Mutter einen Rat gegeben, den sie aber nicht befolgte. Also machte ihr Engel mit dieser »Vision« von den Perlen einen neuen Versuch.

Damit war der Glaube meiner Mutter wiederhergestellt. Sie

betete zu ihrem Schutzengel und lernte bald darauf meinen Vater kennen. Mit ihm gründete sie die Familie, die sie sich immer schon gewünscht hatte. Und sie ist bis zu diesem Tag davon überzeugt, dass ihr Schutzengel meinen Vater zu ihr geführt hatte.

Wer sind meine geistigen Führer?

Deine geistigen Führer – wie deine Schutzengel – begleiten dich von Geburt an. Für diese Aufgabe kann nur ein Wesen bestimmt sein, aber es können auch mehrere sein. Sie haben sich jahrhundertelang darin geübt, alles über dich und das Leben, das du führen wirst, in Erfahrung bringen zu können. Sie zeichnen dein Leben auf, lange bevor du geboren wirst. Deine geistigen Helfer waren einst lebendige Menschen hier auf der Erde. Als sie auf die andere Seite hinübergingen, übernahmen sie die göttliche Aufgabe, dir Führung zuteilwerden zu lassen.

Sie halten dich in der Spur … selbst wenn es ein Leben lang dauert

Ihre Hauptaufgabe ist es sicherzustellen, dass du deinem Lebensweg folgst und deine Lektionen lernst. Dabei kann es Abweichungen und Verzögerungen geben, denn du hast ja schließlich einen freien Willen, aber deine geistigen Führer lenken dich sachte auf den richtigen Weg zurück. Sie sind verantwortlich dafür, dass du die Menschen triffst, die du brauchst. Und sie bringen dich in Kontakt mit deinen Chancen und Möglichkeiten.

Deine geistigen Führer geben dir nicht nur zu Beginn einen kleinen Schubs. Sie tun auch weiterhin ihr Bestes, damit du dich entwickelst. Manchmal ist das nicht ganz einfach. Hast du je das Gefühl, dass du immer wieder in die gleiche Situation gerätst, sei es nun im

Hinblick auf Beziehungen, Finanzen oder deine Familie? Dann fragst du dich vielleicht: »Wo ist denn nun mein geistiger Führer? Warum lande ich nur immer wieder im Chaos?« Nun, deine geistigen Führer können dir nur Beistand leisten. Sie bieten dir immer wieder Gelegenheit zu lernen, aber letztlich liegt es an dir, ob du deine Lektion lernst und etwas änderst. Wenn dir das gelingt, wird dein geistiger Führer dich zum nächsten Abschnitt deiner Reise begleiten.

Zufall? Ich glaube nicht …

Hast du je sagen hören, im Leben sei nichts Zufall? Das stimmt, vor allem wenn es um deine Zeitgenossen geht. Alle Menschen, denen du im Leben begegnest, ob nun »gut« oder »böse«, kreuzen deinen Pfad aus einem bestimmten Grund. Es gibt keine zufälligen Begegnungen. Diese Menschen bringen dir wichtige Lebenslektionen bei. Oder sie schenken dir Liebe und Freundschaft. Andere zeigen dir, was du tunlichst *nicht* machen solltest. Deine geistigen Führer haben die Aufgabe, dich mit Leuten zusammenzubringen, die dich dazu motivieren können, dein Leben zu verbessern, zu lernen und dich zu entwickeln.

Manchmal kommst du ein wenig von deinem Weg ab, und deine Guides werden dich mit jemandem bekannt machen, der dich in die rechte Spur zurückbringt. Bei mir ging es dabei um die Berufswahl. Ich wollte Menschen helfen und dachte, das könne ich am besten, indem ich Rettungssanitäter werde. Zu der Zeit hatte ich meine mediale Gabe völlig verdrängt. Ich arbeitete als Sanitäter, aber meine geistigen Führer wussten, dass dies nicht meine wahre Berufung war. Und »zufällig« lernte ich ein Medium kennen. Diese Begegnung veränderte mein ganzes Leben. Was ich für meine Aufgabe hielt, war ganz offensichtlich nicht mein Lebensweg. Meine Guides zeigten mir eine neue Möglichkeit, Menschen zu helfen. Und so konnte ich endlich das Leben führen, das mir zugedacht war.

Meine geistigen Führer stellten mein Leben zurück auf Anfang, und so entdeckte ich Schritt für Schritt meine Gabe. Von dem Moment an, als ich meinen Pfad als Medium einschlug, spürte ich, dass der Himmel mich unterstützte. Die Menschen redeten über meine Readings, die Kunde verbreitete sich schnell. In kürzester Zeit schrieb man über mich, und ich war in den Medien präsent. Alles passte perfekt zusammen, und ich wusste, dass die »Glücksfälle« in meinem Leben in Wirklichkeit die Arbeit meiner geistigen Führer waren.

Du weißt, wenn du die richtige Richtung einschlägst

Blicke ich heute so zurück, ist mir klar, dass sich mir allerlei Hindernisse in den Weg gestellt hätten, wäre ich Rettungssanitäter geblieben. Du weißt immer, wenn du auf dem richtigen Weg bist, weil es zu Synchronizitäten – sogenannten »sinnvollen Zufällen« – kommt, die deinen Fortschritt fördern. Versteh mich jetzt nicht falsch: Du musst die Arbeit natürlich trotzdem selbst erledigen. Aber wenn du auf dem richtigen Weg bist, dann ist dein geistiger Führer weiterhin bei dir und sorgt dafür, dass die entscheidenden Weichen richtig gestellt werden.

Manchmal zeigen deine Guides dir Ereignisse, von denen du nicht willst, dass sie passieren. Dadurch motivieren sie dich zur Veränderung.

Ich zum Beispiel hatte eine Freundin, die immer mit dem gleichen Typ Mann ausging. Jeder konnte sehen, dass diese Beziehungen ihr nicht guttaten, nur sie nicht. Ich glaube, jeder Mensch kennt solche Freunde! Irgendwann kam sie zu mir und wollte wissen, warum sie einfach keine gute Beziehung hinbekäme. Ich gab ihr zu verstehen, dass sie schlicht die Zeichen ignorierte. Sie lernte ja gute Menschen kennen, weil ihre Guides sie zu ihr brachten. Aber sie entschied sich unweigerlich immer für die schwarzen Schafe. Ich sagte ihr, es sei nun der Moment, dieses Muster zu durchbrechen. Ich riet ihr, sich für einige Zeit von ihrem alten Freundeskreis zu verabschieden und öfter neue Orte aufzusuchen, damit sich neue Wege für sie auftun könnten. Das Wichtigste aber sei, dass sie auf die Zeichen höre! Sie versprach mir, es zu versuchen. Und tatsächlich gelang es ihr, innerhalb kürzester Zeit eine erfüllende Beziehung aufzubauen.

Deine geistigen Führer werden dir immer den richtigen Weg weisen, aber du musst, um ihm folgen zu können, auch hinhören und die nötigen Schritte unternehmen. Manchmal scheint der richtige Weg zunächst der falsche zu sein. Das ist häufig der Fall bei Paaren, die später geschieden werden. Sie heiraten und haben Kinder. Aber der Mensch, den sie geheiratet haben, ist vielleicht gar nicht ihr Seelengefährte. Seine Rolle war nur, dass sie zusammen diese wunderbaren Kinder bekommen. Dein Pfad mag kompliziert sein, aber es wird einfacher, wenn du akzeptierst, dass bestimmte Menschen nicht ohne Grund in dein Leben treten.

Manchmal merkst du entlang des Weges auch gar nicht, wie sehr dir deine geistigen Führer helfen. Aber in der Rückschau gewinnen zufällige Begegnungen und Ereignisse häufig einen Sinn.

WOHER WEISS ICH, DASS MEINE ENGEL UND MEINE LIEBEN BEI MIR SIND?

Deine Engel, deine geistigen Führer und lieben Menschen kennen viele Wege, um mit dir in Kontakt zu treten. Sie lassen dich wissen, wenn sie nahe sind. Sobald sie da sind, verspürst du ein warmes Gefühl und eine einzigartige spirituelle Präsenz.

Die Hauptaufgabe deines Engels ist es, dir Trost, Schutz und Heilung zu schenken. Die Engel warnen dich, bevor es zu einer Tragödie kommt, und trösten dich, wenn die Wogen über dir zusammenschlagen. Ihre Kommunikation ist subtil, aber sie schicken dir wichtige Botschaften. Hast du schon mal ein komisches Gefühl in der Magengrube gehabt und geahnt, dass etwas passieren wird, bevor es wirklich geschah? Das war vermutlich dein Schutzengel, der dir ein Zeichen gab. Wenn es notwendig sein sollte, kommen sie auch noch klarer durch. Vielleicht vernimmst du auch plötzlich eine warnende Stimme, die dir sagt, dass du langsamer fahren sollst. Wenn du allein im Auto sitzt und gerade mit 180 über die Straße bretterst, gehört sie vermutlich deinem Schutzengel.

Deine Engel melden sich als warme, ruhige und tröstliche Präsenz. Wenn du mit deinen Engeln sprichst, spürst du vielleicht unvermittelt ein beruhigendes Gefühl, das durch deinen Körper strömt. Eine Art kosmischer Umarmung, die dir zeigt, dass sie nahe sind.

Deine geistigen Führer sind sozusagen deine Reisebegleiter für diese Welt. Sie können deine Landkarte lesen, deinen Kompass, und helfen dir so, durchs Leben zu navigieren. Stell dir deinen geistigen Führer als GPS für deine Seele vor. Sie senden dir intuitive Signale, die dir helfen, Straßensperren zu vermeiden, neue Wege einzuschlagen und Brücken zu überqueren. Dabei musst du sie nicht als eigene Präsenz verspüren, denn sie sprechen durch deine Gedanken und Gefühle zu dir. Hast du den falschen Beruf oder eine Beziehung, die nicht zu dir passt, dann vermitteln sie dir ein unangenehmes Gefühl, bis du das Ganze in Ordnung gebracht hast.

Deine Lieben in der himmlischen Welt kommunizieren mit dir durch Zeichen. Diese sind ihre Hauptsprache. Zeichen sind wie SMS oder Postkarten vom Himmel, die dir zeigen sollen, dass sie für dich da sind. Und das führt uns jetzt gleich zur nächsten Frage.

WIE SEHEN DIE ZEICHEN AUS, DIE DEINE LIEBEN DIR SCHICKEN?

Zunächst einmal meine Überzeugung: Wenn dein Bauchgefühl dir sagt, dass etwas ein Zeichen ist, dann trifft das wahrscheinlich auch zu! Dass es sich um ein Zeichen handelt, merkst du, wenn es sich wiederholt und in deinem Leben verschiedene Formen annehmen kann. Oder wenn es dich an jemanden erinnert, der bereits hinübergegangen ist.

Hier ein paar Tipps, wie solche Kontaktversuche aussehen können.

Unerwartete Geruchswahrnehmungen

Manchmal schicken dir deine Lieben aus heiterem Himmel einen Dufthauch, um dir zu zeigen, dass sie da sind. Das kann ein Duft sein, den dein dir lieber Mensch zu Lebzeiten gern getragen hat. Oder Rauch von einem Raucher. Manchmal ist es auch der Duft ihrer Lieblingsblumen.

Münzen vom Himmel

Mitunter bekommst du auch Münzen von deinen Lieben. Wenn du irgendwo eine Münze liegen siehst, nimm sie, und sieh auf das Datum. Vielleicht stellst du dann überrascht fest, dass es sich um eine wichtige Zahl handelt – ein Geburtsjahr, ein Jahrestag oder ein Datum, das für dich und für die Verstorbenen wichtig war.

Musik aus dem Jenseits

Musikalische Zeichen zeigen sich oft zu Zeiten, die ein besonderes Datum in deinem Leben markieren, einen Geburtstag zum Beispiel oder einen Jahrestag. Sie können dich trösten, wenn du es am dringendsten brauchst. Vielleicht hörst du plötzlich ein Lied, das dir die Person immer vorgesungen oder zu Lebzeiten gern gehört hat. Wenn ein Song dich an jemanden erinnert, der von dir gegangen ist, kannst du sicher sein, dass man ihn dir vorgespielt hat, um dein Herz zu erfreuen.

ZEICHEN AUF FOTOS

Geschöpfe im Geist sind reine Energie. Diese zeigt sich gelegentlich als unerklärliche Kreise oder andere Formen auf Fotos und in Videos. Diese Zeichen sieht man häufig auf Gruppenaufnahmen, auf denen viele der Menschen abgebildet sind, welche die betreffende Person zu Lebzeiten kannte.

Nächtliche Zeichen

Geliebte Menschen wiederholen manchmal bestimmte Zeichen, um deine Aufmerksamkeit zu erregen, zum Beispiel dass du jede Nacht zur gleichen Zeit aufwachst. Wenn dir das passiert oder du regelmäßig zum Todeszeitpunkt dieser Person aufwachst, nimm dir die Zeit, das Zeichen zu würdigen und Hallo zu sagen.

Besuche im Traum

Träume sind der einfachste Weg, auf dem unsere Lieben uns kontaktieren können. Wenn du dich zum Schlafen hinlegst, geht dein Geist in einen energetischen Zustand über, in dem sich auch deine Lieben zu bewegen vermögen. Das ist wie ein Konferenzraum, in dem ihr euch begegnet. In dieser Zeit hinterlassen sie dir möglicherweise Botschaften, oder sie zeigen dir einfach, dass sie glücklich sind und keine Schmerzen haben.

Wenn du öfter um 11.11 Uhr auf die Uhr schaust

Passiert es dir mehrmals nacheinander, dass du zu Zeiten wie 11.11 Uhr oder 12.12 Uhr auf die Uhr blickst, dann handelt es sich um eine Botschaft in schweren Phasen, in Phasen des Übergangs und der Unsicherheit. In diesem Fall kannst du dir sicher sein, deine Lieben sagen dir Hallo, um dich wissen zu lassen, dass sie dich lieben und unterstützen. Und dass du auf dem richtigen Weg bist.

Flackernde Lichter oder seltsame elektrische Signale

Da deine Lieben eine Energieform sind, macht sich ihre Präsenz manchmal bemerkbar, wenn Lichter zu flackern anfangen oder der Fernseher sich aus- und wieder einschaltet. Das passiert besonders häufig in den Wochen, nachdem ein lieber Mensch von uns gegangen ist und sich an die Bedingungen auf der anderen Seite anpasst.

Libellen, Schmetterlinge und Regenbögen

Diese göttlichen Symbole zeigen sich, wenn du sie am wenigsten erwartest und wissen musst, dass dein geliebter Mensch bei dir ist. Woher weißt du, dass ein Schmetterling nicht einfach ein Schmetterling ist? Zum Beispiel wenn er auf ungewöhnliche Weise mit dir interagiert, deinen Kopf umflattert, sich auf deine Schulter setzt oder eine Erinnerung an einen Menschen wachruft, der nicht mehr unter uns weilt.

Ich könnte diese Liste endlos fortsetzen, weil es so viele Dinge gibt, mit denen unsere Lieben ihre Präsenz signalisieren. Im Grunde aber kann einfach alles zum Zeichen werden, wenn es für den Sender ebenso wichtig war wie für den Empfänger.

WOHER WEISS ICH, WENN EIN GELIEBTER VERSTORBENER MIR EIN ZEICHEN SCHICKT?

Die geistige Welt kommuniziert auf verschiedene Weise mit Zeichen, die von der Persönlichkeit des Betroffenen abhängen. Wenn deine Großmutter zu ihren Lebzeiten einen speziellen Duft bevorzugte und du plötzlich von irgendwoher ebendieses Parfum riechst, dann weißt du, dass sie da ist. Manche Menschen glauben, dass solche Zeichen einem Standardmodell folgen, aber es geht eben nicht nur um Schmetterlinge und Libellen. Die Zeichen, die ein von uns Gegangener schickt, sind tatsächlich sehr spezifisch.

Die Verstorbenen schicken dir stets Zeichen, die dich an sie erinnern. So habe ich beispielsweise einmal ein Reading für eine Frau gegeben, deren Vater Fischer auf Rhode Island war. Er liebte das Wasser über alles, und als er zu mir durchkam, meinte er, ich solle seiner Tochter sagen, dass er sich Anker als Zeichen ausgesucht hätte! Die Tochter lachte: »Lieber Himmel, ich sehe ja überall Anker!« Sie freute sich zu hören, dass dies alles Signale von ihrem Vater waren.

Seelen senden einzigartige Zeichen »auf ihre Weise«

Eine andere Dame erzählte mir, ihr Mann sei ein absoluter Fan von Frank Sinatra gewesen. Sie hatte bei der Beerdigung »My Way« spielen lassen. Später fiel ihr auf, dass sie den Song des Öfteren hörte, wenn sie an ihn dachte.

Von einer weiteren Frau hörte ich, dass sie ihren Sohn verloren hatte. Er war leidenschaftlicher Hockeyspieler gewesen. Als er auf die andere Seite ging, begrub man ihn in seinem Hockeytrikot mit der Nummer 10. Sie erzählte mir, dass sie seitdem überall die Nummer 10 sähe. Sie wusste, das kam von ihrem Sohn. Sie schaute auf die Uhr, und es war 10.10 Uhr. Im Supermarkt musste sie

10,10 Dollar bezahlen. Sie erkannte die 10 auch auf Nummernschildern, und wann immer sie die Zahl sah, spürte sie, wie seine Liebe sie umgab.

Zeichen, die Erinnerungen wecken

Am sichersten findest du heraus, wer dir ein Zeichen schickt, wenn du dir bewusst machst, an wen du gerade dachtest, als du es gesehen hast. Zeichen wecken Erinnerungen. Wenn du an deinen Vater denkst und eine Libelle siehst, weißt du, dass er dir ein Signal schickt.

Wenn ein Schmetterling auf deiner Schulter landet und dir deine Tochter in den Sinn kommt, ist das ihr Zeichen.

Natürlich haben nicht jede Münze, jeder Song und jeder Anker eine göttliche Bedeutung. Manchmal ist ein Schmetterling einfach nur ein Schmetterling. Wenn dir also bei seinem Anblick niemand in den Sinn kommt, dann ist das vermutlich kein Zeichen.

WAS BEDEUTET ES, WENN DU VON EINEM LIEBEN MENSCHEN TRÄUMST, DER GESTORBEN IST?

Wir haben über alle möglichen Zeichen und Signale gesprochen, aber Träume sind tatsächlich der einfachste Weg, um mit unseren Lieben im Geist zu kommunizieren. Das liegt wie gesagt daran, dass sie reine Energie sind – wie auch deine Gedanken. Wenn du nachts schläfst und dein Körper seine Systeme herunterfährt, dann fängt dein Geist an, die Ereignisse des Tages zu sortieren. So bekommst du wieder einen klaren Kopf, und deine Lieben haben genug Raum, um dich zu besuchen.

Wir sehen uns in deinen Träumen!

Träume sind wie gesagt der Konferenzraum, in dem du mit deinen Lieben von der anderen Seite kommunizieren kannst. Wie in einem realen Meeting gibt dir die geistige Welt hier umfassendste und detaillierteste Informationen. Siehst du geliebte Menschen in einem Traum, ist dies in Wirklichkeit eine spirituelle Begegnung. Im Traumzustand kannst du deine Lieben berühren, spüren und fühlen.

Warum besuchen sie dich im Traum? Gewöhnlich, weil sie dich wissen lassen wollen, dass sie in der himmlischen Welt angekommen sind und es ihnen gut geht. Manchmal haben sie auch eine besondere Botschaft. Wenn jemand in meiner Familie ein Kind empfängt, dann kommt ein lieber Verwandter zu uns und verkündet uns den Neuankömmling. Ich weiß noch, wie ich klein war und meine Mutter von der Großmutter meines Vaters träumte, die ein Mädchen im Arm hielt. Sie wusste sofort, dass sie schwanger werden würde, und tatsächlich erfuhr sie kurz darauf, dass sie meine Schwester erwartete.

Wenn dein Traum sich wie ein Nachtmahr anfühlt

Manchmal können Träume, in denen liebe Verstorbene auftauchen, auch bedrückend sein – aber das muss nicht heißen, dass etwas nicht stimmt oder der Übergang nicht erfolgreich verlaufen ist. Vergiss nicht, deine Lieben kommen zu dir durch, um dich wissen zu lassen, dass sie nun Frieden erleben. Sie haben Zorn, Schmerz und andere negative Gefühle hinter sich gelassen. Wenn du also von einem Verstorbenen träumst und dieser Traum von Zorn oder anderen verstörenden Gefühlen geprägt ist, so mach dir klar, dass das nichts mit diesem Menschen zu tun hat. Solche Träume zeigen dir vielmehr, dass du Trauer und Schmerz loslassen musst.

WARUM RIECHE ICH MEINEN LIEBEN VERSTORBENEN IMMER NOCH?

Das ist eigentlich mein liebstes Zeichen. Als Medium spüre und fühle ich deine Lieben genauso wie du. Und häufig ist das mit bestimmten Aromen verbunden.

Zum Beispiel mit dem Duft von Jean Naté. Genau das ist passiert, als ich ein Reading für Dr. Paul Nassif machte, den Moderator der Fernsehshow »Botched«. Von der Minute an, in der ich den Raum betrat, war seine Mutter in ihrer geistigen Form anwesend, und der ganze Raum duftete nach Jean Naté. Ich sagte ihm, was ich roch, und er meinte: »Das ist meine Mutter! Sie liebte Jean Naté.«

Und das war nicht das erste Mal, dass ein Duft die Ankunft eines geistigen Wesens begleitete. Ich hatte schon Mechaniker, in deren geistiger Gegenwart alles nach Maschinenöl roch. Fischer, welche Odeurs vom Fischmarkt verbreiteten. Einmal hatte ich sogar einen Installateur, der roch nach ... Na, du weißt schon.

Gerüche sind etwas Besonderes, weil sie Teil der Essenz deiner Lieben sind. Ob es nun Zitronat ist, Zimt, Lavendel oder Mottenkugeln – dieser Duft wird Teil ihrer geistigen Existenz. Und damit auch ein sicheres Signal dafür, dass sie anwesend sind.

DIE HIMMLISCHE SPRACHE DER ZAHLEN

Wir haben es schon angesprochen: Ist dir Folgendes auch mal passiert? Egal, wie früh oder spät du zu Bett gehst, du wachst immer um die gleiche Zeit auf – 3.33 oder 4.14 Uhr. Du starrst den Wecker an und fragst dich: »Was soll das denn jetzt schon wieder?«

Möglicherweise spürst du eine Präsenz in deiner Nähe oder eine kühle Brise, die über dich streicht, während du im Bett liegst. Das hört sich vielleicht verrückt an, aber genau das ist der Grund, warum du aufgewacht bist. Jemand, den du liebst und der dir fehlt, weil er auf der anderen Seite ist, versucht, deine Aufmerksamkeit zu erregen.

Als Medium habe ich bemerkt, dass die geistigen Wesen auf verschiedene Weise versuchen, auf sich aufmerksam zu machen. Seelen, die den Übergang erst kürzlich vollzogen haben, verwenden dafür spirituelle Berührungspunkte, meist sind es Zahlen. Das ist ein vergleichsweise simpler Weg, um sozusagen »die Tür zu öffnen« und mit dir in Verbindung zu treten.

Bist du wach?

Wenn eine Seele den Übergang vollzogen hat, ist es normal, dass sie versucht, dich zu erreichen, indem sie dich zu merkwürdigen Zeiten aufweckt. Sie will dich keineswegs erschrecken, sondern nur deine Aufmerksamkeit. Häufig können die geistigen Wesen am Tag nicht zu dir durchkommen, weil dein Kopf mit Alltagssorgen angefüllt ist. Wenn du aber an einem ruhigen Ort bist, weiß das geistige Wesen, dass nun die beste Zeit für eine Kontaktaufnahme ist. Und meist ist das eben die Schlafenszeit.

Anfangs weckt es dich immer um dieselbe Zeit, bis du es endlich bemerkst. Sobald es sich sicher ist, dass du seine Präsenz spürst, findet es andere Wege, um mit dir in Kontakt zu kommen: normalerweise untertags mithilfe bestimmter Zeichen. Vielleicht benutzt es auch Zahlen, die du dann auf Supermarktrechnungen, Münzen, Straßenschildern, Nummernschildchen und in Telefonnummern wiederfindest. Diese Zahlen scheinen da nicht zufällig auf. Wenn du auf eine Zahl stößt, die dich an einen lieben Menschen erinnert, mach dir klar, dieser signalisiert dir so, dass er bei dir ist.

WIE BEWAHRT MEIN SCHUTZENGEL MICH VOR DER GEFAHR?

Engel greifen zu den unterschiedlichsten »Techniken«, um unsere Aufmerksamkeit auf sich zu lenken und uns zu beschützen. Unglücklicherweise hören wir nicht immer auf ihre Botschaft. Hast du zum Beispiel schon Dinge getan, obwohl dein Bauchgefühl dir deutlich gesagt hat, die Finger davonzulassen?

Erst kürzlich erzählte mir eine Klientin, dass sie unbedingt ein Bild im Treppenhaus aufhängen wollte. Eine Freundin bot ihr an, das für sie zu übernehmen, aber sie wollte es unbedingt selbst machen. Als sie die Leiter anlehnte, hörte sie eine innere Stimme, die ihr sagte: »Hör auf. Du sollst das nicht tun.« Aber sie war wild entschlossen und missachtete die Warnung. Das war ein Fehler! Als sie ganz oben auf der Leiter stand, geriet diese ins Wanken, und meine Klientin stürzte herunter. Wie durch ein Wunder brach sie sich keine Knochen, aber sie fühlte sich elend und war überall geschwollen. Da wurde ihr klar, dass ihr Schutzengel mehrfach versucht hatte, sie zu warnen. Ihre Freundin hatte Hilfe angeboten, sie selbst fand die nötigen Werkzeuge erst nach längerem Suchen. Alles schien sie davon abhalten zu wollen, dieses Bild aufzuhängen. Sie aber ignorierte eigensinnig alle Zeichen und stürzte böse.

Engel senden dir auch Warnsignale, wenn du in einer schlechten Beziehung steckst, wenn sich Ärger ankündigt oder Gefahr. Natürlich hast du immer die freie Wahl. Es liegt an dir, ob du aufmerkst oder nicht.

Manchmal unternimmt ein Engel auch mehr, als nur zu warnen. Als Medium habe ich schon öfter von Situationen gehört, in denen meiner Ansicht nach ein Engel eingegriffen hat. So erzählte man mir erst kürzlich von einem wirklich schlimmen Autounfall, bei dem wie durch ein Wunder niemand verletzt wurde. Und ich habe Engel gesehen, die ganze Familien mithilfe ihrer Haustiere vor Feuer oder anderen Katastrophen gerettet haben.

Dein Engel wird tun, was er kann, um dich zu schützen. Also mach ihm seine Aufgabe nicht unnötig schwer. Wenn du spürst, dass jemand dich warnen will, dann hör hin!

UND WENN DIE ZEICHEN MICH NUN IN EINE FALSCHE RICHTUNG FÜHREN?

Wenn ein Zeichen dich auf Irrwege führt, dann war es sehr wahrscheinlich kein Zeichen. Du weißt, dass ein Zeichen echt ist, wenn es sich öfter auf verschiedene Weise wiederholt oder deine Intuition dir sagt, du solltest aufpassen. Geschieht das nicht, handelt es sich vermutlich nicht um ein Zeichen. Wie ich schon sagte: Manchmal ist ein Schmetterling einfach nur ein Schmetterling.

Was aber, wenn du überzeugt bist, ein Zeichen erkannt zu haben, dieses dich aber trotzdem in die falsche Richtung zu führen scheint?

Zeichen leiten dich nie in die Irre. Vielleicht aber steht hinter solch einer Erfahrung die Absicht, dass man dir helfen möchte, eine notwendige Lektion zu lernen. Oder dass man dich vor Herausforderungen stellt, die dich letztlich stärker machen. Wir haben ja schon darüber gesprochen, dass manche Erlebnisse einem göttlichen Plan entsprungen zu sein scheinen. Zuweilen führen solche Zeichen dich zu einer Person, die dir etwas Wichtiges beibringen soll. Die Beziehung mag auf Dauer nicht gut für dich sein, aber sie ist ein wesentlicher Teil deiner Reise.

Deine Engel und Guides zeigen dir vielleicht das Gegenteil von dem, was du möchtest, nur um ihren Standpunkt klarzumachen. Das Leben verläuft eben nicht immer vom Beginn bis zum Ende in geraden Bahnen. Aus der Rückschau betrachtet, empfindest du all die Zeichen, all deine zufälligen Erfahrungen und Erlebnisse, vermutlich auch eher als Spiel, bei dem du alle Einzelteile zu einem sinnvollen Ganzen zusammensetzen musstest. Eine Freundschaft zerbricht, nur um Platz für eine neue zu machen, die dich wiederum zu deiner Seelengefährtin finden lässt. Beim ersten Erlebnis hast du dich vermutlich noch nach dem Sinn gefragt. Warum haben die Zeichen dich in eine bestimmte Beziehung geführt, nur damit diese jetzt enden kann?

Hier ist die Antwort: Deine Reise ist ein bisschen wie das »Leiterspiel«: Manche Züge bringen dich nach oben, andere sind Rückschläge, aber sie gehören alle zum Plan.

Ab und an wissen wir nicht, wohin die Zeichen uns führen, aber das ist in Ordnung. In diesen Momenten gilt es, dem Universum und der eigenen Intuition zu vertrauen. Es wird dir alles klar, wenn du später auf dein Leben zurückblickst.

TIEFER EINSTEIGEN

Entschlüssle die Zeichen

Es ist tröstlich, Zeichen zu erhalten von einem lieben Menschen in der himmlischen Welt, einem Schutzengel oder einem geistigen Führer. Aber um in den Genuss solcher Zeichen zu kommen, musst du sie erst einmal erkennen! Je eher du sie identifizierst, desto besser. Es ist sinnvoll, diese Zeichen über einen längeren Zeitraum zu beobachten. Daher würde ich dir empfehlen, dir ein Tage- oder Notizbuch zuzulegen und daraus dein »Buch der Zeichen« zu machen.

ZUERST KOMMEN DIE »ZEICHEN, DIE ICH KENNE«

Hier führst du all die verschiedenen Zeichen auf, die du schon einmal erspürt hast. Klassische Botschaften wie Schmetterlinge, Libellen oder Münzen. Oder ganz eigene und persönliche. Schreib alles auf, und notiere dir daneben die Person, an die diese Zeichen dich erinnern. Zum Beispiel: Kardinalfalter kommen von Oma, glänzende Centstücke von deiner Mutter, und Frank Sinatra ist ein Signal für deinen Vater. Deine Engel schicken dir vielleicht Songs, die dir über eine schwierige Zeit hinweghelfen, oder sie hinterlassen Federn an unerwarteten Orten. Das sind die Zeichen, die du bereits kennst. Wenn du deinen Geist achtsam immer mehr dafür öffnest, wirst du mehr und mehr Zeichen bemerken.

MANCHMAL IST EINE FEDER NUR EINE FEDER

Falls du nicht sicher bist, ob etwas ein Himmelszeichen ist, solltest du deine Intuition zurate ziehen. Wenn du eine Feder siehst, erinnert sie dich dann an jemanden? Was spürst du dabei? Fühlst du dich durch den Anblick getröstet oder geleitet? Die Antwort auf diese Fragen sagt dir, ob dein Zeichen nur auf Wunschdenken beruht oder tatsächlich eine Botschaft von der anderen Seite darstellt.

WIE DU MEHR ZEICHEN IN DEIN LEBEN EINLÄDST

Wenn eine gewünschte Verbindung sich nicht einzustellen scheint oder du das Gefühl hast, dass jemand auf der anderen Seite erstaunlich still ist, obwohl du diese Person gern in deiner Nähe hättest, dann versuche, selbst ein Zeichen zu geben. Denk an jemanden, von dem du etwas hören möchtest. Denk an die Persönlichkeit dieses Menschen, die Dinge, die du mit ihm in Verbindung bringst. An etwas, was so typisch für diese Person ist, dass sie es vielleicht als Signalweg zu dir benutzt. Vielleicht hat deine Großmutter Klavier gespielt, oder deine Tante hat gehäkelt. Wenn du dann irgendwo Beethoven-Klänge aufschnappst oder einen unerklärlichen Faden auf dem Kopfkissen findest, dann wäre dies ein logischer Draht zu dieser Person. Vielleicht möchtest du ja wissen, wenn die Engel um dich herum sind, aber du spürst sie halt nie. Dann stell das Radio an, und lausche, ob du ihnen eine gedankliche Einladung mithilfe eines Songs schicken kannst. Danach sei achtsam! Widme den Menschen, von denen du gern hören würdest, eine Seite in deinem Tagebuch – mit möglichen Wegen der Kontaktaufnahme.

Bleib wachsam, und achte auf die Zeichen. Vergiss nicht: Dieses persönliche Band zwischen dir und deinen Lieben auf der anderen Seite besteht ja schon. Du aktivierst es nur, indem du sie einlädst, ihre Präsenz deutlicher spürbar zu machen.

· 4 ·

Der Übergang

»Niemand geht je allein hinüber – deine Freunde, Angehörigen und Haustiere warten am Himmelstor auf dich, um dir beim Übergang zu helfen.«

SIND DIE »TOTEN« IM GEIST BEI IHRER BEISETZUNG ANWESEND?

Das ist tatsächlich häufig der Fall, aber nicht aus den Gründen, die man vermuten könnte. Sie sind nicht hier, um die Lebenden zu verurteilen. Es ist ihnen egal, wer den größten Kranz geschickt hat oder wie weit die Menschen gereist sind, um bei der Beisetzung dabei zu sein. Von ihrer neuen himmlischen Perspektive aus betrachtet, interessieren sie sich nur dafür, welchen Einfluss sie auf das Leben jener hatten, mit denen sie in Kontakt waren. Sie wollen wissen, wie man sich ihrer erinnert. Das passt zu dem, was mit einer Seele unmittelbar nach dem Übergang passiert, denn Beisetzungen finden etwa um die gleiche Zeit statt wie der Lebensrückblick auf der anderen Seite.

Man fragt mich des Öfteren, ob ich Verstorbene bei ihrer eigenen Beisetzung sehen kann. Das kann ich, und ich muss sagen, es ist ein bisschen unheimlich. Tatsächlich sehe ich zwei Versionen der Person – die Seele im Geist und ihren leblosen Körper im Sarg. Was ich als Medium wahrnehme, ist nicht zu vergleichen mit dem, was die anderen Menschen bei der Beisetzung sehen. Der bleiche, einbalsamierte Körper ist nur eine Hülle, während die Seele die wahre Repräsentation des Menschen ist. Für mich als Medium ist es schwierig, beides unter einen Hut zu bringen.

Daher gehe ich nicht gern auf Beerdigungen. Der Körper im Sarg ist nicht die Person, der wir Ehre erweisen.

Es tröstet mich aber, dass die Seele ihre Beisetzung anders erlebt als wir. Während die Lebenden weinen und trauern, wissen die Seelen, dass sie am bestmöglichen Ort sind.

Seelen behalten ihren Humor auch im Himmel!

Und ja, die geistige Welt nimmt wirklich an der Feier teil … Ich habe einmal ein Reading für eine Frau gegeben, deren Mann kurz zuvor gestorben war. Das Paar war miteinander sehr glücklich gewesen. Beide hatten gern Spaß, machten ihre Witze und spielten sich gegenseitig Streiche. Als der Mann krank wurde, sprachen sie über die Wünsche, die er fürs Ende des Lebens habe. Und er hatte seiner Frau gesagt: »Mir ist egal, was du mit meinem Leichnam anstellst. Von mir aus kannst du mich im Stringtanga beerdigen, das ist mir gleich.« Ihm war nur wichtig, dass er in die himmlische Welt eingehen würde. Und er wollte sie vom Jenseits aus kontaktieren.

Nachdem er gestorben war, war seine Frau völlig verstört! Sie konnte sich kaum vorstellen, wie sie die Beisetzung überstehen sollte. Am meisten fürchtete sie den Anblick des toten Körpers ihres Mannes im Sarg. Aber sie blieb ihrer Tradition treu und spielte ihm einen letzten Schabernack. Eingedenk seiner Worte ließ sie ihn im Ministring für Männer beisetzen! Natürlich unter der Hose, sodass niemand Bescheid wusste außer ihr und der Beerdigungsunternehmer. Wann immer sie danach an ihn dachte, musste sie lachen. Der Insiderwitz verband sie über den Tod hinaus. Sie freute sich auf die Zeit, wenn sie im Himmel wiedervereint sein und gemeinsam würden darüber lachen können. Nie wäre sie darauf gekommen, dass sie früher von ihm hören würde. Nur wenige Monate später meldete sich ihr Mann, als ich eine Livesendung machte.

Ich hatte keine Ahnung, was ich mit dem Teil anfangen sollte, das er in der Hand hielt: »Ich weiß nicht, wie ich Ihnen das sagen soll, aber Ihr Mann hält einen Ministring in der Hand!«

Die arme Frau wurde knallrot im Gesicht. Sie hätte nicht gedacht, dass ihr Mann den Witz mit einem Medium teilen würde – vor allem vor Publikum!

Die Leute, die an jenem Abend dabei waren, vergaßen das Reading nicht mehr. Wenn ich sie zwischendrin treffe, sagen sie immer wieder mal: »Erinnerst du dich noch an die Seele mit dem Männerstring?«

WENN MENSCHEN AUF TRAGISCHE WEISE UMS LEBEN KOMMEN, FINDEN SIE DANN AUF DER ANDEREN SEITE FRIEDEN?

Absolut, ja! Der Himmel wäre schließlich nicht der Himmel, wenn er kein Ort des Friedens wäre. Ganz egal, was ein Mensch im Leben erfahren hat oder wie gewaltsam er umgekommen sein mag, seine Seele wird auf der anderen Seite Frieden finden. Mir haben die Seelen erzählt, dass sie, wenn der leibliche Tod bei einem Unfall oder einem anderen traumatischen Ereignis eintritt, von ihren Engeln augenblicklich vom Ort des Geschehens abgezogen und direkt in die himmlische Welt gebracht werden. Auf diese Weise werden ihnen die Angst und der Schmerz des Sterbens erspart.

Das ist vor allem der Fall bei Seelen, die auf tragische Weise den

Tod finden, zum Beispiel durch einen Mord. Ich bin immer sehr dankbar, wenn ich deren Hinterbliebenen ausrichten kann, dass diese Seelen im Jenseits keineswegs das Verbrechen wieder erleben. Im Himmel sind sie frei davon. Es mag dich überraschen, aber sehr häufig verfolgen sie nicht einmal die Suche nach dem Mörder. Die folgende Geschichte erklärt, warum das so ist.

Es gab da eine Frau, die ihr ganzes Leben damit zubrachte, verzweifelt nach der großen Liebe zu suchen. Leider hatte sie die Angewohnheit, sich immer mit den falschen Männern einzulassen. Sie ging eine Beziehung nach der anderen ein, in der sie Missbrauch erlebte. Zuletzt geriet sie an einen Gewalttäter, der sie schließlich tötete.

Als man sie tot auffand, wusste jeder, dass dies nur ihr Partner gewesen sein konnte. Die Familie versuchte, ihn wegen Mordes vor Gericht zu bringen. Vergeblich. Es gab nicht genug Beweise, um ihn zu verurteilen. Ihre Angehörigen sorgten sich, ob die Seele der Frau Frieden finden würde, solange ihr Mörder nicht hinter Gittern war. Ihre Leute waren untröstlich und versuchten ständig, neue Beweise gegen den Mann ans Licht zu bringen, damit die Seele ihrer lieben Verwandten Frieden finden könne.

Die Wahrheit kam ans Licht, während ihre Angehörigen für ein Reading bei mir waren. Als sie zu uns durchkam, konnte ich diese beruhigen: Ihre Seele lebte in Frieden. Sie war mit ihrer Großmutter und mit anderen Freunden zusammen, die schon hinübergegangen waren. Sie hatte im Jenseits Frieden und Liebe gefunden. Es war ihre Familie, die mit den Vorkommnissen abschließen musste.

Ihre Botschaft war, dass Gerechtigkeit auf vielen Wegen geschehen kann und es dazu nicht unbedingt ein Gerichtsurteil und Gefängnis braucht. Der Mann, der für ihren Tod verantwortlich war, lebte im Exil. Er hatte keinen Job, wurde von seinen Freunden gemieden und war mittlerweile Alkoholiker. Er war reichlich gestraft, und sie wollte nicht, dass ihre Familie weiter versuchte, ihn ins Gefängnis zu bringen.

Die Seelen im Geist vergeben häufig jenen Menschen, die für ihren Übergang verantwortlich sind. Das heißt nicht, dass sie das Ganze vergessen. Sie vertrauen nur auf eine höhere Macht. Ich glaube nicht an die Hölle, aber ich weiß: Nach dem Übergang müssen die Seelen sich für ihre Taten verantworten und sind dann mit einer anderen Art der Gerichtsbarkeit konfrontiert.

UND WENN MEIN GELIEBTER VERSTORBENER NUN NICHT AN DEN HIMMEL GEGLAUBT HAT?

Es ist immer interessant, wenn ich ein Reading gebe und die Seelen selbst sich überrascht zeigen. Ich glaube, das Verblüffendste überhaupt ist der Moment, wenn ein Mensch, der den Tod für das Ende von allem hält, auf der Erde die Augen schließt, um sie im Himmel wieder aufzuschlagen. Stell dir nur mal vor, wie sich das anfühlen muss!

Meiner Erfahrung nach sind die eingefleischtesten Skeptiker am stärksten aus dem Häuschen, wenn sie durchkommen und ihrer Familie erzählen, was sie erfahren haben.

Bei einer größeren Veranstaltung gab ich ein Reading speziell für eine bestimmte Familie. Ich steuerte durch die Reihen auf sie zu mit einer Botschaft vom Familienvater. Seine Angehörigen waren so erschüttert und gleichzeitig erleichtert, dass es ihnen die Tränen in die Augen trieb! Sie waren sicher gewesen, dass er nicht in den Himmel kommen würde, weil er zu Lebzeiten absolut nicht gläubig gewesen war. Doch so funktioniert das nicht. Manche Leute brauchen länger, um an den Himmel zu glauben, aber Wachstum und Einsicht sind Teil unserer Reise.

Nahtoderfahrungen öffnen den Menschen die Augen

Nahtoderfahrungen verhelfen vielen Menschen zum direkten Erleben des Lichts! Auch wenn sie bis zu diesem Moment nicht an den Himmel glaubten, so kehren sie doch mit einem völlig neuen Verständnis aus ihrer Begegnung mit dem Tod zurück.

Und es sind ja keineswegs nur die Skeptiker, die nicht an den Himmel glauben. Manche Menschen wachsen einfach ohne jede Religion auf oder mit einer ganz anderen Sicht dessen, was nach dem Tod wohl geschehen mag. Es ist wichtig, sich klarzumachen, dass der Himmel universell ist. Wir kommen wie gesagt alle an diesen Ort. Ich formuliere es gern so: Selbst wenn du nicht an den Himmel glaubst, so glaubt der Himmel doch an dich.

Manchmal ist es schwer, an etwas zu glauben, was du nicht spüren oder berühren kannst. Manche Menschen glauben nicht einmal an die Liebe, aber in der Rückschau merken sie, dass sie in der ein oder anderen Form immer da war. Wenn du nach dem Übergang auf dein Leben zurückblickst, öffnet dir das die Augen. Aus der himmlischen Perspektive siehst du alles endlich mit völliger Klarheit.

KOMMEN MENSCHEN, DIE SICH DAS LEBEN GENOMMEN HABEN, IN DEN HIMMEL?

Ich glaube, das ist die wichtigste Frage in diesem Buch. Die Leute stellen sie mir quasi täglich. Es bricht mir das Herz, wenn jemand glaubt, dass ein lieber Mensch nicht in den Himmel kommen könnte, weil er sich selbst getötet hat. Die Wahrheit ist, dass auch dieser Mensch dort Frieden findet.

Wenn Suizidopfer zu mir durchkommen, erzählen sie mir häufig, wie leid es ihnen tut, dass sie ihr Leben auf diese Weise verkürzt haben. Bei ihrem Lebensrückblick erkennen sie nicht selten, sie hätten auch um Hilfe bitten oder sich anders entscheiden können.

Sie sehen darüber hinaus, wie es vermutlich weitergegangen wäre. Und sie erkennen, dass die Möglichkeit bestanden hätte, das Leid und die Herausforderungen, die sie zu dieser schmerzlichen Entscheidung getrieben haben, zu überwinden. Sie sehen, was sie aus ihrem Leben hätten machen können.

Für die Hinterbliebenen ist es schwer, von diesem Bedauern zu hören und zu erfahren. Wenn jemand durch eigene Hand von der Erde scheidet, fragen sich die Menschen, die ihn geliebt haben, oft, ob sie mehr hätten tun können, um es zu verhindern. Vernehmen sie dann, dass die Seele ihre Entscheidung bereut, kann das ihren Schmerz noch vertiefen.

Ich habe das schon öfter erlebt und daraus die Erkenntnis gewonnen: Die Seele teilt ihre Gefühle über ihre Tat aus gutem Grund mit. Die Einsicht, wie anders ihr Leben hätte verlaufen können, ist eine machtvolle Lektion, die solche Seelen unbedingt mit den Lebenden teilen wollen. Ihre Intention ist, andere davor zu bewahren, denselben Fehler zu machen! Es ist ihre Aufgabe, den Menschen mitzuteilen: Ganz egal, wie elend du dich fühlst und wie schwer das Leben sein kann, es gibt immer Hoffnung. Der Himmel hat einen Plan, wenn wir nur die Geduld haben, dass er sich entwickeln kann.

Warum Menschen die Hoffnung aufgeben und wie sie Frieden finden können

Menschen beschließen aus den verschiedensten Gründen, ihr Leben zu beenden. Wenn sie dann bei einem Reading durchkommen, wollen sie ihren Lieben sagen, warum sie es getan haben. Vielleicht litten sie unter Depressionen, einer bipolaren (manisch-depressiven) Störung oder Schizophrenie. Störungen also, bei denen es schwer ist, klar zu denken. Manche Suizide gehen auf äußere Faktoren zurück wie finanzielle Probleme, Sucht oder gescheiterte Beziehungen. Einige dieser Probleme hätten sich mit der Zeit vielleicht lösen lassen, andere hätten das Leben dieses Menschen möglicherweise auf Dauer belastet. Die Seele erkennt das jetzt, daher möchte sie ihre Lieben wissen lassen, dass sie nun Frieden erfährt.

Lektionen über den Tod ... und das Leben

Bei einer Veranstaltung brachte ich eine Seele mit ihrer Familie in Kontakt. Der Mann war jahrelang arbeitslos gewesen, und seine Frau hat wie verrückt gearbeitet, um die Familie ernähren zu können. Er war deprimiert, entmutigt und dachte, er sei für seine Familie tot mehr wert als lebendig. Er brachte sich um, weil er glaubte, dass die Familie dann wenigstens die Lebensversicherung bekäme. Was er nicht wusste: Seine Frau hatte die Versicherung schon vor Monaten gekündigt.

Sie wusste, warum er sich das Leben genommen hatte, und litt unter dem Verlust. Gleichzeitig hatte sie Schuldgefühle, weil sie ihm nicht von der Kündigung der Versicherung erzählt hatte. Sie wurde das Gefühl nicht los, dass er sich nicht umgebracht hätte, wenn er das gewusst hätte.

Als ihr Mann starb, halfen Freunde ihr weiter. Einer besorgte ihr einen besser bezahlten Job, und die Familienmitglieder sammelten Geld, um sie finanziell zu unterstützen. Der Mann sah von der himmlischen Welt aus voller Bedauern zu. Nun war ihm klar, dass er sich hätte helfen lassen und dann immer noch für Frau und Kinder hätte da sein können. Ich glaube, er erzählte seine Geschichte, um andere zu ermutigen, doch um Hilfe zu bitten.

ICH HATTE KEINE GELEGENHEIT, MICH VON MEINEM GELIEBTEN MENSCHEN ZU VERABSCHIEDEN. IST ES JETZT ZU SPÄT?

Häufig werde ich von den Leuten gebeten, ihren verschiedenen Lieben eine Nachricht zu schicken. Als Medium gebe ich Botschaften von der anderen Seite weiter, aber nicht umgekehrt. Ich bin sozusagen nur der Briefkasten für die Himmelsmeldungen. Ich selbst kann nicht »senden«!

Das Gute ist, dass du kein Medium brauchst, um deine Botschaft zu übermitteln. Du kannst sie selbst schicken. Deine Lieben können dich durch deine Gedanken, Gefühle und Worte vernehmen.

Du kannst somit jederzeit eine Botschaft an den Himmel aufgeben. Deine Lieben werden sie erhalten. Mach dir also keine Sorgen, wenn du im letzten Augenblick nicht bei ihnen warst. Das ist das Letzte, woran sie denken. Sie begrenzen ihren Blick nicht darauf, wer da war, als sie hinübergegangen sind. Sie haben einen weiteren Blickwinkel. In der Rückschau sehen sie ohnehin all die Zeit, die ihr zusammen gehabt habt, die Liebe und das Lachen, das ihr teilen konntet. Und das ist alles, was zählt. Sie möchten nicht, dass du auf die letzten paar Minuten so viel Wert legst. Sie tun das ja auch nicht!

Ein Leben erfüllt von liebevollen Erinnerungen

Eine Frau kam zu einem Gruppen-Reading und wirkte erschüttert über die Umstände, unter denen ihre Mutter gestorben war. Sie beschrieb sich als die beste Freundin ihrer Mutter, und nachdem diese nicht mehr selbst für sich sorgen konnte, zog sie für zwei Jahre zu ihr ins Haus. Sie hatten eine schöne Zeit miteinander – tranken Kaffee, genossen die Mahlzeiten und haben häufig Ausflüge mit dem Auto unternommen.

Schließlich bekam die Mutter Krebs und musste ins Krankenhaus. Leider konnten die Ärzte nichts mehr für sie tun. Man beschloss, sie nach Hause zu schicken, damit die Leute vom Hospiz sich ambulant um sie kümmern konnten. Doch dazu kam es nicht mehr. Während die Tochter zu Hause alles für die Pflege vorbereitete, tat die alte Frau im Krankenhaus ihren letzten Atemzug. Ihre Tochter war nicht dabei, um sich zu verabschieden, und dieses Schuldgefühl schleppte sie seitdem mit sich herum.

Als ihre Mutter zu uns durchkam, sagte sie, sie hätte keine wundervollere Tochter haben können. Sie freue sich immer noch über all die glücklichen Momente, die sie gemeinsam genossen hatten. Sie wusste, wie sehr ihre Tochter sie liebte. Und das war alles, was zählte. Es freute mich sehr, dass ich ihre Tochter beruhigen konnte. Und ich bin sicher, dieses Reading war auch für viele andere Menschen im Publikum wichtig. Die Moral von der Geschichte ist also: Leg nicht zu viel Wert auf die letzten Momente!

Manchmal aber geschieht auch das Gegenteil: Wir verbringen nicht viel Zeit mit unseren Lieben, und plötzlich ist es zu spät. Ich kannte eine Dame, die sich mit ihrem Vater entzweit hatte und gar nicht wusste, dass er gestorben war. Jahre später, als sie es erfuhr, ging sie an sein Grab und schüttete ihm ihr Herz aus. Ich weiß, er hat sie gehört. Es ist nie zu spät, Differenzen wieder beizulegen und zu einem Abschluss zu finden.

Die Seelen im Himmel wollen nicht, dass du deine Zeit damit verbringst, ihren Tod zu betrauern. Das solltest du nicht vergessen. Sie wollen vielmehr, dass du Frieden findest – den sie ja auch erleben! Wie gesagt: Deine Lieben möchten, dass du das Leben in vollen Zügen genießt und ihr Tod dich nicht daran hindert.

MEIN GELIEBTER MENSCH HAT MICH AM ENDE NICHT MEHR ERKANNT. ERINNERT ER SICH IM HIMMEL DANN WIEDER?

Ja, das wird er. Die Alzheimerkrankheit scheint unsere Erinnerungen an diese Welt auszulöschen, aber im Jenseits werden sie wiederhergestellt. Wir sehen uns die Lebensrückschau in einem anderen Kapitel noch genauer an. Für jetzt nur so viel: Seelen, die zu Lebzeiten ihre Erinnerungen verloren haben, durchleben sie in diesem Prozess noch einmal.

In dem Augenblick, in dem der Übergang vollzogen ist, werden die Erinnerungen sozusagen wieder »hochgeladen«. Das ist, als würde man auf einem alten Videorekorder erst auf Zurückspulen drücken und dann den ganzen Film im Schnelldurchlauf sehen!

Aber das ist nicht das Einzige, was du beim Zurückspulen sehen kannst. Viele Personen, die an der Alzheimerkrankheit oder einer anderen Form von Demenz gelitten haben, kommen als jüngere Menschen durch, so als hätte es die Jahre im Nebel nie gegeben.

Manchmal sagt eine Seele sogar, dass sie sich an zu viel erinnert und zuweilen peinlich berührt ist von dem, was sie getan oder gesagt hat, als sie krank und nicht sie selbst war.

IST ES WICHTIG, OB ICH MEINEN VERSTORBENEN BEERDIGT ODER FEUERBESTATTET HABE?

Es ist schon vorgekommen, dass ich ein Reading mache und die Seele äußert, dass sie lieber eine Erd- und keine Feuerbestattung gehabt hätte oder umgekehrt.

Einmal bei einer Livesendung ging ich durch die Reihen der Zuschauer, als sich ein Mann meldete und mir mitteilte, er sei im Hinterhof beerdigt worden. Ich war ein wenig nervös deswegen. Ob ich wohl gerade einen Mord aufdeckte? Ich wandte mich an die

Tochter dieses Mannes und sagte: »Sie denken jetzt vermutlich, ich bin verrückt, aber Ihr Vater sagt, Sie hätten ihn im Hinterhof begraben.«

»Ja, ich besuche ihn jeden Tag«, antwortete sie. »Tatsächlich bin ich gerade umgezogen, daher habe ich ihn ausgegraben und ins neue Haus mitgenommen.« Wie sich herausstellte, hatte sie die Urne mit seiner Asche in ihrem Hinterhof beigesetzt. Er fand das toll, weil es der ungewöhnlichen Persönlichkeit seiner Tochter entsprach.

Ein anderer Mann kam zu mir durch und lachte: »Du wirst nicht glauben, was meine Frau mit meiner Asche angestellt hat! Sie hat die Urne in einen Rucksack gepackt und nimmt sie an all die Orte mit, die wir uns noch gemeinsam ansehen wollten. Und dann fährt sie damit wieder nach Hause.«

Die Frau erklärte: »Er wollte ja, dass ich seine Asche im Ozean verstreue. Aber ich habe es nicht über mich gebracht, ihn auf diese Weise gehen zu lassen.« Sie war erleichtert, als sie von ihm hörte, dass sie die Asche ruhig so lange behalten könne, wie sie ihr Trost schenke.

Alles in allem wissen die »Toten« besser als die Lebenden, dass der Körper nicht wichtig ist – Gräber und Asche (und überhaupt Beerdigungen) sind nur dazu da, um die Lebenden zu trösten.

IST MEIN GELIEBTER MENSCH BÖSE AUF MICH?

Es gibt allerlei Gründe, warum die Hinterbliebenen glauben, ihr geliebter Mensch könnte wütend auf sie sein: weil er seine letzten Tage im Pflegeheim zubringen musste oder weil er vermeintlich mit der Beerdigung nicht zufrieden war. Er könnte sich außerdem darüber ärgern, dass du nichts getan hast, um seinen Tod zu verhindern.

Im Himmel gibt es keinen Groll

Wenn du denkst, dass dein geliebter Mensch an seinem Groll dir oder anderen Menschen gegenüber festhält, dann kann ich dir nur versprechen: Das genaue Gegenteil ist der Fall.

Nimm nur mal die folgende Situation als Beispiel: Bei einer meiner Veranstaltungen lernte ich eine Frau kennen, die kein Wort mehr mit ihrem Bruder gewechselt hatte, seitdem sie mit dessen Frau in einen heftigen Streit geraten war. Er stellte daraufhin jeden Kontakt mit ihr ein, und sie verloren einander vollkommen aus den Augen. Die Frau war schockiert, als ich ihr sagte, dass ich eine Botschaft von ihrem Bruder für sie hätte, weil sie nicht einmal wusste, dass er mittlerweile verstorben war.

»Ich habe keinen Bruder verloren«, sagte sie und verließ mit Tränen in den Augen den Raum.

Danach stellte sie Nachforschungen an und fand heraus, dass ihre Schwägerin ihr nicht gesagt hatte, dass ihr Bruder tot war. Daher kehrte sie noch mal für ein Reading zu mir zurück. Er kam auch sofort zu uns durch und entschuldigte sich für sein Verhalten. Er habe mittlerweile eingesehen, dass er bei jenem Streit beide Seiten hätte berücksichtigen sollen. Und er bedauere, vergessen zu haben, was Familie eigentlich bedeutet.

Sie war so unglaublich erleichtert! Dass sie keinen Kontakt mehr hatten, tat ihr seit Jahren leid. Und als sie dann noch erfuhr, dass ihr Bruder mittlerweile verstorben war, machte ihr das stark zu schaffen. Seine Botschaft befreite sie von allen Schuld- und Reuegefühlen. Nach seinem Lebensrückblick in der himmlischen Welt erkannte er, dass er es nicht hätte zulassen sollen, dass sich etwas zwischen sie drängte. Er hatte seine Lektion auf der anderen Seite gelernt. Und ich konnte sehen, dass seine Worte seiner Schwester ermöglichen würden, künftig wieder nach vorn zu blicken.

Schuldgefühle können die Fähigkeit blockieren, die Botschaft anzunehmen, die für dich gedacht ist.

Ich werde nie das folgende herzzerreißende Reading vergessen: Eine Frau hatte eine rote Ampel übersehen. Es kam zu einem Zusammenstoß, bei dem ihr Sohn getötet wurde. Von diesem Moment an wurde sie von anderen verurteilt.

Nicht genug damit, dass sie ihren Sohn verloren hatte und mit der Schuld leben musste. Sie hatte sich auch noch mit Leuten auseinanderzusetzen, die tratschten und ihr Vorwürfe machten. Ihr Mann ließ sich von ihr scheiden, und ihre Schwiegereltern verstießen sie. Die Leute erzählten sich, dass sie wahrscheinlich telefoniert und deshalb nicht auf den Straßenverkehr geachtet hatte.

In Wirklichkeit handelte es sich schlicht um einen tragischen Unfall. Als ihr Sohn zu uns durchkam, trat mir die ganze Szene klar vor Augen. Sie hatte ihn von der Schule abgeholt und wollte schnell nach Hause. Sie steuerte auf die Kreuzung zu und verpasste das grüne Licht nur um Sekunden. Und schon wurde ihr Wagen von einem Lastzug erfasst.

Ich spürte ihre Reue und ihre Schuldgefühle während des Readings, aber sie hatte den Unfall vollkommen ausgeblendet und konnte sich kaum daran erinnern, was passiert war. Sie hoffte, dass sie nicht schuld an dem Unfall war, aber ich musste ihr sagen, dass sie tatsächlich bei Rot über die Kreuzung gefahren war.

Die Tatsache, für den Tod ihres Sohnes verantwortlich zu sein, war so schmerzhaft für sie, dass sie kaum annehmen konnte, was ich ihr zu sagen hatte. Zu guter Letzt brachte ich sie doch dazu, mir zuzuhören. Ich sagte ihr, dass ihr Sohn ihr vergeben hätte. Er liebte sie und fand es schrecklich, wie sehr sie unter seinem Tod litt. Es dauerte lange, sie zu überzeugen, dass ihr Sohn vom Himmel her über sie wachte, dass er sie liebte und sich wünschte, sie würde die Schuldgefühle endlich abwerfen.

WARTET DAS BABY, BEI DEM ICH EINE FEHLGEBURT HATTE, IM HIMMEL AUF MICH?

Die Antwort lautet: »Ja.« Alle Seelen kommen in den Himmel, auch diejenigen, die vor oder bei der Geburt sterben.

Herauszufinden, warum manche Seelen zurückgerufen werden, ehe sie eine Chance auf Leben hatten, ist schwierig. Und ich behaupte nicht, das zu verstehen. Ich kann nur von einigen Readings erzählen, die den Empfängern die Augen öffneten – und mit ihnen allen anderen Menschen, die es miterlebten.

Eine Frau kam zu mir und wünschte sich ein Reading. Sie war im Mutterleib ein Zwilling, doch bei ihrer Mutter gab es Komplikationen bei der Schwangerschaft, und sie musste zur Entbindung mit dem Notarztwagen in die Klinik gebracht werden. Meine Klientin schaffte es, aber ihr Zwillingsbruder überlebte die Geburt leider nicht. Der Verlust war für die Familie kaum zu ertragen. Gleichzeitig wurde die Tochter als besonderer Segen betrachtet und sehr geliebt! Aber neben dieser Liebe hatte sie immer eine eigene, tröstliche Präsenz um sich gespürt, die sie logisch nicht hatte erklären können. Eines Tages kam sie zu mir für eine private Sitzung; und jetzt rate mal, was da passierte! Die Seele, die sie ihr Leben lang an ihrer Seite gespürt hatte, war ihr Bruder. Er hatte vom Moment ihrer Geburt an über sie gewacht.

Mütter werden mit all ihren Kindern wiedervereint

Eine andere Frau, die ich kennenlernen durfte, hatte ihr kleines Mädchen bei einer Fehlgeburt verloren. Was noch schlimmer war: Der Arzt hatte ihr mitgeteilt, dass sie möglicherweise nie mehr würde Kinder haben können. Zu jener Zeit sprachen die Leute noch nicht so viel über diese Dinge, also erzählte sie niemandem davon. Sie und ihr Mann bekamen allerdings noch ein Kind – eine Tochter.

Und dieser Tochter schenkte sie ihre ganze Liebe, weil sie befürchtet hatte, nie Mutter werden zu können. Aber sosehr sie ihre Tochter auch liebte, die Trauer um das in ihrem Leib verstorbene Kind verließ sie nie. Erst auf dem Sterbebett konnte sie ihrer Tochter von der ungeborenen Schwester erzählen.

Jahre später, als die Tochter für ein Reading zu mir kam, meldete ihre Mutter sich bei uns und hielt dieses Kind in ihren Armen. Sie hatte Frieden gefunden im Wissen, dass ihre erste Tochter es auf die andere Seite geschafft hatte. Das befreite sie von der Sorge, die sie ihr Leben lang mit sich herumgetragen hatte.

IST DAS STERBEN BEÄNGSTIGEND?

Krankheiten sind beängstigend, das Sterben muss es nicht sein. Ich bin überzeugt davon, dass die Angst vor dem Tod in den meisten Fällen schlimmer ist als der Tod selbst. Was den Großteil der Menschen verängstigt, ist doch, dass sie denken, der Tod wäre endgültig – aber nein, der Tod ist nicht das Ende. Er ist einfach ein Übergang, ein weiterer Schritt auf dem weiten Weg unserer Seele.

Die Menschen fürchten, was sie nicht verstehen, und natürlich ist vieles von dem, was nach dem Tod geschieht, unbekannt. Daher sind meine Veranstaltungen für manche so heilsam. Dort erhalten sie einen kleinen Einblick in das Leben danach, und so fürchten sie den Übergang weniger. Sie erkennen, dass die Seelen im Himmel keinen Schmerz mehr fühlen und voller Frieden sind. Und dass sie den Schleier, der beide Welten trennt, durchdringen und sich mit ihren Freunden und Angehörigen auf Erden verbinden können. Daher nimmt jeder Mensch etwas aus meinen Liveveranstaltungen mit (ob er sie nun persönlich besucht oder online). Sie verlassen diese mit der Gewissheit: Nach dem Tod kommt noch etwas, und dieses Etwas ist nichts, wovor man sich fürchten müsste.

WIE ALT SIND WIR IM HIMMEL?

Ob du es nun glaubst oder nicht, im Himmel gibt es keine Geburtstage. Alle Seelen haben das gleiche Alter. Ich weiß, das hört sich merkwürdig an, aber denk doch mal darüber nach! Wenn ich zu einer Seele in der himmlischen Welt Kontakt aufnehmen würde, die im amerikanischen Bürgerkrieg starb, dann wäre diese heute ja mehr als 150 Jahre alt! Aber so ist das nicht. Schließlich sind es unsere Körper, die altern, nicht unsere Seelen. Die Seele ist unendlich; und das ist, was zu einem Medium durchkommt.

Aus diesem Grund feiern wir zwar hier auf der Erde Geburtstag, aber nicht im Himmel. Für die Lebenden ist jeder Tag ein Geschenk und jedes Jahr ein Meilenstein auf ihrem Weg. Im Himmel aber bist du an deinem Ziel angekommen, und die irdischen Jahrestage sind damit bedeutungslos geworden.

Aus diesem Grund gibt es auch keinen Altersunterschied, wenn du dich dort nach Jahren wieder mit deinem Seelengefährten verbindest. Du bist vielleicht mit achtzig Jahren gestorben, dein Mann aber schon mit fünfzig. Wenn ihr dann erneut zusammenkommt, seid ihr genau gleich alt. Also mach dir keine Sorgen, wenn dein Mann vor dir stirbt. Du bist im Himmel dann kein Cougar-Weibchen, das sich einen jungen Kerl schnappt!

TIEFER EINSTEIGEN

Unerledigtes zum Abschluss bringen

Wenn du vollkommen präsent bist und dein Gewahrsein für deine Lieben im Geist öffnest, dann lädst du sie in dein Leben ein. Ihnen ist klar, dass sie dich erreichen können und du ihre Hilfe zu schätzen weißt.

Wenn du gern schreibst, warum schreibst du ihnen dann nicht Briefe oder erzählst ihnen etwas in deinem Tagebuch?

Vielleicht greifen deine Briefe ein Thema auf, das dir auf den Nägeln brennt, oder du gibst ihnen ein schnelles Update, was dein jetziges Leben angeht.

Einfache kleine Briefe, wie sie die folgenden zwei Beispiele zeigen, schicken deinen geistigen Lieben ein Signal, dass du die Kommunikation mit ihnen schätzen würdest:

Liebe Oma,
heute war ich im Supermarkt und habe eine Frau gesehen, die fast aussah wie du! Da musste ich an die schönen Zeiten denken, die wir hatten, wenn wir zusammen einkaufen gingen. Ich frage mich wirklich, ob das ein Zeichen von dir war.

Lieber Paps,
heute habe ich den Kardinalfalter gesehen, den du mir geschickt hast. Ich mag es, wenn du mir diese kleinen Erinnerungen sendest, die mir zeigen, dass du da bist. Bitte mach weiter so. Ich weiß, sie stammen von dir.

Wenn du noch etwas auf dem Herzen hast oder eine Frage, auf die du dir eine Antwort wünschst, dann ist solch ein Brief das ideale

Mittel, um mit dieser Angelegenheit abschließen zu können. Während du ihn schreibst, stellst du dir am besten den Menschen, an den er gerichtet ist, lebhaft vor. Bist du fertig, bleib eine Weile ruhig sitzen, damit die Person im Geist die Möglichkeit hat, dir zu antworten. Oder du versuchst es mit automatischem Schreiben. Halte einen Stift locker in der Hand, und bitte deinen lieben Menschen im Geist, dir eine Antwort zu übermitteln.

Das muss nicht lange dauern. Schreibe den Menschen, die von dir gegangen sind, kleine »Liebesbriefe«, in denen du ihnen erzählst, wie du sie im Alltag erkennst. Vielleicht bastelst du dir ja einen hübschen Karton mit der Aufschrift »Briefe vom Himmel«. Darin kannst du deine Korrespondenz und die Botschaften, die du erhältst, aufbewahren. Wenn dir deine Lieben im Geist mal wieder ganz stark fehlen, blättere die Briefe durch, und lies deine eigenen Erfahrungen.

· 5 ·

Erinnerungen und Jahrestage

»Deine Lieben in der himmlischen Welt sitzen in der ersten Reihe, sodass sie alles sehen können, was mit deinem Leben zusammenhängt.«

KÖNNEN DIE »TOTEN« ALLES SEHEN, WAS ICH MACHE?

Wie schon gesagt wurde, sehen deine lieben Verstorbenen absolut alles, was du tust. Ja, genau – *alles!*

Aber bevor du jetzt ausflippst, mach dir eines klar: Nur weil er gestorben ist, heißt das noch nicht, dass dein Vater dir jetzt bei allem zusehen will, was du auf der Toilette oder in der Dusche treibst. Genauso wenig, wie er das zu Lebzeiten wollte.

Die Seelen machen von ihrer Fähigkeit, in alles Einblick zu bekommen, denselben Gebrauch wie ich von den Überwachungskameras in meinem Haus. Ich kann zwar sehen, was in jedem einzelnen Zimmer vorgeht, aber ich habe wirklich Besseres zu tun, als ständig vor dem Überwachungsmonitor zu hängen. Wenn ich etwas sehen möchte, kann ich das in Echtzeit. Ich kann sogar das Band zurücklaufen lassen, um mir ein bestimmtes Ereignis oder einen bestimmten Zeitabschnitt anzusehen.

Dasselbe gilt für deine Lieben in der himmlischen Welt. Sie haben Zugang zu allem, was hier vor sich geht, aber sie setzen diese Fähigkeit nur im Bedarfsfall ein. Sie schauen dir nicht ununterbrochen zu, weil sie den Film ja vor- und zurücklaufen lassen können, um die wichtigen Dinge zu erfahren.

Seelen fühlen sich von besonderen Zeiten und alltäglichen Ereignissen gleichermaßen angezogen

Es gibt Momente, in denen deine Lieben im Geist höchstwahrscheinlich bei dir sind. Bestimmte Ereignisse wie zum Beispiel Hochzeiten, Geburten, Abschlussfeiern sowie Fest- und Feiertage üben eine besondere Anziehung auf sie aus. Aber sie können auch spüren, wenn du sie brauchst oder du dich nach ihnen sehnst. Dann melden sie sich, um sicherzustellen, dass es dir gut geht.

Manchmal wollen die Seelen auch einfach nur Kontakt aufnehmen. Das ist ein bisschen so, als wenn dein Partner oder deine Partnerin auf Geschäftsreise ist und du am Abend über Zoom, FaceTime oder Ähnliches anrufst, um ihr Gesicht zu sehen beziehungsweise ihre Stimme zu hören.

Vielleicht kannst du ja spüren, wenn sie präsent sind. Es ist ganz normal, wenn Menschen hin und wieder Seelen und Geister spüren können. Das heißt nicht, dass es bei dir spukt oder dass diese Seele auf der Erde gefangen ist. Du spürst einfach nur die Präsenz dieser Seele, während sie sich auf dich einstellt.

Und was ist nun mit der Dusche?

Um zur Dusche zurückzukommen ... Wie schon angedeutet, kannst du ganz beruhigt sein: Die Seelen im Himmel respektieren deinen Raum. Sie haben kein Interesse daran, deine Privatsphäre zu verletzen. Tatsächlich sehen sie dich ganz anders, als du dir das vielleicht vorstellst. Sie verurteilen dich nicht und sind nicht neugierig. Sie möchten nur den Kommunikationskanal offen halten.

Solltest du dich jetzt immer noch nicht einkriegen können, dann sieh das Ganze doch mal so herum: Wenn du gestorben wärst und die Möglichkeit hättest, deine Freunde und Angehörigen zu sehen, welche Momente würdest du für den Kontakt auswählen?

SEHEN SEELEN IM HIMMEL IHRE KINDER UND ENKEL?

Ja, absolut. Und das Coolste ist, dass die Kinder sie ebenfalls sehen können.

Wenn du ein Baby bekommst, dann kommen Freunde und Verwandte zusammen, um dessen Ankunft auf der Erde zu feiern. Auch deine Lieben im Geist besuchen das Kind, aber sie treffen sich nicht zum ersten Mal. Sie stellen schon eine Verbindung her, bevor das Kleine zur Welt kommt. Es freut sie besonders zu sehen, wie die frischgebackenen Eltern mit ihm umgehen. Sie werden von der Freude und der Liebe angezogen, die sich ausbreiten, wenn alle möglichen Menschen das neue Familienmitglied begrüßen.

Wie jeder Meilenstein im Leben kann auch die Geburt eines Kindes eine bittersüße Note haben, wenn du gleichzeitig um den Verlust eines geliebten Menschen trauerst. Aber ich habe so viele Botschaften von Eltern, Großeltern, Tanten und Onkeln im Himmel vermittelt, die zeigen, dass sie präsent sind und das Geschehen mit Liebe und Stolz begleiten.

Die meisten Eltern freuen sich darauf, Großeltern zu werden. Ich erinnere mich noch, dass ich einmal einer Familie helfen konnte, die unglaublich traurig war, weil sie den Vater verloren hatte, noch bevor dieser seinen Enkel kennenlernen konnte.

In die Fußstapfen des Vaters treten …

Ein Mann und seine Frau waren in einer meiner Veranstaltungen, und tatsächlich kam der Vater des Mannes mit einer Botschaft zu uns durch. Kurz nachdem dieser gestorben war, erfuhr dieses Paar, dass das erste gemeinsame Kind unterwegs war. Als das Baby zur Welt kam, gab man ihm den Namen seines verstorbenen Großvaters.

Als die Seele des Großvaters sich bei uns meldete, ließ er uns wissen, wie sehr es ihn freue, wenn sein Sohn Zeit mit seinem Enkel verbrachte, der zu der Zeit fünf Jahre alt war. Der Großvater sah zu, wie die beiden die gleichen Dinge machten, die er zu Lebzeiten mit seinem Sohn gemacht hatte. Sie fischten an denselben Stellen, ja sie verwendeten sogar seinen alten Angelkoffer und seine Angelruten. Der Sohn im Publikum hatte Tränen in den Augen, als er hörte, dass sein Vater ihn begleitete, während er mit seinem Kleinen fischte, Ball spielte oder las. Der Großvater wollte, dass ich seinem Sohn und seiner Schwiegertochter sagte, wie stolz er auf sie beide war. Und er dankte ihnen dafür, dass sie den Jungen nach ihm benannt hatten.

Die Verbindung am Leben halten

Warst du je Zeuge, wie dein Kind beim Spielen vor sich hin plapperte, als würde es mit jemandem reden, obwohl niemand im Zimmer war? Wie schon angedeutet, stand es da vielleicht in Kontakt mit einer Seele auf der anderen Seite. Denn die »imaginären Freunde«, die Kinder so oft haben, sind möglicherweise Seelen, die ihr Kind oder Enkelkind besuchen. Ich habe einige Fälle erlebt, bei denen ein Kind ein Fotoalbum durchblätterte, auf einen verstorbenen Verwandten zeigte und sagte: »Der war gestern da und hat mit mir gespielt.«

Die geistige Welt weiß es zu schätzen, wenn du ihre Existenz unterstreichst, indem du deinen Kindern Fotos zeigst und Geschichten von den Hinübergegangenen erzählst. Das lässt unsere Lieben in Herz und Geist der nächsten Generation wieder aufleben. In meiner Familie stellen wir der jüngeren Generation alle Familienmitglieder vor, die auf der anderen Seite angekommen sind. Meine Großmutter starb, als ich drei Jahre alt war. Und obwohl meine jüngere Schwester unsere Großmutter nie erlebt hat, meinte sie doch immer, sie zu kennen, weil sie so viele Fotos von ihr sah und so viele Geschichten über sie hörte. Meine Schwester erfuhr so viel über unsere Oma, dass sie manchmal vergisst, sie gar nicht persönlich gekannt zu haben.

WIRD MEIN VATER AN MEINEM HOCHZEITSTAG DABEI SEIN?

Er würde ihn nicht um alles in der Welt verpassen wollen. Abgesehen von der Tatsache, dass die Seelen im Himmel eine gute Party zu schätzen wissen, zieht sie die starke emotionale Ladung einer Hochzeit an.

Viele Bräute träumen davon, dass ihr Vater sie zum Traualtar führt. Stirbt er, bevor sie sich verloben oder heiraten, sind sie mitunter todunglücklich. Aber auch wenn ihr Dad am Hochzeitstag nicht seinen Smoking anziehen und sie zum Altar führen wird, können sie sicher sein: Er ist im Geist dabei und wischt sich eine Glücksträne aus dem Auge.

Eines Tages suchte mich eine Frau auf, die sehr unglücklich war, weil ihr erst vor Kurzem dahingeschiedener Vater bei ihrer Hochzeit nicht dabei sein würde. Sie hatte sich nach seinem Tod verlobt, schob die Hochzeit aber immer wieder hinaus, weil ihr Vater bei den Feierlichkeiten nicht mehr anwesend sein konnte.

Er kam zu uns durch, weil er seiner Tochter unbedingt die folgende Botschaft senden wollte: »Sag ihr, sie solle sich nicht ihren schönsten Tag durch meinen Tod verderben lassen.« Er fügte hinzu, er sei mit ihrem Verlobten vollkommen einverstanden. Sie solle sich entspannen, weil sie einen guten Mann gefunden hatte, mit dem sie ihr Leben teilen konnte. Und er versicherte ihr, bei der Hochzeit dabei zu sein wie auch jeden einzelnen Tag danach, um über sie zu wachen und ihre Verbindung zu segnen.

Zum Schluss sagte er noch: »Ich hoffe, du wirst dich immer an mich erinnern, aber bitte: Ich möchte dich nicht davon abhalten, dein Leben zu leben. Das ist dein ganz besonderer Tag, und ich möchte, dass du dich auf dich selbst konzentrierst und auf deinen Mann.«

Kein Bedauern im Himmel

In der Zeit als Rettungssanitäter war ich einmal in einem Hotel in Boston. Es gab eine große Hochzeit, und am nächsten Morgen reiste das junge Paar ab in die Flitterwochen. Kurz darauf erhielt das Sicherheitspersonal des Hotels einen Anruf, der Vater der Braut sei leblos in seinem Zimmer aufgefunden worden. Das Personal war zutiefst erschüttert, weil das doch sicher einen Schatten über das frohe Ereignis werfen würde. Alle Wiederbelebungsversuche blieben erfolglos. Also übernahmen wir es für die Familie, den Leichenbeschauer zu verständigen. Und wir versprachen, die Habseligkeiten des Mannes zu packen und an der Rezeption zu hinterlegen. Da ich ja auch damals medial veranlagt war, übertrug man mir diese Aufgabe!

In seinem Koffer fanden sich sein festlicher Anzug, Toilettenartikel und einige persönliche Sachen. Ich faltete gerade seine Kleidung, als mir ein Bild durch den Kopf ging. Der Mann kam zu mir durch und sagte mir, er hätte ein schwaches Herz gehabt und alle Angehörigen hätten das gewusst. Sein letzter Wunsch sei es gewesen, die Hochzeit der Tochter mitzuerleben. Er war glücklich, dass er so lange durchgehalten hatte. Schon am nächsten Tag war er in die himmlische Welt eingetreten und fand das wunderbar! Sein Wunsch, die Tochter persönlich zum Altar und in die Ehe zu geleiten, war erfüllt worden.

Er bat mich, eine Nachricht aufzuschreiben und sie seiner Tochter zu übermitteln. Darin hieß es: »Sei nicht traurig, dass ich jetzt fort bin. Ich bedaure nichts. Ich bin so dankbar, weil Gott mir noch ein bisschen Zeit gegeben hat, sodass ich deinen schönsten Tag miterleben konnte. In Liebe, dein Papa.«

»Ich war die ganze Zeit da!«

Ich gab einem süßen Mädchen ein Reading. Sie hatte ihre Hochzeit schon seit einem Jahr geplant. Während dieser Zeit war ihre Großmutter krank geworden und musste in ein Pflegeheim. Diese junge Frau bezog ihre Oma sorgsam in alle Hochzeitsvorbereitungen ein. Zum Beispiel rief sie ihre Großmutter, die nicht mehr gehen konnte, jedes Mal über FaceTime an, wenn sie auf Shoppingtour war, um ihr Hochzeitskleid auszusuchen. Und als sie das richtige gefunden hatte, nahm sie es mit ins Heim, um es vor der Oma anzuprobieren.

Die Großmutter starb unmittelbar vor der Hochzeit ihrer Enkelin, die mir nach der Trauung einen Besuch abstattete. Ihre Großmutter kam zu uns durch und sagte: »Mach dir keine Gedanken. Ich habe die Hochzeit in der geistigen Welt noch mehr genossen.« Weil sie im Rollstuhl saß und medizinisch versorgt werden musste, hatte sie zu Lebzeiten befürchtet, man würde ihr mehr Aufmerksamkeit widmen als der Braut. Sie versicherte ihrer Enkelin, sie habe vom Himmel her zugesehen und jede Minute genossen – und sie dankte dieser, weil sie ein Foto von ihr in den Hochzeitsstrauß hatte einflechten lassen. Sie habe sich nur gewünscht, dass ihre Enkelin ihren großen Tag genießen würde. Und ihr Wunsch sei erfüllt worden!

FEIERN DIE »TOTEN« IM HIMMEL GEBURTSTAG?

Da im Himmel bekanntlich niemand altert, feiert man dort wie gesagt auch keine Geburtstage. Aber die Seelen nehmen oft an den Festlichkeiten ihrer Lieben auf der Erde teil, und diese machen – wie sie mir manchmal berichten – an dem Geburtstag der Verstorbenen oft etwas Besonderes, um ihrer zu gedenken. Und das wissen die geistigen Wesen zu schätzen. Wenn du also den Geburtstag eines lieben Dahingeschiedenen voller Trauer begehst, überlege dir, ob du daraus nicht ein Freudenfest machen kannst. Feiere diesen Tag, indem du die Leibspeise des geistigen Wesens zubereitest und dazu seine oder ihre Freunde einlädst. Dann kannst du dich darauf verlassen: Er oder sie ist bei dieser Festlichkeit zugegen.

Was mich an ein Reading erinnert ...

Vor Kurzem lernte ich eine Mutter und ihre Tochter kennen, die den Familienvater kontaktieren wollten. Er war vor einem Jahr gestorben, und sobald er zu uns durchgedrungen war, erzählte er mir von einer Geburtstagsfeier, welche die beiden Frauen nach seinem Tod für ihn veranstaltet hatten.

Er zeigte mir ein Bild seiner Tochter, wie sie eine riesige Geburtstagstorte in einen Raum in einem Hotel trug. Seine Familie hatte ein Jahr lang die Feier zu seinem fünfzigsten Geburtstag geplant, aber leider war er vorher gestorben. Da das Hotel die Anzahlung nicht zurückerstatten wollte, beschlossen sie, die Feier wie geplant zu veranstalten. Sie verschickten alle Einladungen und versammelten sich mit Verwandten und Freunden, um sein Andenken zu ehren. Und es war die beste Party, die sie je erlebt hatten! Freunde und Familienmitglieder lachten und weinten und feierten sein Leben. Und der Vater bestätigte ihnen, was sie ohnehin schon geahnt hatten: Er war während der gesamten Feier anwesend und hatte im Rückblick noch einmal die ganze Planung genossen.

Wenn der Himmel dir Zitronen schickt …

Und wo wir gerade von Geburtstagen sprechen: An diesen Tagen schicken uns die Wesen im Geist gern Signale, dass sie bei uns sind. Ich weiß noch, wie ich zum Abendessen bei Alexas Großmutter eingeladen war. Als wir uns setzten, fragte die alte Dame mich: »Matt, spürst du meine Mutter irgendwo um mich herum? Heute wäre ihr Geburtstag gewesen.« Alexa hatte ihre Urgroßmutter nie kennengelernt, aber ich spürte tatsächlich ihre Präsenz an jenem Abend. Ich fragte Alexas Großmutter, ob sie an jenem Tag irgendwelche Zeichen von ihrer Mutter erhalten hatte. Sie sah mich nur an und meinte: »Woher soll ich das wissen?«

Und ich antwortete: »Wenn deine Mutter dir ein Zeichen schickt, dann weißt du's!«

Wie sich herausstellte, kaufte Alexas Oma ihrer Mutter zum Geburtstag immer einen Kuchen. An jenem Abend zauberte sie eine pinkfarbene Tortenschachtel hervor. Drinnen war ein Kuchen mit Schokoguss. Sie schnitt den Kuchen an, er strahlte uns hellgelb entgegen. »Warte mal, ich habe extra Schokokuchen bestellt.« Sie las das Etikett, und tatsächlich stand da: »Schokokuchen mit Schokoguss«. Sie kostete den Kuchen: eindeutig Zitronengeschmack. Und Zitronenkuchen war der Lieblingskuchen ihrer Mutter gewesen. Wir lachten, als ich ihr sagte: »Da hast du dein Zeichen.«

Ich mag die Geschichte, weil sie verdeutlicht, wie gern die geistige Welt uns immer wieder zeigt, dass sie da ist, mitten unter uns.

KEHREN DIE »TOTEN« AN IHRE LIEBLINGSORTE ZURÜCK?

Ja, und das sind normalerweise nicht irgendwelche exotischen Urlaubsdestinationen. Ich weiß noch, wie ich eines Tages im Wohnzimmer eines Freundes auf dem Sofa saß, als jemand mit einer

Sauerstoffflasche an mir vorbeikam. Ich brauchte eine Minute, um zu merken, dass es sich um eine Geisterscheinung handelte. Wie wir feststellten, musste es die frühere Eigentümerin des Hauses sein. Sie hatte unter einer chronisch obstruktiven Lungenerkrankung (COPD) gelitten, was die Sauerstoffflasche nötig machte. Die Frau war in jenem Haus gestorben, das sie sehr liebte. Sie hatte gehofft, dass die Enkel es nach ihrem Tod übernehmen würden. Aber für die Familie war es sinnlos, das Haus zu behalten, also verkaufte man es. Die Frau aber hing immer noch an dem Haus, in dem sie so lange gelebt hatte, und besuchte es immer wieder. Sie spukte nicht etwa darin herum, aber der Ort, an dem sie mit ihrem Mann gelebt, ihre Familie großgezogen, Feste gefeiert hatte und glücklich gewesen war, zog sie nach wie vor an. Sie war nicht etwa zornig oder sonst was – so wie in einem Horrorfilm! Tatsächlich freute sie sich darüber, wie das junge Paar das Haus eingerichtet hatte.

Viele Menschen bemerken Seelen und Geistwesen an bestimmten Orten. Sie spüren vielleicht einen Luftzug oder merken, dass ihr Haustier etwas anstarrt, was sie nicht sehen können. Wenn dir das passieren sollte, hast du keinen Grund, dich zu fürchten. Die Seele ist nicht auf der Erde gefangen. Sie besucht vielleicht nur einen Ort, den sie zu Lebzeiten sehr mochte.

Manchmal besuchen Seelen auch Plätze wieder, an denen sie etwas Besonderes erlebt haben, selbst wenn dieser Ort heute ganz anders aussieht als damals. Auf dem Wiesengrundstück, wo man früher gespielt hat, steht jetzt vielleicht ein Mietshaus, oder der Bauernhof der Familie ist einem Einkaufszentrum gewichen. Aber das ist nicht von Belang! Der Ort, an den sie sich erinnern, ist vielleicht nicht mehr da, aber für sie ist er immer noch real.

Das fröhlichste Erbe der Welt!

Wenn ich in Disneyland in Kalifornien bin, spüre ich jedes Mal den Geist Walt Disneys. Obwohl der Ort heute völlig anders aussieht als zu seinen Lebzeiten, kommt er doch immer noch vorbei und schaut nach, wie alles läuft. Und – nur damit das klar ist – er kontrolliert keineswegs die Einnahmen oder die Ticketverkäufe. Er sieht nur einfach den Leuten zu, die in dem von ihm angelegten Vergnügungspark Spaß haben. Es ist nichts Erschreckendes daran, dass er präsent ist. Er ist vielmehr eine positive, liebevolle Energie. Für mich ist das die schönste Art, wie andere sich unserer erinnern können. Wie Walt Disneys Name und sein Geist in diesen Vergnügungsparks weiterleben, gehört zu den schönsten Vermächtnissen.

Und noch etwas: Viele Menschen trauern, weil ein geliebter Mensch von ihnen gegangen ist, ohne einen Ort besucht zu haben, den er oder sie immer sehen wollte. Ich weiß mit Sicherheit, dass Menschen, die ihr Leben lang davon geträumt haben, einmal den Grand Canyon oder den Eiffelturm zu sehen, die Möglichkeit haben, diese Orte nach ihrem Tod zu besuchen. Du möchtest ihnen dabei helfen? Dann mach diese Reise für sie. Die Chancen stehen gut, dass du sie dort triffst.

Und wenn die »Toten« bestimmte Orte auf Erden besuchen können, dann heißt das ja auch, dass sie dein neues Haus sehen können oder dein schickes Eckbüro im zwölften Stock eines Hochhauses.

ICH DENKE ZU DEN VERRÜCKTESTEN ZEITEN AN MEINE LIEBEN VERSTORBENEN. WARUM IST DAS SO?

Gedanken, Erinnerungen, Gefühle verbinden uns weiterhin mit unseren Lieben in der himmlischen Welt. Wann immer wir unvermittelt an sie denken, sind sie bei uns. Die Erinnerungen, die du so schätzt, sind auch ihnen wichtig.

Manchmal schicken sie uns Erinnerungen auch einfach so. Du räumst die Geschirrspülmaschine ein, und plötzlich fällt dir ein Familienmitglied ein, das du vergessen hattest. Das ist kein Zufall. Sie schicken dir eine Erinnerung, um dir liebevoll die Zeit ins Gedächtnis zu rufen, die ihr miteinander hattet.

Und das gilt auch umgekehrt: Wenn du an sie denkst, ist das, als würde im Himmel eine Türglocke erklingen. Häufig stammen die Momente, an die du besonders gern denkst, aus der Blüte ihres Lebens, aus Zeiten, bevor sie alt und krank wurden. Sie können da einfach nicht widerstehen und sehen sich daher das Ganze mit dir zusammen an.

Die beste Zeit

Eine Mutter wollte eine Botschaft von ihrem Sohn hören. Als ich mit ihm Kontakt aufnahm, konnte ich sehen, dass er auf der Erde harte Zeiten erlebt haben musste. Er litt unter einer bipolaren Störung, sein Leben war eine wilde Achterbahnfahrt aus Stimmungsschwankungen, nicht eingenommenen Medikamenten und Phasen, in denen er einfach wochenlang verschwunden war. Eine ganze Weile war er obdachlos gewesen und starb in seinen Dreißigern. Als ich mit seiner Mutter sprach, sah sie mich mit Tränen in den Augen an und erzählte, sie denke immer beim Einschlafen an ihren Sohn als kleinen Jungen. Sie sah ihn, wie er war, bevor die Krankheit ausbrach. Ich wusste, er kam im Traum zu ihr und erinnerte sie an die schönsten Zeiten, die sie miteinander erlebt hatten.

Ich konnte ihr sagen, dass er im Himmel genauso war wie in ihren Erinnerungen – ein gesunder, glücklicher Junge.

Häufig fragen sich die Menschen, was während eines Readings eigentlich passiert. Wie wählen die geistigen Wesen die Erinnerungen aus, die sie teilen wollen? Häufig sind es Erinnerungen an die schönste Zeit auf Erden. Obwohl sie so vieles zurücklassen, nehmen sie ihre Erinnerungen doch mit in den Himmel. Das ist wie mit den Fotos, die wir auf Erden so mögen. So sind die Erinnerungen der Verstorbenen Schätze, die sie gern mit sich tragen. Manchmal teilen sie diese mit geliebten Menschen auf der Erde, so wie du Freunde über die sozialen Medien an schönen Erlebnissen teilhaben lässt.

WIE KANN ICH DAS ANDENKEN AN MEINEN LIEBEN MENSCHEN AM BESTEN EHREN?

Das kommt ganz darauf an. Bei jeder Seele wird das anders sein. Das Wichtigste ist, dass sie nicht auf einem Egotrip sind. Sie schätzen es sehr, wenn sie erkennen, dass sie dein Leben positiv beeinflusst haben. Sie wollen, dass du diesen »Input« weiterträgst und anderen Menschen etwas gibst. Wenn du das in ihrem Namen tust, so ist das auch tröstlich für dich. Damit sind die Seelen zufrieden!

Im Allgemeinen ist der höchste Tribut einer, der die Persönlichkeit des Verstorbenen mit einbezieht.

Ich kannte eine Frau, die im Namen ihres verstorbenen Sohnes ein Stipendium ausschrieb. Jedes Jahr bezahlte sie die volle Studiengebühr für einen Studenten an dem College, das ihr Sohn hatte besuchen wollen. Wenn sie einen künftigen Stipendiaten auswählte, suchte sie immer nach einer besonderen Persönlichkeit. Ihr Sohn hatte Ingenieur werden wollen, kam aber auf tragische Weise ums Leben, bevor er das Studium aufnehmen konnte. Und so vergab sie das Stipendium immer an Menschen, die in Neigung und Charakter ihrem Sohn entsprachen.

Obwohl ihr Junge seine Ziele im Leben nicht verwirklichen konnte, ehrte sie so sein Andenken.

Du musst dich allerdings nicht krummlegen, um ein Vermächtnis deiner Lieben zu bewahren. Wir glauben immer, wir müssten zu diesem Zweck etwas »Großes« bewerkstelligen – eine Statue aufstellen oder ein Stipendium aussetzen. Die »Toten« denken nicht so. Sie freuen sich, wenn du brauchen kannst, was sie dir beigebracht haben, und das auch an andere weitergibst.

Ein Artischocken-Memorial

Eine Seele, mit der ich in Kontakt kam, war hellauf begeistert, weil ihre Tochter ihr Andenken mit ihrem Lieblingsrezept ehrte. Bevor sie starb, hatte sie ihrer Tochter beigebracht, wie man ihre speziellen gefüllten Artischocken machte. Später gab die Tochter das mütterliche Spezialrezept wiederum an ihre Töchter weiter. Es wurde also über drei Generationen in der Familie zubereitet. Und nicht nur das: Man erzählte sich auch immer die Geschichten, die mit dem Gericht verbunden waren. Ein wunderbares Andenken an die Verstorbene!

Wie du vielleicht schon festgestellt hast, können alte Leute sehr nostalgisch werden. Für sie ist es wichtig, dass die Familie ihre Geschichten und Erinnerungen als Teil des familiären Erbes betrachtet.

Stabübergabe

Ein anderer Weg, das Andenken an unsere Lieben im Geist zu ehren, ist es, Erfahrungen zu machen, von denen sie immer geträumt haben, auch wenn sie nie die Zeit dazu hatten.

Ich gab einmal ein Reading für eine Dame, und ihr Vater kam zu uns durch. Er war Fotograf gewesen, und sein Beruf hatte ihn in aller Herren Länder geführt. Er redete immer davon, dass er eines Tages ein Buch über seine Abenteuer schreiben würde, aber er starb, bevor er dazu kam. Nach seinem Tod sah seine Tochter all seine Tagebücher und Fotos durch. Diese inspirierten sie, das Buch selbst zu schreiben. Am Ende ließ sie es als Kinderbuch veröffentlichen mit all seinen Fotos und Bildern. Sie hätte das nie gemacht, wenn er nicht gestorben wäre – und nehmen wir den Stab an, den unsere Vorfahren uns übergeben möchten, dann stehen sie uns geistig bei.

Meine Großmutter war ein Medium zu einer Zeit, als das noch nicht allgemein akzeptiert wurde. Sie hatte nicht die Freiheit, ihre Gabe offen mit anderen zu teilen. Indem ich nun selbst als Medium tätig bin, habe ich das Gefühl, ihr Andenken zu ehren. Und ich spüre, wie sie mich bei jedem einzelnen Schritt unterstützt.

Ich empfinde es so, dass ich den Stab der medialen Veranlagung angenommen habe, den meine Großmutter mir hinterließ. Nun laufe ich damit – und ich weiß, dass sie mich anfeuert.

WEISS MEIN LIEBER MENSCH IM HIMMEL, DASS ICH SEINE HABSELIGKEITEN AUSSORTIERT HABE?

Kurze Gegenfrage: Hast du alles einfach nur weggeworfen oder aber gespendet?

Es gab da mal eine Frau, die ein Messie war. Sie hatte unendlich viele alte Möbel und Kunstwerke und sagte immer zu ihren Kindern: »Das ist euer Erbe.« Sie hielt ihre Besitztümer für kostbar, aber als nach ihrem Tod jemand die ganzen Sachen schätzte, hieß es, sie hätten so gut wie keinen Wert. Die Familie verkaufte, was noch ein bisschen einbrachte, und verschenkte den Rest an gemeinnützige Organisationen.

Als die Töchter für ein Reading zu mir kamen, waren sie überzeugt, dass ihre Mutter sich fragte, was wohl aus all ihren Sachen geworden war.

Sie hätten sich gar nicht sorgen müssen. Kaum war die Frau in der himmlischen Welt angekommen, betrachtete sie ihre früheren Besitztümer als das, was sie waren – einfach nur irgendwelche Gegenstände. Und sie sah auch, wie diese Sachen ihre Familie nicht so glücklich machten wie einst sie selbst. Sie bat mich, ihnen zu sagen, ihr seien die Möbel und alles andere nicht wichtig. Sie wünschte sich nur, dass ihre Kinder ihre Liebe vom Himmel her spürten.

Sogar meine Familie macht sich deshalb Sorgen!

In meiner italienischen Familie ist es der Brauch, bestimmte Gegenstände aufzubewahren, um sie einmal einem Familienmitglied zu vererben. Meine Großmutter besaß ein wunderschönes Porzellanservice, das sie ihrem Neffen zur Hochzeit schenken wollte. Meine Mutter bewahrte das Service zwanzig Jahre lang auf und wartete, dass der Mann endlich seine Langzeitfreundin heiratete. Schließlich gab sie es auf und schenkte ihm das Service auch ohne Trauschein. Die beiden gingen später auseinander, und die Freundin nahm das Service mit. Als er dann endlich doch noch heiratete, war kein Service mehr da. Meine Mutter dachte, die Großmutter würde deswegen enttäuscht sein. Aber ich hatte von ihr eine Botschaft erhalten, und es stellte sich heraus, dass sie das Service überhaupt nicht kümmerte. Ihr Neffe hatte die Möglichkeit gehabt, es für sich zu behalten, und das war alles, was sie wollte. Aus ihrer neuen Perspektive heraus war das Ganze für sie nicht weiter wichtig.

Bei einer meiner Veranstaltungen meldete sich eine Seele, hellauf lachend, weil ihre Tochter versehentlich ihre Asche weggeworfen hatte. Das Mädchen hatte die Asche der Mutter immer wieder in eine andere Urne umgefüllt, die zur neuen Einrichtung passte. Als sie dann wieder einmal umzog, warf sie versehentlich die Urne weg, in der die Asche noch drin war! Sie war entsetzt, als sie hörte, ihre

Mutter habe alles beobachtet. Und gleichzeitig erleichtert, weil diese im Geist immer noch bei ihr weilte, auch wenn die Asche längst fort war. Sie freute sich zu hören, dass es ihrer Mutter gut ging und sie nicht auf einer Müllhalde herumspuken musste, wo die Asche wohl am Ende gelandet war.

BEKOMMEN WIR DIE CHANCE, ALLES NOCH MAL VON VORN ANZUFANGEN?

Als Medium habe ich nie viel über Reinkarnation gehört. Das hat seinen Grund. Die Seelen, mit denen ich spreche, sind im Himmel. Sie haben uns etwas zu sagen, wollen ihre Erinnerungen oder Lektionen mit uns teilen. Sie kommen nicht zu mir durch, um mir zu sagen, dass sie reinkarniert sind. Doch das ist weiter keine Überraschung. Sie sind irgendwo anders. Aber nach allem, was ich von ihren Botschaften verstanden habe, kommt Reinkarnation nur selten vor.

Ich verstehe die Reinkarnation auch nicht. Ich persönlich möchte nur einmal leben. Aber es gibt Seelen, die ihre Zeit auf der Erde in einer neuen Form durchleben müssen. Und wenn das so ist, dann fangen sie ihr Leben wieder von vorn an.

So wie ich das verstehe, findet eine Reinkarnation nur dann statt, wenn in unserem Leben etwas vorzeitig abgebrochen wurde, sodass wir unsere Lebensaufgabe nicht erfüllen konnten. Wir kommen mit einer Landkarte hier auf Erden an, mit dem, was manche Menschen »Schicksal« nennen. Vielleicht geht es darum, uns weiterzuentwickeln, unsere Seelengefährten kennenzulernen und etwas zum Leben und der Gesellschaft beizutragen. Jeder Mensch hat ein eigenes Schicksal.

Wenn da nun eine Seele ist, die ihr Leben verschwendet und weit vom Weg abkommt, dann hat sie vielleicht nicht die Möglichkeit, die Aufgabe zu erfüllen, für die sie geboren wurde. In seltenen Fällen entscheidet sie sich dann womöglich, das Ganze noch einmal anzupacken, damit sich das ursprüngliche Schicksal erfüllen kann.

Ich habe von der geistigen Welt erfahren, dass dies zum Beispiel bei Kindern passieren kann, die im Mutterleib oder kurz nach der Geburt sterben.

Ich gab einmal ein Reading für eine Frau, die häufig schwanger wurde, aber nie ein Kind gebar. Tatsächlich hatte sie nie eine Schwangerschaft zu Ende bringen können. Sie hatte Eileiterschwangerschaften, und dieselbe Seele versuchte immer wieder, in sie einzutreten. Das passiert nicht allzu häufig. Viele Babys warten im Himmel auf ihre Mütter, Väter und Geschwister. Die Seele geht gewöhnlich in den Himmel ein und versucht nicht, sich noch einmal zu inkarnieren.

Du denkst vielleicht, dass viele Kinder Reinkarnationen sind, aber ich habe das durch meine Kontakte zur geistigen Welt nie so zu hören bekommen.

Alle Religionen glauben Unterschiedliches. Ich bin nicht der Mensch, der dies zurückweisen oder bestätigen kann. Ich weiß nur, was ich von den Seelen erfahren habe, die zu mir durchkamen.

WIE SIEHT EINE SEELE AUS?

Die Seele ist die perfekte Ausgabe des Verstorbenen. Deine Seele, das bist du ohne jeden Fehler und ohne Krankheit. Ich stelle mir die meine immer zehn Pfund leichter vor, als ich in Wirklichkeit bin. Und natürlich ohne graue Haare.

Wie das funktioniert? Wenn du auch nur ein bisschen so bist wie ich, dann gibt es bestimmte Orte in deinem Heim, an denen das Licht perfekt ist und du immer gut aussiehst. Und dann gibt es da Orte oder Momente (zum Beispiel bei Zoom-Anrufen), die so wenig schmeichelhaft sind, dass du dich am liebsten gar nicht ansiehst. Du bist immer noch derselbe Mensch, aber du erscheinst anders. Du wirst dich freuen zu hören, dass deine Seele stets das Beste an dir widerspiegelt, wie dein Lieblingsspiegel zu Hause.

Ich habe Readings mit Seelen gehalten, die zu ihren Lebzeiten Gliedmaßen verloren hatten. Und wenn sie zu mir durchkommen, sind sie gesund und heil, so wie sie vor der Verletzung waren. Und es geht dabei nicht nur um körperliche Verletzungen. Auch geistige Störungen wie Depressionen werden herausgefiltert, wenn die Seele den Übergang vollzieht.

Wie alt wärst du, wenn du nicht wüsstest, wie alt du bist?

Was fällt dir dazu ein? Ja, genau so alt ist deine Seele.

Hast du dir je Fotos von dir angeschaut, die zehn oder zwanzig Jahre alt sind? Und dich dabei gefragt, ob das nun dein *wahres Ich* war? Manche Menschen tauschen ihr Bild in den sozialen Medien nie aus, weil sie denken, sie sähen immer noch so aus und fühlten sich auch so. Ich habe eine Freundin, die den Tag fürchtet, an dem man ihr nahelegt, ein neueres Führerscheinfoto zu machen, denn sie liebt das vorhandene, auch wenn es zehn Jahre alt ist.

Ganz ehrlich, die Seele hat nicht viel zu tun mit der körperlichen Erscheinung. Sie spiegelt vielmehr deine wahre, reine Essenz wider. Wenn du je einen Verstorbenen im Traum gesehen hast, dann weißt du, wie ein geistiges Wesen aussieht. Sie erscheinen in deinen Träumen als ihr wahres, ideales Selbst.

Ich verstehe, dass es schwierig ist zu begreifen, wie eine Seele konkrete Form annehmen kann. Vergiss nicht: Die Seele ist pure Energie, eine Reflexion dessen, was der Mensch im Leben war und wie er auf andere gewirkt hat.

Ich gab einmal ein Reading für eine Frau, deren eineiige Zwillingsschwester bei der Geburt gestorben war. Zuvor hatten wir uns unterhalten, und sie meinte, die Nähe, die sie im Mutterleib zu ihrer Zwillingsschwester empfunden habe, sei nie ganz verloren gegangen. Ihre Schwester war in ihren Gedanken immer präsent. Sie sah in den Spiegel und fragte sich, wie sie wohl aussähe, wäre sie noch am Leben. Wie sie sich wohl kleiden und das Haar tragen würde. Sie war wirklich gespannt, wie alt ihre Schwester wäre, wenn sie sich meldete. Sollte sie etwa ein neugeborenes Baby sein? Während des Readings kam die Schwester zu uns durch, und sie war genauso alt wie die Frau, die das Reading bekam. Im Himmel ist sie alterslos, aber ich sah sie als Spiegelbild ihrer Zwillingsschwester.

TIEFER EINSTEIGEN

Eine Rezeptbox voller Erinnerungen

Nachdem meine Großmutter gestorben war, bewahrte meine Mutter ihre Rezeptbox auf, in der all ihre Gerichte auf Karteikarten festgehalten waren. Diese Kiste lag meiner Mutter sehr am Herzen, denn immer wenn sie eines von Omas Lieblingsgerichten zubereitete, holte sie die Notizen in ihrer Handschrift heraus (verziert mit Tomatenmark und Olivenölspritzern). Sie sagte immer, sie habe dann das Gefühl, ihre Mutter sei beim Kochen dabei. Meine Oma war Italienerin, und natürlich fanden sich auf den Karten viele von uns hochgeschätzte Köstlichkeiten!

Aber nicht jeder Mensch ist ein guter Koch. Und da es mittlerweile online so viele Rezepte gibt und Videos, die sie genau erklären, sind Rezeptboxen beziehungsweise Kochbücher ein wenig aus der Mode gekommen.

Daher bin ich auf die Idee gekommen, die Sache mit den Rezeptboxen ein bisschen zu variieren und ein Schatzkästlein mit Erinnerungsstücken daraus zu machen. Such dir ein Behältnis aus, das du mit der verstorbenen Person in Verbindung bringst. Der alte Schmuckkasten deiner Mutter zum Beispiel oder die Zigarrenschachtel deines Großvaters. Befestige darin ein Foto des Dahingeschiedenen, und sammle ein paar Gegenstände, die ihm wichtig waren. Ein paar Briefe oder Notizen in seiner Handschrift. Dann kannst du anfangen, darin weitere Erinnerungen zu sammeln! Schreib etwas über die schönen Zeiten, die ihr zusammen hattet. Und wenn du nicht so gern viel schreibst, dann mach dir Notizen auf der Rückseite der Fotos. Hake nach bei allen Menschen, die den Verstorbenen oder die Verstorbene gekannt haben.

Wann immer du dich nach deinem lieben Menschen sehnst oder

seine Präsenz spüren möchtest, kannst du die Box öffnen und in die Erinnerungen eintauchen. Du kannst sie mit anderen Angehörigen teilen oder sie bei Festen vorzeigen. Achte darauf, dass die Box »lebendig« bleibt, indem du neue Erinnerungen, Fotos und anderes hinzufügst, was für dich deinen lieben Menschen repräsentiert.

Ich verspreche dir, du wirst dieses Schatzkästlein sehr mögen. Und jedes Mal, wenn du es aufmachst, stärkst du das Band zu dem Menschen im Himmel.

· 6 ·

Frag das Medium

»Medien sprechen eine Sprache, die sowohl die Lebenden als auch die ›Toten‹ verstehen.«

KANN EIN MEDIUM MIR EIN READING GEBEN, WENN WIR NICHT IM SELBEN RAUM SIND?

Ja, absolut. Man stellt mir diese Frage immer wieder. Meist sind sie überrascht zu erfahren, dass einige meiner besten Readings übers Telefon oder über FaceTime stattgefunden haben. Sieh das doch mal so: Wenn ich Botschaften von Seelen auf der anderen Seite aufnehmen kann, ist es ja wohl kein Kunststück, Menschen in dieser Welt zu erreichen. Ich arbeite gern mit Videocalls, aber in letzter Zeit ziehen die Leute klassische Telefonanrufe vor, konnte ich feststellen. Wie ich haben auch sie gelernt, dass das am besten funktioniert, was für das Medium und die Person, die das Reading bekommt, am wenigsten Ablenkung bietet.

Ich habe ferner festgestellt, dass ich mitunter erstaunliche Details übers Radio erfahre. Das funktioniert genauso wie bei einem Telefongespräch. Ich bekomme die klarste Verbindung, wenn ich weder den Gesichtsausdruck noch die Reaktionen der Menschen sehen kann, welche die Botschaft erhalten. Aus demselben Grund bitte ich die Leute immer, mir keine langen Antworten zu geben oder während eines Readings Informationen zu liefern. Es ist am besten, wenn die geistige Welt die Kommunikation steuert!

Eines kann ich mit Sicherheit sagen: Wenn ein Medium darauf besteht, dich persönlich zu sehen oder das Reading per Videoanruf zu machen, dann ist das ein Alarmzeichen. Es kann bedeuten, dass dieser Mensch visuelle Anhaltspunkte braucht, um eine Botschaft zu konstruieren.

Und noch etwas: Ich gebe Readings am liebsten für eine einzelne Person, denn die Seele, die du kontaktieren möchtest, kommt besser durch, wenn du allein bist. Ich betone dies immer wieder, wenn ich ein privates Reading gebe. Manche Leute verstehen das aber nicht und müssen einfach die Regeln brechen.

Das ist kein Gemeinschaftsanschluss!

Ich gab einmal ein Reading für eine Frau, und ihr Mann kam zu mir durch. Zumindest dachte ich das! Ich sagte: »Ihr Mann hat eine Botschaft für Sie.«

»Nein, nein, nein!« Sie schwor, dass ihr Mann nicht tot war. Ich war verwirrt, denn die Seele blieb bei ihrer Aussage. Ich bat um mehr Einzelheiten und erhielt den Namen Henry.

»Waren Sie je mit einem Mann namens Henry verheiratet?«

Oh, oh! Die Frau wurde ganz still. Dann gestand sie kleinlaut: »Das ist der Mann meiner Freundin. Sie hört auf der anderen Leitung mit.« Nun, die Freundin hatte ein tolles Reading. Für die Frau, die bezahlt hatte, kam niemand durch.

Es ist auch nicht immer der Fehler des Klienten, wenn die Leitungen sich quasi kreuzen. Manchmal weiß eine Seele zwar, dass nicht sie gemeint ist, kümmert sich aber nicht darum.

Reden, ohne gefragt zu sein

Ich kann mich noch gut an einen meiner Radioauftritte erinnern. Die Moderatorin fragte, ob ich irgendeine Botschaft bekäme. Ein Vater meldete sich, der bei einem schlimmen Autounfall ums Leben gekommen war. Ich erhielt viele Einzelheiten übermittelt, aber keine, die der Moderatorin irgendwie bekannt vorkamen. Mittendrin meldete sich plötzlich die Produzentin. Das passiert bei einer Radiosendung eigentlich nie, aber sie konnte nicht mehr an sich halten. Die Seele, die zu uns durchkam, war ihr Vater. Die Moderatorin war ein wenig verärgert! »Das ist meine Show. Ich sollte das Reading bekommen.«

Aber das geistige Wesen musste unbedingt die Produzentin erreichen, weil es mit ihr noch einiges zu klären gab. Der Mann war ganz plötzlich verstorben und hatte sich von seiner Tochter nicht verabschieden können.

Danach meldete sich auch noch jemand für die Moderatorin, aber es war nicht die Person, von der sie hatte hören wollen. Es war einfach nicht ihr Tag!

Die Leute denken immer, sie müssten das Medium persönlich treffen, doch das ist überhaupt nicht wichtig. Tatsächlich ist eher das Gegenteil wahr. Einiges allerdings solltest du berücksichtigen, wenn du ein exaktes Reading möchtest. Darüber werden wir uns gleich unterhalten.

ICH HABE KEIN GUTES READING BEKOMMEN: WAS IST PASSIERT?

Zunächst einmal musst du wissen, dass alle medial und übersinnlich begabten Menschen eben auch nur Menschen sind. Manchmal haben sie einfach einen schlechten Tag. Als Medium muss ich fit sein, wenn ich ein Reading mache oder eine Veranstaltung gebe, denn der

Kontakt zur anderen Seite ist sehr anstrengend. Daher habe ich eine »Vorbehaltsklausel« in meinem Vertrag für private Readings. Ich behalte mir die Möglichkeit vor, das Reading zu verschieben, falls ich Migräne oder eine Grippe habe. Wenn ich mich nicht gut fühle, wird sich das auf das Reading auswirken. Ich aber möchte, dass meine Klient*innen das bestmögliche Reading bekommen.

Wegen dieser Vorbehaltsklausel zieht sich manches einfach in die Länge. So war ich einmal auf einer Tournee durch das ganze Land, als ich einen Nierenstein bekam. Die Menschen hatten Monate auf das Ereignis gewartet, und der Veranstalter erlaubte mir nicht, meinen Auftritt zu verschieben. Man fütterte mich massenweise mit Medikamenten, ehe man mich praktisch auf die Bühne hinausschob. Und ich kann dir sagen: Auf dieser Tour sah ich viel mehr als nur »Tote«!

Die geistigen Wesen meldeten sich trotzdem bei dieser Veranstaltung, aber die Botschaften gerieten ein wenig durcheinander, und die Einzelheiten waren nicht so klar wie sonst. Ich glaube nicht, dass mein Publikum etwas davon mitbekam, mir aber fiel es durchaus auf. Ich wusste, dies war nicht meine beste Leistung.

Alles, was mein Gehirn beeinflusst, seien es Medikamente, Nebenhöhlenentzündungen oder Migräne, kann meine Readings beeinträchtigen.

Im Allgemeinen lasse ich mich nicht davon beeinflussen, wenn ich ansonsten schlechte Laune habe oder dergleichen. Führe ich einen Disput mit meiner Familie oder plagen mich irgendwelche Alltagssorgen, kann ich das ausblenden. Das war nicht immer so, aber ich habe gelernt, mir vor einer Veranstaltung eine halbe Stunde Zeit zu nehmen, um mich zu zentrieren. Ich würde nicht unbedingt sagen, ich meditiere, aber ich habe da eine eigene Technik entwickelt, um meinen Geist zur Ruhe zu bringen und mich zu konzentrieren. So eine Art Meditation im Matt-Fraser-Style.

Wie jeder Profi habe ich eigene Rituale, um sicherzustellen, dass ich meinem Publikum und meinen Klient*innen das geben kann, weswegen sie zu mir gekommen sind. Wenn ich mich auf ein Reading vorbereite, esse ich davor nichts und trinke nur Wasser oder Kaffee. Am Tag einer Veranstaltung nehme ich bewusst keinen Tropfen Alkohol zu mir. Ohnehin mochte ich Alkohol nie besonders, weil er meine Sinne betäubt, und dazu gehört auch meine mediale Begabung.

Ich bin das nicht, das bist du!

Manchmal habe ich einen richtig guten Tag und das Gefühl, die Readings treffen absolut ins Schwarze. Nur der Klient ist damit nicht glücklich. Das hat in erster Linie mit einem mangelnden Verständnis für die Tatsache zu tun, dass die geistige Welt das Reading lenkt! Manche kommen zu einem Reading mit sehr präzisen Vorstellungen. Als hätten sie vor Beginn schon alles geplant. Diese Leute entscheiden im Kopf schon vorher, wen sie hören wollen und was die Seele ihnen sagen soll.

An dieser Stelle sei mit aller Deutlichkeit gesagt: So läuft das nicht. Ich kann nicht kontrollieren, wer oder was da durchkommt. Ein Medium kann eine Anfrage stellen, und meistens erscheint dieser bestimmte Mensch dann auch. Aber die Seelen im Himmel haben ihre eigenen Vorstellungen, und selbst das beste Medium kann sie nicht zwingen, sich zu melden, wenn sie dazu nicht bereit sind.

Und noch ein Tipp: Es ist wichtig, dir ein Medium zu suchen, das dir von der Persönlichkeit her zusagt. Du solltest dir auch Klarheit darüber verschaffen, welche Spezialisierung dieses Medium hat. Ja, es gibt auch hier Spezialisten! Es gibt Medien, die eine Verbindung zu deinen lieben Verstorbenen herstellen. Übersinnlich begabte

Menschen können dir Führung für dein eigenes Leben geben. Und dann gibt es da noch medizinische Medien für gesundheitliche Probleme und Medien, die auf Haustiere spezialisiert sind …

90 Prozent Übereinstimmung ist eine glatte Eins

Ein gutes mediales Reading sollte zu etwa 90 Prozent korrekt sein. 100 Prozent sind selten, weil die Visionen ja nicht immer kristallklar sind. Manches geht eben bei der Übersetzung verloren. So habe ich vielleicht eine Vision, die deinen Ehemann auf einem Motorrad zeigt, während er in Wirklichkeit ein Moped hatte. Jede Wahrnehmung passiert den Filter »Medium« und hängt daher von dessen Bezugsrahmen ab. Vielleicht hat deine Oma immer Canasta gespielt, aber ich sehe es als Bridge, weil ich mich bei Kartenspielen nicht gut auskenne!

Manche Geister sind schlechte Kommunikatoren. Wenn dein Vater zu Lebzeiten kein Mann von vielen Worten war, dann wird er auch in der himmlischen Welt nicht durch Eloquenz glänzen und dem Medium alle Einzelheiten liefern, die für ein klares Reading nötig wären.

Oder du fragst dich: »Wovon redet dieses Medium überhaupt?« Auch wenn du nicht verstehst, was durchkommt, solltest du dir während des Readings oder zumindest gleich danach Notizen machen. Manche Einsichten schlagen vielleicht nicht sofort ein wie der Blitz, sondern dämmern dir erst später.

Das Entscheidende ist: Du musst dem Medium vertrauen, bevor du ein Reading buchst. Mundpropaganda ist am besten, aber wenn du niemanden kennst, der über die Person Bescheid weiß, dann stell einfach selbst Nachforschungen an. Schau dir die Webseite der Person an, und vertraue auf deine Intuition.

UND WENN DER GELIEBTE MENSCH BEIM READING NICHT ZU MIR DURCHKOMMT?

Wenn die Seele, zu der du Verbindung suchst, nicht durchkommt, muss das noch nichts heißen. Es kann viele Gründe geben, warum dieser Mensch sich im Moment nicht äußern will. Das bedeutet nicht, dass die Person nicht im Himmel ist, sondern nur, dass es Faktoren gibt, welche die Verbindung zu dieser Zeit und an diesem Ort blockieren. Die häufigsten Gründe dafür sind:

1. **Das Timing passt nicht:** Normalerweise bedeutet dies, dass es noch zu früh ist. Wenn eine Seele den Übergang hinter sich hat, muss sie den »Lebensrückblick im Geist« vollziehen. Das ist ein Übergangsprozess, bei dem die Seele negative Einflussfaktoren wie Ärger, Groll und Bedauern loslässt, an denen sie hier auf Erden festgehalten hat. Das kann man sich so vorstellen wie einen Umzug in eine neue Wohnung – die Seele muss sich erst vollständig eingerichtet haben, bevor sie zur Kommunikation bereit ist.
2. **Die Trauer ist noch zu frisch:** Die geistige Welt versucht vielleicht, dich zu erreichen, aber Trauer zieht eine Wand zwischen den »Toten« und den Lebenden hoch. In der Trauer stellen wir uns selbst infrage, unsere Lieben und manchmal sogar unseren Glauben. Extreme Trauer schneidet dich emotional und energetisch von allem ab, was zum Problem werden kann. Du musst offen und bereit sein, damit die geistige Welt zu dir durchdringen kann.
3. **Die Botschaft würde dir nicht helfen:** Seelen kommen nicht einfach zu uns durch, um kurz mal Hallo zu sagen. Ihr Ziel ist es, uns eine Botschaft zu schicken, die uns zu einem besseren Leben verhilft – indem wir eine Lektion lernen, mit etwas abschließen können oder schlicht Heilung finden. Wenn sie nichts Sinnvolles zu sagen haben oder nicht glauben, dass du von der Nachricht profitieren wirst, dann warten sie eine bessere Zeit ab.

Ihr Wunsch ist es, dass du dich auf das Leben konzentrierst, statt ständig an sie zu denken und sie zum Mittelpunkt deiner Existenz zu machen. Aus diesem Grund achten sie peinlich genau auf das Timing und den Wert ihrer Worte, bevor sie uns etwas mitteilen.

Vergiss nie, dass die geistige Welt zu uns durchkommt, weil unsere Lieben uns etwas zu sagen haben. Sie werden den Kontakt zu dir suchen, wenn du Schwierigkeiten hast oder vor einer Herausforderung stehst – oder weil sie ein wichtiges Gespräch führen wollen, das sie auf Erden nicht zu Ende bringen konnten.

Wenn deine Lieben bei einem Reading nicht zu dir durchkommen, heißt das nicht, dass sie nicht bei dir sind. Sie warten nur einfach, bis sich für euch beide der richtige Moment einstellt, um einige Worte zu wechseln. Sie melden sich, wenn die richtige Zeit gekommen ist. Und während du wartest, lernst du am besten, die Zeichen zu lesen, mit denen sie dir signalisieren wollen, dass sie bei dir sind.

WIE LANGE SOLLTE ICH ZWISCHEN ZWEI READINGS WARTEN?

Ein Reading ist eine gute Möglichkeit, um Einsichten zu gewinnen beziehungsweise Informationen oder Instrumente zu bekommen, die dein Leben verbessern. Trotzdem empfehle ich höchstens ein Reading im Jahr. Gewöhnlich erhältst du dabei so viele Informationen, dass es für ein Jahr reicht. Vergiss nicht: Du sollst dein Leben selbstständig führen, nicht ununterbrochen Führung bei der himmlischen Welt suchen.

Auch wenn die Seelen alles sehen können, so sind sie doch nicht da, um dir Antwort auf alle Fragen zu geben! Es ist unmöglich, das Leben quasi auszutricksen und immer die richtigen Entscheidungen zu treffen. Wir sind darauf ausgelegt, durch Versuch und Irrtum zu lernen. Es ist absolut normal, unsicher zu sein und gelegentlich eine falsche Entscheidung zu treffen. Die Seelen im Himmel wissen, dass du einen freien Willen hast, und sie wollen dir helfen, dich in erster Linie auf dich selbst zu verlassen. Wenn es angemessen ist, werden sie dir Rat erteilen, aber sie können nicht für dich entscheiden. Das möchten sie auch gar nicht, denn sie wollen ja, dass du wächst und dich weiterentwickelst.

Wenn ein geliebter Mensch stirbt, solltest du ein Jahr warten, bevor du eine Sitzung mit einem Medium buchst. Dann wird nicht nur die Botschaft kraftvoller sein, du bist auch eher bereit, sie zu vernehmen. Kannst du nicht so lange warten oder sagt deine Intuition dir, dass da etwas ist, was du erfahren solltest, dann empfiehlt sich statt eines Einzel- doch ein Gruppen-Reading. Einzel-Readings sind wie gesagt vorzuziehen, doch auch bei einem Gruppen-Reading kannst du von dieser besonderen Person hören oder von jemand anderem, der dir nahestand. Sogar wenn du selbst keinen direkten Kontakt zu einer Seele bekommst, wird es dich inspirieren, Zeuge oder Zeugin der vielen Botschaften an die anderen Teilnehmer zu werden. Du kannst sicher sein: Wenn die Zeit gekommen ist, wird dein geliebter Mensch mit einer ganz besonderen Botschaft für dich durchkommen.

WOHER WEISS ICH, OB EIN MEDIUM ODER EIN HELLSEHER ES WIRKLICH DRAUFHAT?

Stellst du dir diese Frage, besteht eine gewisse Wahrscheinlichkeit, dass du auf jemanden intuitiv mit Vorsicht reagiert hast. Wenn du glaubst, dass es so etwas wie eine mediale Veranlagung gibt, aber Zweifel an einer bestimmten Person hast – halt dich von ihr fern. Das ist nicht das richtige Medium für dich.

Vertraue auf deine Intuition. Mach dich schlau, und achte auf deine Gefühle. Das ist wie bei einem ersten Date. Wenn irgendwo die Alarmglocken schrillen und du dich nicht wohlfühlst, steh auf und geh!

Mit einem Medium zu sprechen, solltest du empfinden, als würdest du mit einem Freund reden, der dich einfach »versteht«. Gleichzeitig konzentriert sich das Medium idealerweise auf dich. Die Person sollte nicht zu viel über sich reden, und Vorsicht, wenn es wirkt, als wolle sie dir etwas verkaufen. Mach einen weiten Bogen um jedes Medium, das dir Angst einjagen will und behauptet, auf dir läge ein Fluch oder Schadenszauber. Dahinter steckt nur die Absicht, dir Geld aus der Tasche zu ziehen. Ich weiß nicht, wie viele Anrufe ich schon von Leuten bekommen habe, die mir erzählten: »Ein Medium hat mir gesagt, auf mir läge ein Fluch. Und wenn ich bezahle, würde es diesen von mir nehmen.« Das ist ein eindeutiges Alarmzeichen: *Finger weg davon!*

Wir sprachen gerade darüber, dass ein Einzel-Reading pro Jahr eigentlich ausreichend ist. Ein Medium sollte also nicht versuchen, dir eine Flatrate anzudrehen. Ich bin sicher, ich gebe meinen Klient*innen alle Informationen, die ich im Augenblick des Readings bekomme. Deine Lieben im Himmel mögen es bekanntlich nicht, wenn du zu viel Zeit mit einem Medium verbringst. Erstens haben sie ohnehin nicht immer nützliche neue Informationen für dich. Und zweitens wollen sie, dass du dein Leben lebst.

Die Aufgabe eines Mediums

Darüber hinaus macht ein aufrichtiges Medium keine Versprechungen. Natürlich sollte es in der Lage sein, dir eine Botschaft zu übermitteln, aber der Kontakt zu einer Seele ist keine exakte Wissenschaft. Die Seele bestimmt, ob sie durchkommen will, nicht das Medium.

Wenn ein Medium eine Nachricht für dich hat, sollte es dir Bescheid geben. Bei einer meiner Veranstaltungen konnte ich einer Frau ein gutes Reading geben. Im Anschluss daran wurde sie von einem anderen Medium angesprochen: »Ihr Vater hat Ihnen noch mehr zu sagen!« Diese Person gab der Frau ihre Karte, wollte aber erst einmal Geld sehen, bevor sie ihr diese zusätzlichen Botschaften ausrichten würde …

Wenn du ein Medium bist, hast du keine »Öffnungszeiten«. Wenn ich im Supermarkt oder bei Starbucks ein geistiges Wesen sehe, das eine bestimmte Person begleitet, und ich das Gefühl habe, es sei wichtig, Kontakt aufzunehmen, gehe ich auf die Person zu und sage ihr das mit dem angemessenen Respekt und der gebotenen Distanz. Und ich achte darauf, ob dieser Mensch für die Botschaft auch bereit ist. Aber ich schleife ihn nicht in eine meiner Veranstaltungen oder so. Und wenn die angesprochene Person einverstanden ist, übermittle ich die Information an Ort und Stelle.

Natürlich mache ich Veranstaltungen oder buche Readings für Personen, aber meine Hauptaufgabe ist es, die Botschaft aus der geistigen Welt zu den Menschen auf Erden zu bringen, nicht ständig neue Klient*innen zu gewinnen.

KANN MEIN GELIEBTER MENSCH IM HIMMEL MIR SAGEN, WEN ICH HEIRATEN SOLL?

Deine Lieben im Himmel werden niemals für dich Entscheidungen treffen. Sie geben dir Führung, aber du musst dein eigenes Leben leben, und das heißt, du musst deine eigenen Entscheidungen treffen.

Manchmal aber kommt die geistige Welt durch und gibt dir Fingerzeige, was bestimmte Menschen angeht, die in deinen Umkreis treten. Die Seelen lassen dich vielleicht sogar wissen, wie sie über diese Person denken. Aber das war's dann auch schon. Ob du mit dieser Person dann ausgehst oder sie gar heiratest, ist einzig und allein deine Entscheidung.

Einmal suchte eine meiner Freundinnen meinen Rat in Herzensangelegenheiten. Sie war einsam und wollte jemanden kennenlernen. Gleichzeitig absolvierte sie eine Ausbildung zur Krankenschwester, die sie zeitlich voll in Anspruch nahm. Was das Ganze noch schwieriger machte, war die Tatsache, dass sie nicht unbedingt ein Partytyp war. Bei ihrem ernsthaften Naturell fiel ihr jeder Small Talk seit jeher schwer. Sie glaubte, keine Zeit für soziale Zusammenkünfte zu haben; und wenn sie sich mal ein paar Stunden dafür abzwackte, wurde sie erst recht entmutigt, weil sie dabei nicht »die richtigen Leute« traf.

Sie kam zu einem Reading und wollte wissen, ob sie jemals eine Partnerbeziehung eingehen würde. Mittlerweile hatte sie, was das anging, zwar alle Hoffnung fahren lassen, aber ihr Großvater kam durch und versicherte ihr, sie würde jemanden namens Ryan kennenlernen. Mit ihm würde sie eine tiefe Bindung eingehen. Dann merkte er noch an, sie sei halt nicht »wie andere Mädchen«. Sie war auch nicht der Typ, der locker jede Menge Männer datete. Und er versicherte ihr: »Wenn der Richtige kommt, dann geht es ganz schnell!«

Sie konnte das alles nicht so ganz glauben. In ihrem gesamten Bekanntenkreis gab es niemanden namens Ryan. Ich sprach zu ihr: »Mach dir keine Sorgen! Wart einfach ab.«

Ein Jahr später rief sie mich an – von Wolke sieben! Sie hatte einen wunderbaren Mann namens Ryan kennengelernt, und die beiden waren verlobt.

Manchmal verlieren wir die Hoffnung, und unsere Lieben kommen zu uns durch, um uns in der Spur zu halten. Sie wollen, dass wir der Zukunft hoffnungsfroh entgegensehen, nicht entmutigt.

Aber nicht alle Readings sind so eindeutig und klar wie dieses. Du lernst möglicherweise alle möglichen Männer und Frauen kennen, bevor du deinen Seelengefährten oder deine Seelengefährtin triffst. Dein Großvater sieht dich vielleicht mit einem Mann namens Steve – aber das muss nicht dein Seelengefährte sein. Steve ist vielleicht nur ein weiteres Date auf dem Weg zum Seelenpartner.

Eins aber macht mich regelmäßig fertig: Wenn die himmlische Welt jemandem vorhersagt, er werde einen bestimmten Menschen kennenlernen, und er oder sie dann von mir wissen will: »Aber werde ich diese Person auch mögen?«

Ja, die Seelen sehen deine Zukunft, aber sie erschaffen sie nicht. Sie arrangieren nicht vom Jenseits aus eine Ehe, auch wenn sie versuchen können, dir jemand zu schicken. Letztendlich aber bist du es, der entscheidet, ob du dich verliebst!

Ich möchte hier noch einmal ausdrücklich darauf hinweisen, dass ich nicht bei jedem Reading einen Namen höre. Die Seele gibt ihn mir nicht immer preis, auch wenn sie ihn kennt. In manchen Fällen geht sie davon aus, dass es dich zu sehr beeinflussen würde, wenn du diesen Namen erführest. Sie will ja nicht, dass du in jeder Nancy, die du triffst, deine künftige Partnerin siehst.

ICH HATTE EIN READING BEI EINEM HELLSEHER, ABER DIE PROPHEZEIUNG IST NICHT EINGETROFFEN. WARUM?

Es kann mehrere Gründe dafür geben, dass die Ereignisse nicht so eintreten wie vorhergesagt. Aber (und ich sage das immer wieder) die wichtigsten Gründe sind der freie Wille und das göttliche Timing.

Manchmal wird die Prophezeiung wahr, aber du stehst ihr im Weg!

Vor Kurzem interessierte sich eine Frau für eine Arbeitsstelle. Für sie wäre dies ein großer Karriereschritt gewesen, sie wollte die Stelle wirklich gern haben. Ihre Großmutter kam zu uns durch und meinte: »Ja, du wirst den Job bekommen!« Also bewarb die Frau sich und absolvierte ein Vorstellungsgespräch nach dem anderen. Schließlich bot man ihr die Stellung an. Sie war überglücklich. Die Tatsache, dass ihre Großmutter das vorhergesagt hatte, gab ihr Selbstsicherheit. Vielleicht ein bisschen zu viel.

Als man die Einzelheiten besprach, erfuhr sie, dass sie zwei Monate später anfangen und umziehen sollte. Sie aber wollte sechs Monate haben, um sich umzustellen, und ging keinen Millimeter von ihrer Forderung ab. Aufgrund des Readings dachte sie, sie müsse keine Kompromisse eingehen! Da lag sie falsch. Die Firma gab den Job dem nächsten Bewerber auf der Liste.

Sie rief mich an, um mir die ganze Geschichte zu erzählen. Sie war höchst verärgert! Ihre Großmutter aber kam durch und erklärte, sie hätte die Stellung ja bekommen, aber letzten Endes die Verhandlungen scheitern lassen, weil sie nicht auf die Forderungen des Unternehmens einging.

Was ihre Großmutter vorhergesagt hatte, war richtig, aber der freie Wille – und vielleicht ein bisschen zu viel Selbstsicherheit – hat dieser Frau den Weg letztlich doch verstellt.

Timing ist alles

Manchmal bewahrheitet sich eine Vorhersage nicht, weil die himmlische Welt ein anderes Timing vorgesehen hat. Ein Medium kann vorhersagen, dass du eine Beziehung mit einem Mädchen haben wirst, in das du verknallt bist. Daraufhin bittest du diejenige, mit dir auszugehen, aber sie lehnt ab und sagt dir, dass du für sie nur ein Freund sein kannst. Zehn Jahre später seht ihr euch beim Klassentreffen wieder, und es funkt. Du hast zehn Jahre lang gedacht, das Medium hätte sich getäuscht, aber das war nicht der Fall. Du hast nur die Zeitspanne nicht bedacht.

Zeit hat auf der anderen Seite einen anderen Stellenwert

Das bringt uns zu einem wichtigen Punkt. Bei medialen Readings ist die Zeit im Fluss. Die Zukunft verändert sich ständig. Es gibt alle möglichen Einflüsse, die den Ausgang bestimmen können. Nimm dein Reading als Leitlinie, ohne zu erwarten, dass man dir genau sagt, wann was stattfinden wird.

In meiner Familie gibt meine Mutter Readings als Geschenk oder Überraschung. Da meine Mutter Geschehnisse vorhersagt, die das gegenwärtige Leben eines Menschen betreffen, sieht sie in erster Linie Ereignisse, Jahrestage oder erbrachte Leistungen. Wir haben mittlerweile gelernt, dass wir aus dem Reading eine Art mediale Checkliste erstellen! Wir schreiben einfach alles auf, was sie sagt. Jeder in meiner Familie hat vier bis fünf Seiten von Vorhersagen von meiner Mutter.

Vor Kurzem zog Alexa ihre Reading-Checkliste hervor, um sie zu überprüfen. Wann immer sie etwas entdeckte, was eingetroffen war, schrieb sie das Datum daneben. Als sie die Liste studierte, merkte sie, dass einige der Prophezeiungen sofort eingetroffen waren, andere hatten Jahre auf sich warten lassen. Wir fanden es beide sehr interessant zu sehen, wie die Vorhersagen meiner Mutter sich im Laufe der Zeit eingestellt hatten.

Und während Alexa ihre Liste durchging, holte ich die Notizen hervor, die ich mir gemacht hatte, als ich zum ersten Mal selbst ein Medium aufsuchte, womit meine eigene Berufung konkret Gestalt angenommen hatte. Fast zwölf Jahre später finden einige der Ereignisse, die das Medium mir vorhergesagt hat, immer noch statt.

WIE KANN ICH MEINE CHANCEN ERHÖHEN, DASS MEIN LIEBER MENSCH BEI EINER GRUPPENSITZUNG DURCHKOMMT?

Wenn du zu einem Gruppen-Event gehst, gibt es keine Garantie, dass du für ein Reading ausgewählt wirst. Eines aber ist sicher: Was auch immer passiert, du wirst dich mit deinen Lieben im Himmel stärker verbunden fühlen.

Letztlich bestimmt die geistige Welt, was geschieht, aber einige Maßnahmen deinerseits sind ganz sinnvoll, wenn du (persönlich oder online) an einem Gruppen-Reading teilnimmst.

Setz dich einfach irgendwohin

Manche Leute meinen, sie müssten grundsätzlich in der ersten Reihe sitzen, aber eine Livedemonstration, wie mediale Kontakte ablaufen, ist kein Rockkonzert. Die Tickets für meine Veranstaltungen beispielsweise kosten alle dasselbe, und das hat seinen Grund.

Wenn du zu einem Reading kommst, musst du dir keine Gedanken darüber machen, wo du am besten Platz nimmst. Das ist nicht von Bedeutung. Falls einer deiner Lieben in der geistigen Welt eine Botschaft für dich hat, dann findet die Seele dich. Ich habe Botschaften für Leute, die ganz hinten sitzen, genauso häufig wie für Leute in der ersten Reihe. Das Wichtigste ist, dass du mit offenem Herzen und einer positiven Einstellung zu der Veranstaltung gehst.

Jedes Event ist eine Erfahrung in der Gruppe. Daher ist jeder Sitz ein guter Sitz. Wenn es sich um eine Mutter handelt, die ihren zu mir durchkommenden Sohn verloren hat, dann zieht es mich vielleicht in die äußerste linke Ecke des Raumes. Später fühle ich, dass die Frau, die ihre Schwester verloren hat, ungefähr in der Mitte sitzt. Wenn ich den Raum betrete, weiß ich nie, wohin die Botschaften gehen werden. Ich kann nur hinhören und den Anweisungen des geistigen Wesens folgen.

Sei achtsam und geduldig

Wenn dein lieber Mensch eine Botschaft für dich hat, wird sie durchdringen, wenn die Zeit gekommen ist. Botschaften vom Himmel kommen nicht immer dann, wenn wir uns das wünschen oder der Ansicht sind, dass wir eine bekommen sollten. Sie erreichen uns, wenn wir sie brauchen und sie erhalten sollen. Wenn ich sage: »Sei achtsam«, dann habe ich dafür meine Gründe. Wenn du dich zu sehr auf das konzentrierst, was du dir wünschst, dann verpasst du vielleicht eine wichtige Einsicht aus dem Reading eines anderen Menschen, die dir ebenfalls weiterhelfen könnte.

Vergiss nicht: Die Zeit spielt keine Rolle. Wenn dein lieber Mensch vor Kurzem verstorben ist, dann heißt das nicht, dass du mit höherer Wahrscheinlichkeit von dieser Seele hörst. Häufig sind es die Seelen, welche schon vor langer Zeit aus dieser Welt geschieden sind, die am kraftvollsten durchkommen. Wenn du bei einem Reading keine Botschaft bekommst, bedeutet das nicht, dass dein lieber Mensch nicht mit dir reden will. Vielleicht stimmt einfach der Zeitpunkt nicht, oder es gibt andere Seelen, die für andere Menschen im Saal eine wichtigere Botschaft haben.

Bring Erinnerungen mit, keine Erinnerungsstücke

Besitztümer helfen nicht, wenn es darum geht, bei einem Gruppen-Reading eine Botschaft zu erhalten. Deine Lieben haben eine enge Verbindung zu dir. Die Erinnerungen und die seelische Verbundenheit, die du mit ihnen teilst, sind für die Seelen im Himmel wichtiger als materielle Objekte. Diese Teile helfen *dir* vielleicht, die

Verbindung zu spüren, für das Medium oder die geistigen Wesen haben sie keine Bedeutung. Bring sie mit, wenn sie dir wichtig sind, aber vergiss nicht: Die Verbindung besteht im Herzen, nicht in dem, was du in den Händen hältst.

Behalte einen offenen Geist und ein offenes Herz

Manchmal gehst du zu so einer Veranstaltung, weil du hoffst, eine Botschaft von deiner Mutter zu erhalten. Stattdessen meldet sich dein Vater. Das hängt ganz davon ab, wer dir etwas Wichtiges mitzuteilen hat. Vielleicht erhältst du sogar eine Information von einem Menschen, den du nicht leiden mochtest oder von dem du nichts hören willst. Gelegentlich kommt ein Ex-Ehemann durch und entschuldigt sich für sein mieses Verhalten. Es ist einfach wichtig, einen offenen Geist zu behalten, offen für alles, was auf dich zukommt.

Und noch etwas: Halte nach einer solchen Veranstaltung Augen und Ohren offen. Die Botschaften und die Energie im Raum sind bei diesen Ereignissen enorm stark. Viele Menschen berichten immer wieder, dass sie hinterher Zeichen sehen und noch Wochen danach ihre Lieben besonders intensiv spüren. Vielleicht denkst du auch über ein Reading nach, das jemand anders erhalten hat, und merkst, dass die Botschaft auf die ein oder andere Weise auch auf dich zutrifft.

SOLLTE ICH PERSÖNLICHE GEGENSTÄNDE MEINES LIEBEN MENSCHEN MITBRINGEN, WENN ICH EIN MEDIUM AUFSUCHE?

Wenn du bei mir ein Reading buchst, brauchst du weder Uhren, Fotos oder Schlüssel noch ähnliche Objekte, die deinen Lieben im Himmel gehört haben. Aber das hängt ganz vom Medium ab. Jedes Medium nimmt auf seine eigene Weise mit der geistigen Welt Kontakt auf. Für manche ist es durchaus nützlich, wenn sie einen persönlichen Gegenstand in der Hand halten.

Ich spüre die geistige Welt in der Form, dass die verstorbene Person hinter dem Menschen steht, für den ich das Reading mache. Sehe ich also dort eine Seele, weiß ich, dass ich zu diesem Menschen gehen und eine Botschaft übermitteln soll.

Dabei haben die Menschen mir schon alles Mögliche mitgebracht, die Asche, Fotos, Haare. Eine Frau hatte das Glasauge ihres verstorbenen Mannes dabei. Nichts davon hilft mir wirklich, den Kontakt zu diesem geistigen Wesen aufzunehmen.

Bei größeren Veranstaltungen denken die Leute häufig, wenn sie etwas mitbringen, kommen sie eher dran, weil der Gegenstand die Aufmerksamkeit des Mediums erregt. Ich werde nie diese eine Veranstaltung vergessen, bei der ich ein Reading gab und eine ganze Reihe von Menschen bat aufzustehen. Ich konnte ein geistiges Wesen hinter einem Paar sehen, das mit seinen Kindern im Teenageralter gekommen war. Ich konzentrierte mich auf die geistige Gestalt und übermittelte der Familie die Nachricht. Dabei spürte ich etwas hinter mir, und dieses Etwas versetzte mir einen Schlag. Ich hatte keine Ahnung, was da ablief! Also drehte ich mich mitten im Reading um und sah eine Frau aus dem Publikum, die mich mit einem Cowboystiefel traktierte. Es war der Stiefel ihres Vaters, den sie mitgebracht und während der ganzen Veranstaltung hochgehalten hatte – und am Ende schlug sie damit sogar auf mich ein! Sie tat das vermutlich, um meine Aufmerksamkeit zu erregen oder die ihres Vaters auf der anderen Seite! Ich weiß wirklich nicht, was sie sich dabei dachte. Ihr Vater hatte keine Botschaft für sie, und alle Stiefel der Welt hätten ihn nicht dazu bringen können, sich bei mir zu melden.

Aber ganz egal, wie oft ich das sage, die Leute versuchen es immer wieder auf diese Tour. Sie berühren mich mit bestimmten Objekten, während ich durch die Gänge gehe. Sie halten Fotos hoch, eine Frau brachte mal einen Luftballon mit, auf dem das Gesicht ihres Mannes zu sehen war. Der Ballon hat mich wirklich auf sie aufmerksam gemacht. Aber ihr Mann meldete sich trotzdem nicht.

KOMMT ES VOR, DASS DU BEI EINEM READING FALSCHLIEGST?

Ja, natürlich. Ich bin auch nur ein Mensch, und ich mache Fehler. Wie gesagt: Die geistige Welt liegt nie falsch, aber es gibt Momente, in denen ich eine Botschaft nicht korrekt wiedergebe. Die Informationen sind nicht immer genau, und bei einem Reading können sich Umstände ergeben, welche die Verbindung vernebeln. Das mag am Timing liegen, aber auch daran, wie das Medium die Zeichen und Bilder interpretiert.

Wenn der Zeitpunkt passt, wird die Botschaft sinnvoll

Wenn ich überlege, welche Botschaft sich für mich falsch anfühlte, sich aber am Ende doch als richtig herausstellte, fällt mir folgendes Erlebnis ein: Alexa bewarb sich einmal für die Wahl der Miss Rhode Island. Sie war in der Erwachsenengruppe. Ich versuchte nicht, das Ergebnis zu prognostizieren, weil das zu persönlich war. Also konzentrierte ich mich auf den Teenie-Wettbewerb. Während der Show stellten die Mädchen sich vor, und eines davon stach mir besonders ins Auge. In der Minute, als ich sie sah, hatte ich ein Bild vor mir, wie sie auf der Bühne weinte und zur »Teenie-Miss« von Rhode Island gekürt wurde. Ich sagte meiner Familie, dass sie gewinnen würde. Dann setzte ich mich gemütlich hin und wartete darauf, dass meine Prophezeiung sich bewahrheitete. Nur dass sie das nicht tat! Das Mädchen, auf das ich getippt hatte, kam zwar unter die ersten fünf, wurde aber nicht zur Siegerin.

Ich kehrte heim und erzählte Alexa, was passiert war. Ich war total verwirrt, denn die geistige Welt liegt nie falsch. Und ich konnte mir nicht vorstellen, dass ich eine so lebhafte Vision falsch interpretiert hatte. Nach einer Weile schüttelte ich das Erlebnis ab und dachte nicht länger darüber nach.

Im nächsten Jahr nahm Alexa wieder teil. Und auch das Mädchen vom Vorjahr bewarb sich wieder um den Teenie-Titel. Und dieses Mal war sie die Gewinnerin! Meine Vision vom letzten Jahr fiel mir wieder ein. Sie stand auf der Bühne, die Menschen applaudierten, und sie hielt einen Riesenblumenstrauß in Händen, während ihr die Tränen übers Gesicht liefen. Es war alles genau so, wie ich es gesehen hatte. Meine Prophezeiung war also richtig gewesen, ich hatte nur den Zeitpunkt falsch eingeschätzt.

Welche Bedeutung hat nun das alles, wenn du die Person bist, die ein Reading bekommt? Suchst du ein Medium auf, bewahre dir einen offenen Geist. Vergiss nicht, dass das Medium Bilder, Worte, Eindrücke und manchmal sogar körperliche Empfindungen zu einem Gesamtbild fassen muss. Versuche nicht krampfhaft, die Botschaft passend zu machen. *Vergiss nicht:* Timing oder Einzelheiten sind vielleicht nicht das, was du erwartest. Erinnere dich an die genauen Worte, schreib vielleicht sogar mit. Was dir während eines Readings merkwürdig vorkommt, kann in einigen Wochen, Monaten oder sogar Jahren durchaus einen Sinn ergeben!

TIEFER EINSTEIGEN

Finde die Antwort in dir

Medien sprechen mit Seelen auf der anderen Seite, aber wenn du keinen Zugang zu einem Medium hast, wende dich an deine Engel! Melde dich bei deinen Lieben im Himmel! Wenn du deine Beziehungsfragen immer mit deiner Mutter diskutiert hast, kann sie dir vielleicht auch jetzt noch helfen. Tatsächlich würde sie sich sehr freuen, wenn du sie auch weiter um Rat fragtest.
In der Folge findest du einige Informationen zu den Engeln, die am häufigsten angerufen werden:

- Wenn es um Schutz geht, ist der *Erzengel Michael* wohl der Ansprechpartner der Wahl. Er bewahrt dich vor negativen Energien, Unfällen und Krankheiten. Der Erzengel Michael ist immer da, um dich zu beschirmen und dir die Energie der Liebe zu schenken, wenn du sie brauchst.
- Der *Erzengel Raphael* ist der Engel der Heilung. Er hilft dir, falls du dich von einer Krankheit oder einem Unfall erholen musst. Ihn rufst du an, sobald du depressiv bist oder emotionale Traumata erlebst. Wenn du (oder eine Person, die du liebst) krank bist, dich verloren fühlst oder zu kämpfen hast, ruf ihn mit einem stillen Gebet oder einer Bitte zu Hilfe.
- Bist du noch in der Ausbildung oder hast du eine wichtige Entscheidung zu treffen, rufst du am besten den *Erzengel Uriel*. Er ist der Richtige, wenn du Informationen benötigst, etwas verstehen sollst oder einen klugen Kopf brauchst, der dir bei einer schwierigen Entscheidung hilft. Lade ihn zu dir ein, stell deine Frage, und er wird dir seine göttliche Weisheit zuteilwerden lassen!

- Der weibliche *Erzengel Ariel* wird gewöhnlich mit Tieren in Verbindung gebracht. Du kannst sie rufen, wenn du mit deinen pelzigen oder gefiederten Freunden Hilfe oder heilende Energie brauchst.
- Für Autoren, Lehrer oder Vortragsreisende ist der *Erzengel Gabriel* eine unschätzbare Quelle von Hilfe und Inspiration, da er für Kommunikation und Kreativität zuständig ist.

Tatsächlich bekommen nur wenige Menschen einen Engel mit Flügeln und so weiter zu Gesicht. Woher weißt du also, dass deine Ideen, dein Schutz und dein neu entflammter Mut aus einer göttlichen Quelle stammen? Die Antwort ist einfach: Hör auf dein Herz. Wenn du ein warmes, sicheres Gefühl spürst oder die Führung eines Wesens, das nur dein Bestes will, dann … Dann sind die Engel mit dir!

Und noch etwas: Wenn du einen Engel um Hilfe anrufst, weil du deinen Traumjob haben möchtest, dich von einer Krankheit erholst oder einfach nur deine Autoschlüssel suchst – und dir dann geholfen wird, dann vergiss nicht, ein kleines Dankgebet zum Himmel zu senden. Selbst Engel lieben es, wenn sie wertgeschätzt werden!

· 7 ·

Liebe und Beziehungen

»Du kannst im Leben viele Partner haben, aber nur ein Mensch ist dein wahrer Seelengefährte.«

WENN MEIN VERLOBTER GESTORBEN IST, BEVOR WIR HEIRATEN KONNTEN, WERDEN WIR DANN IM HIMMEL WIEDERVEREINT?

Diese Frage wurde mir bei einem Reading gestellt, das ich vor Kurzem gehalten habe.

Keine Sorge, was die Papiere angeht …

Eine Frau namens Jessica kam zu einer meiner Veranstaltungen. Sie hatte etwas wirklich Schreckliches erlebt: Ihr Verlobter starb am Tag vor ihrer Hochzeit. Sie war zutiefst erschüttert. Was sie aber noch mehr umtrieb, war etwas, was ein Verwandter ihr gesagt hatte: Da die Ehe nicht in einer Kirche geschlossen worden sei, würde sie ihren Liebsten im Himmel nicht wiedersehen.

Glücklicherweise kam ihr Verlobter zu uns durch, um diese Angelegenheit ein für alle Mal zu klären. Er versicherte Jessica, dass er Tag für Tag über sie wache. Als geistiges Wesen könne er auch ihre gemeinsame Zukunft sehen. Er wollte, dass sie ihr Leben lebte und ihren Weg weiterging, wusste aber mit Sicherheit, dass sie im Jenseits vereint sein würden. Er war sich sicher, dass er ihr wahrer Seelengefährte sei, daher bat er sie, auch andere Menschen zu daten und ihnen ihre Liebe zu schenken.

Obwohl Jessica nicht mit anderen Männern zusammen sein wollte, heiratete sie am Ende den besten Freund ihres Verlobten. Sie war überzeugt, dass es nie einen Mann geben würde wie ihn, aber ihr neuer Gatte war ihrem Verlobten so ähnlich, dass dies die nächstbeste Wahl war. Die beiden fanden Trost in der Liebe zueinander, die eine andere Art von Liebe war. Sie hielten beide das Andenken an den Verstorbenen lebendig.

Das Letzte, was Jessicas Verlobter mir zu sagen auftrug, war: Sein größter Wunsch sei es, dass sie ihr Leben in vollen Zügen genießen sollte, weil er wusste, dass sie in der Ewigkeit zusammen sein würden.

Das beweist, was ich immer und immer wieder gesagt habe. Im Himmel kümmert sich niemand um Ehe- oder Scheidungspapiere. Alle Entscheidungen werden von der Seele selbst getroffen. Seelen, die in dieser Welt eine tiefe Verbindung geknüpft haben und sich ehrlich lieben, werden im Himmel immer zusammen sein.

Jessicas Verlobter machte sich keinerlei Sorgen, weil er ja wusste, dass beide am Ende wieder zusammenkommen würden. Bis dahin wollte er nicht, dass sie irgendetwas von all dem versäumte, was sie gemeinsam hatten unternehmen wollen. Das beweist außerdem zweifelsfrei, dass es im Himmel keine Eifersucht gibt, was uns zur nächsten Frage bringt.

IST MEIN VERSTORBENER MANN EMPÖRT, WEIL ICH MIT JEMAND ANDEREM AUSGEHE?

Es ist nicht ganz einfach zu verstehen, weil wir davon ausgehen, dass unsere Lieben ihre Erfahrung im Himmel genauso angehen wie wir in der materiellen Welt. Aber sie sehen das Ganze jetzt, da sie im Himmel sind, aus einer anderen Perspektive.

Menschen nehmen weder Eifersucht noch Groll mit in die andere Welt, wenn sie sterben. Für solche schweren Emotionen ist im Himmel schlicht kein Platz. Ganz egal, wie dieser Mensch sich auf der Erde verhalten hat, auf der anderen Seite kommen alle Seelen von einem Ort der Liebe.

Das ist für die Zurückgebliebenen manchmal nicht leicht zu verstehen.

Dein Seelengefährte will nur eins: dass du glücklich bist!

Ich weiß noch, wie ich ein Reading für eine Frau gab, deren Mann zu Lebzeiten sehr eifersüchtig gewesen war. Er wollte seine Frau ganz für sich alleine und ließ nicht zu, dass sie männliche Freunde hatte. Unglücklicherweise hatte er auch Suchtprobleme und starb deshalb sehr jung. Trotz seiner Fehler hatte seine Frau ihn innig geliebt und wurde nach seinem Tod depressiv, weil sie an all das dachte, was sie sich vorgenommen hatten und was sie jetzt nicht mehr zusammen unternehmen konnten.

Sie führte ihr Leben so, als wäre er noch da, was in ihrem Fall bedeutete, dass sie nie einen anderen Mann ansah oder gar mit ihm redete.

Sie kam für ein Reading zu mir, und der verstorbene Mann meldete sich auch sofort. Aus seiner himmlischen Perspektive konnte er nun sehen, dass er ihr aufgrund seiner Sucht das Leben raubte, das sie sich immer erträumt hatte. Deshalb meinte er, er würde ihr einen alten Freund schicken, mit dem sie eine Beziehung eingehen würde.

Von da an ging das Reading gründlich schief!

Die Frau flippte förmlich aus. »Das ist nicht mein Mann! Er würde nie zulassen, dass ich einen anderen auch nur ansähe!«

Es wollte nicht in ihren Kopf, dass er aus seiner neuen Sicht heraus alles viel klarer sah als früher. Er erklärte ihr, an seinem Tod sei ja nicht sie schuld gewesen. Er habe mittlerweile eine Entscheidung getroffen: Er wolle alles wieder ins Lot bringen.

Sie konnte kaum glauben, was sie da hörte.

Es brauchte einige Zeit, bis ich sie (mithilfe ihres Ehemannes) überzeugt hatte. Es waren die folgenden Worte, die sie schließlich umstimmten: »Ich bin im Himmel vollkommen in Frieden. Ich habe keinerlei Schmerzen – warum sollte ich wollen, dass du ewig leidest?«

Ich frage mich oft, was mit meinen Klient*innen geschieht, wenn sie nach einem Reading fortgehen. In diesem Fall erfuhr ich es. Denn ich begegnete der Frau einige Jahre später wieder. Sie war verheiratet, hatte ein Kind; und in der Rückschau erkannte sie, wie sie vor unserem Reading in Dunkelheit und Unglück gelebt hatte.

Obwohl sie nun einen neuen Mann und eine Familie hatte, bewahrte sie im Herzen die Erinnerung an ihren ersten Gatten. Sie konnte die seelische Verbindung zu ihm halten, weil sie wusste, dass er sie nicht verurteilte. Trotz allem war er ihr wahrer Seelengefährte gewesen, und es schenkte ihr inneren Frieden zu wissen, dass sie nach dem Übergang in die andere Welt wieder zusammen sein würden.

Wir werden uns später noch eingehender mit dem Thema Seelengefährten beschäftigen. Für jetzt nur so viel: Der Tod ist ein Übergang, der verändert, wie die Menschen denken. Manchmal ist es wichtig, die Dinge durch die Augen unserer Lieben im Himmel zu sehen. Sie wollen nur das Beste für dich, und irdische Emotionen wie Wut oder Eifersucht sind für sie keine treibenden Kräfte mehr.

KOMMEN AUCH GLEICHGESCHLECHTLICHE PAARE WIEDER ZUSAMMEN?

Die geistige Welt hat mir gesagt, dass Liebe immer Liebe ist, ganz egal, wie sie sich ausdrückt. Liebe kennt weder Geschlecht noch Rasse oder Religion. Ich habe zu vielen Seelen gesprochen, die homosexuell waren. Wenn sie zu Lebzeiten ihre Seelengefährten kennengelernt haben, dann werden sie diese auch im Himmel wiedertreffen.

Doch dass die Liebe keine Grenzen kennt, ist eine Lektion, die in dieser Welt noch Akzeptanz erfordert.

So wie Menschen Eifersucht und Ärger ablegen, wenn sie den Übergang vollziehen, so legen sie auch andere Sichtweisen ab, wenn sie auf der anderen Seite ankommen.

Ein himmlischer Wandel

Ich hatte erst kürzlich einen Klienten, der sich nicht traute, seinen Partner zu heiraten, weil dies gegen den Glauben seiner verstorbenen Mutter verstoße. Seine Mutter war so sehr gegen gleichgeschlechtliche Ehen, dass er ihr zu Lebzeiten noch nicht einmal etwas von seiner Homosexualität und seiner innigen Verbindung mit einem Mann erzählt hatte. Die beiden sprachen dennoch des Öfteren über dieses Thema, und er bemühte sich stets, sie zu einer offeneren Einstellung zu bewegen; doch sie weigerte sich ganz einfach, ihre Ansichten zu ändern.

Also hielt er sein persönliches Leben wider Willen geheim.

Als seine Mutter starb, dachte der Partner meines Klienten, dass sie nun endlich heiraten könnten. Aber so gern mein Klient das auch wollte, er brachte es einfach nicht über sich. Seine Mutter war zwar nicht mehr am Leben, aber er wusste nun einmal, wie sie zu dieser Frage stand.

Als er zu mir kam, erzählte er mir von einer weiteren Sorge. Das Dahinscheiden seiner Mutter hatte bei ihm die Frage aufgeworfen, wie das mit der Liebe im Himmel sein würde. Er wollte sicher sein, dass er und sein Freund auch in der geistigen Welt zusammen sein konnten.

Als seine Mutter sich während des Readings meldete, war er regelrecht verblüfft von dem, was sie ihm sagte.

Sie hatte auf der anderen Seite eine völlig neue Sichtweise entwickelt. In der Rückschau erkannte sie, dass ihr Sohn seine sexuelle Orientierung ihretwegen geheim gehalten hatte. Ihr wurde klar, wie sehr ihr harsches Urteil ihn verletzte. Es tat ihr aufrichtig leid, dass ihre Ansichten ihn davon abhielten, sich selbst treu zu sein. Nun, da sie im Himmel war, konnte sie sehen, wie sie ihn selbstsüchtig zu einem Leben gemäß ihren Vorstellungen gedrängt und ihn daran gehindert hatte, das Leben zu führen, das ihn glücklich machen würde.

Dann sagte sie ihm, was sie am allermeisten bedauere: seinen Partner nie kennengelernt zu haben. Und sie wolle auf keinen Fall, dass ihr Sohn seine Chance auf Glück ihretwegen aufgäbe.

Im weiteren Verlauf erteilte sie dem Paar ihren Segen und ermutigte die beiden, sich endlich trauen zu lassen.

Dieses Reading zeigt, dass es nie zu spät ist, seine Meinung zu ändern oder ein Missverständnis aus der Welt zu schaffen. Der Sohn hatte nun jene Klarheit, die er brauchte, um sein Leben weiterzuführen. Er sagte mir, er liebe seine Mutter noch mehr als vorher, und konnte nun ihr Andenken ohne Wermutstropfen ehren, weil sie ihn endlich akzeptiert hatte, wie er war.

Und die Moral von der Geschichte? Du solltest nicht annehmen, deine Lieben hätten im Himmel die gleichen Vorurteile und fixen Ideen, die sie zu Lebzeiten pflegten. Der Himmel lehrt uns, dass die Liebe über alles geht. Also folge deinem Herzen, denn deine Lieben im Geist freuen sich über dein Glück!

SIND ALLE PAARE IM HIMMEL WIEDER ZUSAMMEN?

Diese Frage werde ich dir gern beantworten, wenn du mir versprichst, nicht gleich die Fassung zu verlieren. Die Antwort ist nämlich ein klares Nein! Wann immer ich das sage, bekommen die Leute Panik. Meistens finden verheiratete Paare, die einander auf Erden wirklich geliebt haben, auch im Himmel wieder zusammen. Aber das Entscheidende ist die innerseelische Verbindung, die sie hatten. Nicht der Trauschein.

Wie wir ja wissen, heiraten nicht alle Menschen aus Liebe.

Ich habe viele Readings gegeben, bei denen Paare unglücklich waren, bis einer der Partner gestorben war. Trotzdem waren sie wegen der Kinder zusammengeblieben. Manche Ehen werden von den Familien arrangiert und gründen eher auf kulturellen Normen. Andere Menschen heiraten aus wieder anderen Gründen, zum Beispiel aus finanziellen Motiven oder weil sie sich Sicherheit wünschen.

Sie finden in ihrer Beziehung vielleicht Trost, aber sie sind keine Seelengefährten.

Manchmal weiß die Familie es eben nicht besser

Eine Frau kam zu mir, weil ihr Mann vor Kurzem den Übergang vollzogen hatte. Es war eine arrangierte Ehe gewesen, aber anders als viele solcher Verbindungen, bei denen das Paar sich mit der Zeit lieben lernt, waren diese beiden nie glücklich gewesen. Sie führten dieses Leben, weil sie der Familie »keine Schande machen« wollten, aber je länger sie zusammen waren, desto klarer wurde beiden, dass sie einfach absolut nichts verband.

Trotzdem wollten sie ihre Familien nicht enttäuschen und lebten daher getrennt vor sich hin, wenn auch im selben Haus. Sie schliefen in verschiedenen Zimmern, hatten keine intimen Kontakte, und die Arbeit forderte sie zu ganz unterschiedlichen Zeiten. Im Grunde sahen sie sich kaum, waren aber trotzdem verheiratet – zumindest auf dem Papier.

Doch das war noch nicht genug. Mit der Zeit wuchs der Druck vonseiten der Familie. Sie sollten endlich Kinder haben, aber es schien beiden falsch, in solch einen lieblosen Haushalt auch noch Kinder einzubinden.

Wann immer das Thema »Kinder« angeschnitten wurde, verspürten die beiden Angst und Anspannung. Der Mann hatte darüber hinaus berufliche Schwierigkeiten. Die daraus resultierenden finanziellen Probleme belasteten die Beziehung noch mehr.

Das Paar stand also von allen Seiten unter Druck. Der Stress führte dazu, dass der Mann eine Panikstörung entwickelte. Meine Klientin wusste nicht, wie sie ihm helfen sollte, weil sie ja keinerlei emotionale Bindung pflegten. Sie hatten nie gelernt, sich in dieser Welt gegenseitig zu unterstützen.

Schließlich wurde dem Mann alles zu viel, und er schied aus dem Leben – durch Suizid. Nachdem er gestorben war, hatte meine Klientin mit schweren Lasten zu kämpfen. Sie blickte auf ihr Leben zurück und stellte absolut alles infrage. Sie meinte, sie hätte ihn retten können; und weil sie so tiefe Schuldgefühle plagten, beschloss sie, allein zu leben, bis sie im Himmel an ihrem Mann Wiedergutmachung leisten konnte.

Er aber kam zu uns durch und sagte ihr, sie seien niemals Seelengefährten gewesen. Er wünsche sich, er hätte zu Lebzeiten den Mut gehabt, seinem Herzen zu folgen und zu tun, was für beide richtig gewesen wäre.

Er entband sie von der Schuld, die sie mit sich herumschleppte, und auch von der Beziehung. Er wollte, dass sie ausginge und ihren wahren Seelengefährten fände.

Erst als er gestorben war und sich im Reading bei uns meldete, konnten die beiden ein offenes Gespräch führen und sich gegenseitig eingestehen, dass ihre Seelen nicht zueinander passten.

Meine Klientin war unglaublich erleichtert. Ihr ganzes Leben hatte sich falsch angefühlt, aber sie konnte sich ihre Gefühle erst nach diesem Reading wirklich eingestehen. Danach fühlte sie sich frei, ihren Seelengefährten zu finden, um wahre Liebe zu erfahren.

Das ist ein Beispiel für ein Paar, das nicht für ein Zusammensein im Himmel bestimmt war – und das war gut so.

WENN ICH MEHRERE PARTNER HATTE, MIT WELCHEM WERDE ICH DANN IM HIMMEL ZUSAMMEN SEIN?

Jedes Mal, wenn man mir diese Frage stellt, wird alles ziemlich verwirrend. Für mich und die Person, der ich das Reading gebe. Nachfolgend ein dramatisches Beispiel.

Vor Kurzem kam zu einer meiner Veranstaltungen eine neunzigjährige Frau mit ihrer Familie. Ihre Geschichte war recht ungewöhnlich. Da sie so alt wurde, überlebte sie zwei Ehemänner und einen nicht ehelichen Partner. Sie hatte sie alle geliebt und mit jedem Einzelnen eine einzigartige Beziehung geführt.

Genauso empfanden es ihre Männer. Jeder von ihnen kam durch und erzählte verschiedene Geschichten und Erfahrungen. Jeder sagte mir, wie sehr er sie geliebt habe.

Am Ende des Readings wollte sie wissen, mit welchem sie im Himmel vereint sein würde. Ihr erster Mann kam durch und meinte, er würde sie begrüßen, wenn ihre Zeit gekommen sei. Er würde sie in den Himmel geleiten, und sie würden zusammen sein.

Die Dame war ja mit ihrer Familie angereist. Irgendwie hatte ich erwartet, dass sich alle gleichermaßen über diese Nachricht freuen würden. Das war aber nicht der Fall. Kaum hatte ich die Botschaft übermittelt, war klar, dass ihre Töchter sich freuten. Sie selbst aber schien keineswegs begeistert. »Oh nein, ihn wollte ich wirklich nicht haben. Verstehen Sie mich nicht falsch, er hat mich gemocht, und wir hatten eine wunderbare Familie und ein tolles Leben. Aber keiner meiner Ehemänner war wie mein letzter Freund. Er war echt heiß, und deshalb habe ich gehofft, im Himmel mit ihm zusammen zu sein.« Ihre Worte überraschten uns alle. Ich wollte sie ja nicht enttäuschen, aber ich musste ehrlich sein. Ich erklärte ihr, dass ihr Freund eine Ehefrau gehabt hatte, die seine wahre Seelengefährtin war.

Ich versicherte ihr, dass beim Übergang alles so geregelt werden würde. Sie solle ihr weiteres Leben genießen und sich keine Gedanken darüber machen, was im Himmel mit ihr passieren würde. Sie stimmte mir zu: Sie wolle dankbar sein für die Liebe, die sie alle miteinander geteilt hatten, und den Dingen ansonsten ihren Lauf lassen.

Ich war mit diesem Reading nicht so ganz zufrieden. Mir ist es lieber, wenn ich den Leuten eine Botschaft übermitteln kann, über die sie sich freuen. Aber auch wenn ich die Menschen nicht gern enttäusche, so sage ich doch immer die Wahrheit. Und ich habe gelernt, auf das zu vertrauen, was die geistige Welt mir mitteilt.

Aber die Geschichte hatte eine Fortsetzung. Im Jahr darauf saß die Dame wieder bei einer Veranstaltung im Publikum, gleich in der ersten Reihe. Ich ging auf sie zu, weil ich dachte, sie würde gern noch etwas von ihrem ersten Ehemann hören. Doch es stellte sich heraus, dass sie im vergangenen Jahr einen neuen Mann kennengelernt hatte, den sie noch lieber mochte als die ersten drei. Sie war mit ihren neunzig immer noch sehr lebenslustig!

So wie ich gelernt habe, auf die geistige Welt zu vertrauen, müssen die Menschen darauf vertrauen, dass ihre Erfahrung im Himmel genauso wird, wie sie gedacht ist. Wenn du in den Himmel übergehst, dann wird dein Seelengefährte da sein. Und du wirst dieses wunderbare Band bis in alle Ewigkeit spüren.

WIE SOLL ICH OHNE MEINEN MANN/ MEINE FRAU MEINE KINDER ERZIEHEN?

Das ist eine schwierige Frage, auf die es eine einfache Antwort gibt. Die geistige Welt sagt mir immer, ich solle die Menschen an die Liebe erinnern, die ihr verstorbener Partner zu Lebzeiten für diese Kinder empfand. Wenn ein lieber Mensch auf die andere Seite geht und Kinder zurücklässt, fragen sich die Hinterbliebenen oft, wie der Partner in bestimmten Situationen wohl reagiert hätte. Sie versuchen immer, den verstorbenen Ehepartner um Rat zu bitten, wie sie mit den Kindern umgehen sollen. Das ist auch ganz in Ordnung, solange der Partner auf Erden sich selbst nicht ständig infrage stellt. Nötig aber ist es nicht.

Unsere Lieben leben für immer in unseren Herzen

Was die geistige Welt von dir möchte, ist ganz einfach: Halte das Andenken an den nun fehlenden Elternteil lebendig. Wenn die Kinder zu jung waren, um intensive Erinnerungen an die Person zu haben, ist es wichtig, dass du ihnen zeigst, wie dieser Mensch war.

Die geistige Welt hat mir gesagt: Wenn ein Familienmitglied stirbt, solange die Kinder noch jung sind, solltest du ihnen beibringen, dass sie zu den Seelen auf der anderen Seite eine Verbindung haben und dass die Lieben im Himmel immer bei ihnen sind. Spezielle Rituale können deinen Kindern helfen, eine Verbindung zu verstorbenen Eltern oder Großeltern aufzubauen.

Die Macht des »Grammy-Beutels«

Bei meinem ersten Date mit meiner Frau Alexa trafen wir uns in einem kleinen Coffeeshop auf Rhode Island. Zu der Zeit war ihre Oma die einzige Person, die sie durch den Tod verloren hatte. Während wir uns gegenübersaßen, kam jene zu uns durch und sagte mir, dass Alexa einen kleinen Beutel mit sich trage, der ihrer geliebten »Grammy« gehört hatte.

Als ich das Alexa sagte, war sie schockiert! Sie langte in ihre Handtasche und zog ein kleines hellblaues Beutelchen heraus. »Das ist der ›Grammy-Beutel‹. Meine Familie hat ihn gemacht, als sie starb.« In dem Beutel waren ein Foto, ein paar Schmuckstücke, Perlen von einem Rosenkranz und ein silbernes Gebetsmedaillon. Die Familie gab diesen Beutel jedem Angehörigen, der gerade Unterstützung brauchen konnte. Zum Beispiel dem Enkel, der sein Jura-Examen ablegte. Oder der Enkelin, die ihr Abitur machte. Am faszinierendsten war aber die Tatsache, dass Alexa den Beutel dabeihatte, als sie sich mit mir traf. Es fühlte sich an, als sollte ich nicht nur Alexa kennenlernen, sondern auch ihre Großmutter.

Die geistige Welt sagt mir, dass wir unsere Lieben nie verlieren, wenn wir ihr Andenken für unsere Kinder und künftige Generationen bewahren.

Alles in allem lautet die Antwort: Du musst deine Kinder nicht ohne den Partner beziehungsweise die Partnerin großziehen. Auch nicht ohne die Großeltern oder andere Familienmitglieder. Hältst du das Andenken an sie lebendig, werden sie immer mit dir und deinen Kindern sein.

WENN ICH AUS DEM GEMEINSAMEN HAUS AUSZIEHE, WIRD DER GEIST MEINES MANNES BEZIEHUNGSWEISE MEINER FRAU MIR FOLGEN?

So leicht kommst du ihnen ohnehin nicht davon! Vergiss nicht, dein lieber Mensch im Geist ist mit dir verbunden, nicht mit deinem letzten Domizil. Wo auch immer du bist, wird das geistige Wesen auch sein.

Versteh mich nicht falsch. Es gibt Zeiten, zu denen deine Lieben im Geist Orte aufsuchen, die für sie schöne Erinnerungen bereithalten, zum Beispiel den Ort, an dem ihr euch kennengelernt oder eure ersten Ferien miteinander verbracht habt. Aber normalerweise sind sie dir nah, auch wenn du in einem anderen Land bist, selbst wenn du im Weltraum wärst!

»Ich finde toll, was du daraus gemacht hast!«

Ich hatte einmal Nachbarn, die einander absolute Seelengefährten waren. Sie hatten sich jung kennengelernt und waren von da an unzertrennlich gewesen. Sie glaubten an den Himmel wie auch das Leben nach dem Tod und konnten sich gut auf die geistige Welt einstellen.

Nachdem sie lange Jahre verheiratet waren, wurde die Frau sehr krank. Da sie wusste, sie würde bald hinübergehen, sagte sie ihrem Mann, sie wolle nicht, dass er nach ihrem Tod im gleichen Haus wohnen bliebe. Sie hatte Angst, er würde depressiv und könnte das Haus ohne sie als leer empfinden. Sie versicherte ihm, ihn überall zu finden, ganz gleich, wo er hinziehen sollte.

Nach ihrem Tod packte er, auch wenn es ihm schwerfiel, alles zusammen und zog aufs Land, um Freunden näher zu sein. Er dachte ständig an seine Frau und sprach jeden Tag mit ihr. Er richtete das Haus ein und wählte ähnliche Farben und Möbel wie zuvor. Am Ende sah das Haus fast genauso aus wie das, in dem sie zu zweit gelebt hatten. Eines Abends sehnte er sich besonders stark nach ihr, und als er endlich einschlief, träumte er von ihr. Sie saß im Wohnzimmer des neuen Hauses. Er spürte, wie ihr gefiel, wo er jetzt lebte. Und seit diesem Traum spürte er sie immer wieder auch am neuen Wohnort.

Er war glücklich, dass er umgezogen war. Es fühlte sich gut an, mit ihr einmal mehr auf Reisen gegangen zu sein, ohne in alten Erinnerungen festzustecken.

All das bestätigt, was mir von den Seelen im Himmel immer wieder gesagt wird: Sie erwarten nicht von uns, endlos um sie zu trauern und uns zu benehmen, als wäre das Leben vorüber, nur weil sie nicht mehr unter uns weilen. Ihr innigster Wunsch ist es, dass du dein bestes Leben führst, dich wieder verliebst und glücklich bist. Und auch wenn du im Himmel mit deinem Seelengefährten wieder vereint wirst, erwartet er oder sie doch nicht, dass du deine Zeit auf Erden damit verbringst, auf diesen Moment zu warten. Du darfst dir sicher sein: Was dir bestimmt ist, wird auch geschehen. Und wenn die Zeit gekommen ist, werdet ihr wieder zusammen sein.

WAS IST EIN SEELENGEFÄHRTE?

Ein*e Seelengefährt*in ist deine Zwillingsflamme, ein Mensch, mit dem dein Herz am tiefsten verbunden ist. Manche glauben, Seelengefährt*innen hätten frühere Leben miteinander geteilt. Ich weiß nicht, ob das stimmt; aber wie ich weiß, bleibt dieses Band für ewig bestehen, welche Form deine Seele auch immer annehmen mag.

Mach dir keine Sorgen, ob du deinen Seelengefährten auch wirklich kennenlernen wirst

Daran, deinen Seelengefährten oder deine Seelengefährtin kennenzulernen, musst du nicht »arbeiten«. Es ist möglich und auch normal, eine lange, glückliche und produktive Beziehung mit jemandem zu führen, der nicht dein Seelengefährte ist. Du kannst verheiratet sein und mit jemandem Kinder haben und diese Person lieben. Aber diese Art von Beziehung endet, wenn einer stirbt. Im Himmel jedoch bist du mit deinem wahren Seelengefährten zusammen.

Also mach dir keinen Stress, dass du deine große Liebe vielleicht verpassen könntest. Es kann einen verrückt machen, wenn man versucht, hier Kontrolle auszuüben. Du musst dem Universum einfach vertrauen. Du wirst im Himmel vielleicht deinen Mann oder deine Frau nicht wiedersehen, deinen Seelengefährten oder deine Seelengefährtin aber mit Sicherheit.

Das zeigt sich schon an der Geschichte meines Großvaters. Er liebte ein Mädchen, das er kennenlernte, als er sechzehn war. Er hatte das bestimmte Gefühl, sie sei seine Seelengefährtin, aber sie war zu jung und entschied sich am Ende für einen anderen Mann, von dem sie hoffte, er könne ihr geben, was sie suchte. Mein Großvater war am Boden zerstört, aber schließlich lernte er meine Oma kennen und heiratete sie.

Opa und seine alte Flamme gingen getrennter Wege. Beide hatten wunderbare Familien und Kinder mit ihren jeweiligen Partnern. Sie unterhielten keinerlei Kontakt – bis etwa fünfzig Jahre nach ihrer ersten Begegnung. Beide hatten ihren Ehepartner verloren, beide waren nun allein. Und wie das Schicksal es haben wollte, liefen sie sich über den Weg und machten dort weiter, wo sie damals aufgehört hatten.

Sie bedauerten ihre Ehen nicht, waren aber dankbar, sich nach Jahrzehnten wiedergefunden zu haben. Sie mussten nicht auf den Himmel warten, um wieder zusammenzukommen – und ich bin ziemlich sicher, dass ihre Seelen dort auf ewig miteinander verbunden sind.

WENN DU ALLEIN STIRBST, WIRST DU DANN IM HIMMEL DEINEN SEELENGEFÄHRTEN FINDEN?

Nicht alle Seelengefährt*innen lernen sich in dieser Welt kennen. Möglicherweise ist es euer Schicksal, zusammen zu sein, aber du hast ja auch deinen freien Willen; und die Entscheidungen, die du triffst, sorgen vielleicht dafür, dass du und dein Seelengefährte einander nicht begegnet. Vielleicht ist dein Seelengefährte jung gestorben, oder du hast Kinder mit jemand anderem, sodass ihr nie zusammenkommt.

Manchmal aber triffst du auch auf deinen Seelengefährten oder deine Seelengefährtin, erkennst ihn oder sie jedoch aus dem ein oder anderen Grund nicht. Viele Menschen machen sich deshalb Sorgen, aber ich beruhige sie dann immer: Hier musst du lernen, dem Universum zu vertrauen!

Liebe – mit verzögerter Wirkung!

Ich gab einmal ein Reading für die Tochter einer Frau, die als Teenager schwanger geworden war. Wie die Frau war auch ihr Freund noch sehr jung, als ihre Tochter geboren wurde, und der Freund machte sich aus dem Staub. Die Frau musste die Tochter allein aufziehen. Sie konzentrierte sich auch ganz auf diese Aufgabe und heiratete keinen anderen Mann. Als ihre Tochter erwachsen und aus dem Haus war, sehnte sie sich sehr nach Liebe. Ihr einziger Wunsch war, eine Beziehung zu haben und einen Partner, dem sie etwas bedeutete. Aber was sie auch anstellte, ihr Seelengefährte erschien nicht auf der Bildfläche. Sie ging viele Beziehungen ein, die letztlich alle nicht das Richtige waren. Manchmal wurden ihre Partner sogar übergriffig. Andere Verbindungen standen schnell wieder vor dem Aus.

Ihre Tochter sah die Mutter auf der Suche nach Liebe jahrelang leiden. Sie selbst hatte einen wunderbaren Ehemann, fühlte sich aber schuldig, weil sich ihrer Mutter keine Gelegenheit auftat, eine erfüllende Liebe wie die ihre zu finden. Als ihre Mutter dann starb, war der Gedanke an all die Opfer, die sie ihretwegen gebracht hatte, für die Tochter schmerzhaft.

Es zerriss ihr fast das Herz, daran zu denken, dass ihre Mutter nie die Liebe erfuhr, nach der sie sich so sehr gesehnt hatte.

Bei dem Reading kam ihre Mutter schnell durch, und zur Überraschung der Tochter hatte sie ihren Seelengefährten im Himmel kennengelernt! Sie kannte ihn schon in der Highschool, aber ihre Schwangerschaft hielt sie damals auseinander, und einige Jahre später war er jung verstorben.

All das hatten die beiden nun hinter sich gelassen. Als sie sich im Himmel trafen, konnten sie endlich diese wunderschöne Seelenverbindung genießen, die ihnen zu Lebzeiten verwehrt war.

Ich kann es gar nicht oft genug betonen: Deinen Seelengefährten zu Lebzeiten kennenzulernen (oder auch nicht), ist nichts, was deiner Kontrolle unterläge. Letztlich verhält es sich so: Du und dein Seelengefährte bewegt euch aufeinander zu. Das Schicksal entscheidet, wann ihr euch trefft. Der freie Wille und andere Faktoren können bewirken, dass ihr den Weg aus dem Auge verliert, was eine Verbindung unmöglich macht. Aber wenn es euch bestimmt ist, zusammen zu sein, dann werden sich eure Pfade im Himmel kreuzen, und ihr werdet auf ewig in Liebe miteinander verbunden sein!

WIRD MEINE FRAU IM HIMMEL DANN ÄLTER SEIN ALS ICH?

Das ist eine der Fragen, die sich leicht lösen lassen, wenn man darüber nachdenkt. Stell dir vor, dein Seelengefährte stirbt im Alter von zwanzig Jahren, du aber verlässt diese Welt erst mit 95. Das wäre doch wirklich blöd, wenn ihr euch dann im Himmel wiedersäht. Aber glücklicherweise ist es so, wie ich schon gesagt habe: Du musst dir deshalb keine Gedanken machen, denn Alter ist ein irdisches Maß. Die Seelen jedoch sind alterslos.

Es sind unsere Körper, die altern, nicht unsere Seelen. Die Seele ist unendlich, und das ist es, was im Himmel auf dich wartet.

Ich habe ja ebenfalls schon gesagt, dass es im Himmel keine Geburtstage gibt. Jahre sind etwas, was nur auf Erden zählt. Als Mensch richtet sich unser Augenmerk immer auf den nächsten Meilenstein. Vielleicht freust du dich, wenn du endlich 21 bist. Oder du hast Angst vor der symbolträchtigen Fünfzig. Wie auch immer: Du zählst die Jahre. Sobald du aber stirbst, hört das auf, weil du am Ziel angekommen bist. Und das war's dann.

Keine Sorge: Du musst dir nicht noch schnell eine Botox-Spritze geben lassen, bevor du den Übergang vollziehst! Es wird keinen Altersunterschied geben. Das Alter ist kein Thema, wenn du deinem Seelengefährten oder deiner Seelengefährtin im Himmel begegnest.

TIEFER EINSTEIGEN

Liebe hervorbringen und finden

Du hast vielleicht von mir oder anderen Menschen gehört, es helfe, positiv zu denken und bestimmte Absichten klar zu formulieren. Diese Kräfte kannst du dir zunutze machen, indem du dir ein Vision Board erstellst, das zeigt, was du dir wünschst. Gerade wenn es um die Begegnung mit dem Seelengefährten geht, ist das meiner Ansicht nach eine große Hilfe. Ich glaube heute noch, mein Vision Board ist dafür verantwortlich, dass ich meine Frau Alexa gefunden habe.

Wo es um die Liebe geht, bietet das Vision Board eine ganze Menge Vorteile. Erstens hilft es, dir selbst Klarheit zu verschaffen, was du dir von einer Beziehung wünschst. Dann verschwendest du keine Zeit mehr, den falschen Leuten hinterherzurennen. Und es schickt ein starkes Signal hinaus ins Universum. Während du dich also um deine alltäglichen Belange kümmerst, können deine geistigen Führer und deine Engel hinter den Kulissen daran arbeiten, dass sich verwirklicht, was du dir wünschst!

Während du das Vision Board entwirfst, achte darauf, dass das Umfeld stimmt! Such dir einen ruhigen Ort, an dem du nicht abgelenkt wirst. Ich würde auch Telefon und Computer abstellen, damit niemand dich stören kann. Hier geht es darum, auf dein Herz und deine Intuition zu hören, während du das Board entwirfst. Das ist keine Teamarbeit. Niemand kann dir dabei helfen. Das ist deine höchstpersönliche Angelegenheit!

Wenn du noch nie ein Vision Board gemacht hast: Es ist nicht schwer. Du kannst es am Computer erstellen, ich aber bin da ganz *oldschool:* Ich nehme mir ein Stück Karton, Schere und einen Klebestift. Such dir Fotos zusammen, Bilder aus Zeitschriften, Worte, die dich faszinieren. Denk nicht lange darüber nach. Aber warte mit dem Aufkleben noch, bis du mehr Bilder gesammelt hast, als auf den Karton passen. Sobald du genug davon beisammenhast, richte deine Aufmerksamkeit auf deinen Seelengefährten oder deine Seelengefährtin, deinen idealen Partner. In dieser Stimmung ordnest du die Bilder auf dem Karton an. Achte darauf, was sich richtig anfühlt. Sortiere aus, was nicht passt oder in dir keine Reaktion hervorruft.

Als ich mein »Seelengefährten-Board« entwarf, klebte ich Bilder von Schönheitsköniginnen auf, von Frauen mit dunklem Haar und dunklen Augen. Ich hatte auch Fotos von Tieren oder von Reisen – weil ich mir eine warmherzige Frau wünschte, die Tiere liebt und Sinn fürs Abenteuer hat. Nachdem das Board dann endlich fertig war, wusste ich ganz klar, was ich mir wünschte. Und als ich dann Alexa kennenlernte, wusste ich sofort: Sie war »diejenige, welche«.

Eine letzte Empfehlung noch: Wirf den Klebestift nicht weg! Du als Person änderst dich ständig. Deine Ziele wandeln sich, ebenso deine Interessen und Hobbys – und dein Board sollte das widerspiegeln. Führe regelmäßig ein Update durch, aber solange nichts Einschneidendes passiert, solltest du es nicht ersetzen. Deine alten Träume werden immer irgendwo im Hintergrund herumtänzeln und sich mit den neuen vermischen!

Hänge dein Vision Board irgendwo auf, wo du es leicht sehen kannst – als Erinnerung an deine Absicht, die du dir täglich vor Augen führst: Liebe und Glück zu finden. Wenn du weißt, was du willst, und diese Liebesenergie ins Universum hinausschickst, ist der nächste Schritt einfach der: abwarten, bis die Manifestation des Gewünschten sich zeigt.

· 8 ·

Keine Angst vor Geistern: Spuk, üble Taten und negative Seelen

»Das Licht wird immer über die Dunkelheit siegen.«

MUSS ICH MIR WEGEN BÖSER GEISTER SORGEN MACHEN?

Unglücklicherweise gibt es auf der anderen Seite auch üble Geister, so wie auf Erden manch finstere Gestalt ihr Unwesen treibt. Das Gute ist, dass du mit ihnen vermutlich nie in Kontakt kommen wirst, wenn du diese Zeilen liest. Das wahrhaft Böse nährt sich von Dunkelheit und Isolation, also verweile einfach im Licht! Solange du nicht nach ihm suchst, sucht es nur sehr selten nach dir.

Es ist keineswegs so, dass jeder, der auf Erden ein schlimmer Finger war, in der anderen Welt zum bösen Geist wird. Glücklicherweise gibt es von Letzteren deutlich weniger! Selbst wenn Menschen etwas getan haben, was sie wiedergutmachen sollten (und auf wen trifft das nicht zu?), so können doch fast alle Seelen den Übergang erfolgreich meistern. Bevor sie in den Himmel eintreten, erhalten sie Gelegenheit zur Buße. Sind ihre Taten aber wirklich schlimm gewesen und sie lehnen es ab, eine Form von Sühne zu leisten, dann bleiben sie irgendwann »stecken« und kommen nicht weiter. Jetzt fragst du dich vermutlich, wo diese »stecken gebliebenen« Seelen sich aufhalten.

Das Böse versteckt sich im Dunkeln

Ist dir schon mal aufgefallen, dass es in Horrorfilmen nur an verfallenen, verlassenen Orten spukt? Und das ist nicht nur im Film so. Derartige Umgebungen ziehen diese Geister förmlich an. Das Letzte, was sie wollen, sind lichter Sonnenschein und glückliche Familien. Sie verbergen sich lieber im Schatten.

Ich persönlich suche nie Spukhäuser oder böse Geister auf. Die einzigen Menschen, die ich kenne, die auf derart negative Wesen treffen, sind Geisterjäger und Spezialisten, die paranormale Phänomene erforschen. Leute »wie du und ich« begegnen solchen Wesen nie, nicht im Supermarkt und nicht auf dem Weg zur Arbeit.

So weit, so gut. Aber ich wäre natürlich kein Medium, wenn ich nicht die ein oder andere Gespenstergeschichte auf Lager hätte!

Das Hotelzimmer, in dem es spukte

Ich hatte tatsächlich mal eine recht unheimliche Begegnung mit einem bösen Geist. Eine solche Wesenheit tobt sich nicht an Orten aus, an denen die Leute einfach Spaß haben, zum Beispiel in einer überfüllten Casinolobby. Das heißt aber nicht, dass andere Bereiche im Casino gleichfalls tabu wären.

Viele meiner Veranstaltungen finden in Casinos statt, daher kenne ich die Leute dort meist recht gut. Eines Tages rief mich ein Casinomanager an, der total aus dem Häuschen war! In einem seiner wenig genutzten Hotelzimmer, die zum Casino gehörten, ereigneten sich seltsame Vorgänge. Der Raum wurde gewöhnlich nicht vergeben, weil er gleich neben der Wäscherei lag und die Fenster auf den Parkplatz wiesen. Da die Gäste das Zimmer nicht mochten, nutzte man es als Lagerraum. Es war seit Jahren nicht bewohnt worden.

Nun stell dir einmal vor, wie es in einem Casino gewöhnlich zugeht. Ein großes Casino – wie dieses – hat mehrere Tausend Gäste am Tag. Daher überrascht es nicht wirklich, wenn einer auch mal das Zeitliche segnet.

Eines Tages wurde unbedingt noch ein Zimmer gebraucht, man war aber völlig ausgebucht. Der Manager beschloss daher, das laute Zimmer leer zu räumen und für den Gast herzurichten.

Man schickte das Zimmermädchen nach oben, das aber sofort bei der Haustechnik anrief. Sie bekam den Raum einfach nicht warm. Sie hatte die Heizung voll aufgedreht, der Thermostat zeigte 23 Grad, und trotzdem blieb es kalt im Raum. Die Haustechnik schickte einen Mitarbeiter, aber bevor der oben ankam, wurde es plötzlich warm.

Also überlegte man nicht lange, sondern händigte dem Gast die Schlüssel aus. Einige Minuten später schon rief die Dame an der Rezeption an. »Mein Zimmer ist eiskalt, außerdem riecht es nach faulen Eiern!«

Wieder kam die Haustechnik. Als der Mitarbeiter oben war, hatte der Raum normale Temperatur, und der Gestank war verflogen.

Die Dame war ein wenig verwirrt, dachte sich aber nicht viel dabei. Sie ging zum Abendessen, doch als sie zurückkam, sah sie eine Rauchwolke im Raum, die sich in eine dunkle Gestalt verwandelte und bewegte. Dieses Mal wollte sie kein Risiko mehr eingehen! Sie bestand auf einem anderen Zimmer, denn ihrer Ansicht nach spukte es hier.

Da das Hotel nach wie vor ansonsten voll belegt war, quartierte man einen anderen Gast dort ein. Dieser war ein kräftiger, vierschrötiger Typ, den vermutlich nichts so schnell aus der Ruhe bringen würde. Weit gefehlt! Die Rezeption weckte mitten in der Nacht den Manager, als der stämmige Gast in Unterwäsche in die Hotellobby gerannt kam und schwor, dass ihm jemand die Bettdecke habe wegziehen wollen.

Der Manager wusste nicht, was da vor sich ging. Er schickte das Zimmermädchen nach oben, damit es das Zimmer räumte. Der Gast selbst hatte zu viel Angst, um es noch einmal zu betreten.

Dieses Mal roch das Zimmermädchen nicht nur die faulen Eier, sondern sah auch eine merkwürdige Männergestalt aus schwarzem Rauch.

Danach kam der Anruf bei mir: »Matt, bitte kommen Sie, und sorgen Sie dafür, dass der Geist verschwindet!«

Das Gespenst in die andere Welt zurückzuschicken, war leichter, als du vielleicht denkst. Der Manager eskortierte mich in das Zimmer. Zwei Sicherheitsleute begleiteten uns. Zusammen schalteten wir sämtliche Lichter ein, öffneten alle Türen und Fenster, und ich bat den Geist zu gehen. Ich hatte Salbei zum Räuchern mitgebracht, weil dieses Kraut Orte und deren Energie reinigt.

Wir schritten das Zimmer ab, während ich mit dem Salbei räucherte und den Geist ansprach. »Dies ist nicht dein Ort! Es ist Zeit, nach Hause zu gehen.« Es dauerte einige Minuten, bevor die Energie plötzlich umschlug. Zuerst hatte sich der Raum stickig und eng angefühlt, nun wirkte er leicht und luftig.

Meine Empfehlung an den Manager fiel auch anders aus, als du vielleicht denken magst: »Vergeben Sie diesen Raum so oft wie möglich! Nun, wo der ungebetene Gast fort ist, sollten Sie den Raum immer belegen, damit er nicht zurückkehrt.«

Der Manager bot das Zimmer mit einem erheblichen Preisnachlass an. Es wird also regelmäßig vergeben, und seitdem ist nichts mehr passiert.

Eine gute Regel, die wir im Hinterkopf behalten sollten: Positive

Energie verdrängt negative. Daher gibt es keine bösen Geister in Disneyland oder in Einkaufszentren. Dort halten sich einfach zu viele glückliche Menschen auf. Mein Rat ist: Hör auf deinen Instinkt. Verweile im Licht, und meide jene Ecken, die dir unheimlich vorkommen!

KANN DICH JEMAND VERHEXEN?

Die Antwort ist: »Nein.« Und ganz ehrlich, solche Fragen empören mich immer ein bisschen. Du würdest nicht glauben, wie viele Menschen mich anrufen und mir erzählen, ein anderes Medium habe ihnen gesagt, auf ihnen läge ein Fluch, aber gegen einen bestimmten Geldbetrag könnten sie diesen fortnehmen. Wenn es etwas gibt, was ich von der geistigen Welt gelernt habe, dann, dass niemand – weder lebendig noch tot – die Kontrolle über dein Leben übernehmen kann, wenn du das nicht zulässt. Du besitzt einen freien Willen und hast dein Schicksal zu hundert Prozent in der Hand. Ich denke, manche Menschen glauben an Flüche, weil sie negative Energien spüren können. Aber negative Energie und ein Fluch, das sind zwei grundverschiedene Angelegenheiten.

Hast du je einen Raum betreten, in dem gerade ein Streit stattfand? Und hast du dabei die negative Energie gespürt?

Vielleicht hast du mit einer anderen Person eine Auseinandersetzung über SMS oder E-Mail und konntest die negative Energie in den Worten körperlich spüren, obwohl du meilenweit entfernt vom Sendenden warst.

Negative Energie ist ein schwerer Brocken, weil sie langlebig ist. Wenn jemand wütend auf dich ist oder negative Gedanken über dich hegt, dann kann dich das durchaus beeinflussen – ganz egal, wo du bist. Auch wenn du die Person gar nicht kennst. Schon dass du in den Gedanken des anderen herumschwirrst, kann etwas ausmachen. Das liegt daran, dass wir spirituelle, energetische Wesen sind. Wir können die Energie spüren, die mit uns zu tun hat.

Jetzt fragst du dich wahrscheinlich, wie das mit dem zusammenpasst, was ich gerade gesagt habe, nämlich, niemand könne dich verfluchen oder verhexen. Aber was ist ein Fluch denn? Jemand schickt buchstäblich negative Energie. Der Knackpunkt ist nur: Selbst wenn du diese spüren kannst, musst du sie nicht annehmen. Sie kann dich nicht verletzen oder berühren, wenn du das nicht zulässt. Und der beste Schutz vor negativer Energie ist positive Energie.

Das ist so wie mit den Schulhof-Rowdys. Sobald du ihnen entgegentrittst, knicken sie normalerweise ein. Wenn du beschließt, dass negative Gedanken und Energien keine Kontrolle über dich ausüben können, dann nimmst du ihnen ihre Macht!

Der Fluch entsteht in deinem Kopf

Ich hatte mal eine Klientin, die absolut davon überzeugt war, dass eine alte Freundin sie mit einem Fluch belegt habe. Sie hatte richtiggehend Angst, weil sie glaubte, die Kontrolle über ihr Leben verloren zu haben. Diese Freundin war sehr negativ: Sie verspottete meine Klientin in den sozialen Medien oder schrieb ihr per SMS, sie würde ihr negative Energie senden. Meine Klientin war seelisch am Ende. Alles, was in ihrem Leben an Schlechtem passierte, war in ihren Augen die Schuld dieser Frau.

Sie kam für ein Reading zu mir, und kaum hatte ich mich auf ihre Energie eingestellt, spürte ich diese ganzen negativen Schwingungen. Aber das war kein Fluch. Schuld war vielmehr ihr Glaube, dass diese Freundin sie kontrollieren konnte. Ich spürte, wie die Angst, die Paranoia sich in ihrem Körper festgesetzt hatte. Gleichzeitig war mir klar, dass dieses Problem sich leicht lösen ließe, wenn meine Klientin nur ihre Vorstellungswelt veränderte.

Ich holte mir Rat in der geistigen Welt. Dort hieß es, der beste Weg, diese Energie zu bekämpfen, sei es, sie zurückzuschicken.

»Blockieren Sie diese Frau in den sozialen Medien und auf dem Handy. Verbannen Sie alles, was Sie an diese Frau erinnert. Konzentrieren Sie sich vielmehr auf Ihre eigene Energie. Und wenn Sie spüren, dass negative Energie zu Ihnen durchkommt, dann schicken Sie diese postwendend retour.«

Das zeigt, dass ich da ganz richtig liege: Du musst dein Gefühl dafür, wer du bist, bewahren und deine energetischen Grenzen aufrechterhalten. Wenn du starke Grenzen hast, dann perlen »Flüche« anderer Menschen oder deren negative Gedanken einfach an dir ab.

Es ist wie in einer Beziehung. Du musst behüten, was du bist – deine Freunde behalten, deine Überzeugungen und die Dinge, die dir Spaß machen. Und nicht die Kontrolle über deine Identität deinem Partner überlassen.

Im Grunde kannst du dir das mit der Energie ähnlich vorstellen wie eine mathematische Gleichung oder ein physikalisches Gesetz. Wenn du die Negativität aus deinem Leben bannst, schaffst du Raum für positive Erfahrungen. Und diese positive Energie füllt den Raum, sodass sich Negatives nicht mehr ausbreiten kann.

SIND GEWISSE EREIGNISSE IM LEBEN VORHERBESTIMMT?

Die Antwort hierauf lautet: »Ja und nein.« Die geistige Welt hat mir gezeigt, dass es uns bestimmt ist, gewisse Menschen zu treffen oder spezielle Möglichkeiten vorzufinden. Andererseits haben wir eben auch einen freien Willen und fällen unsere eigenen Entscheidungen.

Dein Leben steckt voller Gaben und Gelegenheiten. Deine Gaben sind das, was du bist, worin du gut bist. Die Gelegenheiten haben mit den Entscheidungen zu tun, die du triffst, und mit den Menschen, die dir begegnen.

Das Universum gibt jedem unterschiedliche Gaben mit. Es gibt begabte Heiler, Lehrer, Künstler, Medien und so weiter. All diesen Menschen sind gewisse Erfahrungen vorherbestimmt. Es ist wie Weihnachten – da findest du auch Geschenke unter dem Baum, auf denen dein Name steht. Das sind die Erfahrungen und Chancen, die du hier in dieser Welt hast. Manchmal ist es gerade nicht die richtige Zeit, um diese Geschenke zu öffnen, doch selbst wenn du vom Pfad abkommen solltest, so liegen deine Gaben doch immer bereit, bis der rechte Moment für das Öffnen der Präsente kommt.

Ich bin dafür das beste Beispiel. Als Heranwachsender verdrängte ich meine mediale Veranlagung. Aber ganz egal, wie oft ich mich dagegen entschied, diese Gabe blieb mir erhalten und wartete nur auf mich. Ich musste lediglich an den richtigen Ort gelangen, um sie sinnvoll nutzen zu können.

Du hast mehr als eine Chance!

Und noch etwas hat mir die geistige Welt gezeigt: Wenn etwas sein soll, dann kommt es wieder – wie der Messingring am antiken Karussell, an dem man bei jeder Umdrehung vorbeikam. Wenn jemand mir erzählt, er hätte »seine große Chance verpasst«, dann versichere ich dieser Person: Wenn das tatsächlich so ist, kommt die große Chance zurück.

Allerdings ist nicht alles vorbestimmt: Krankheiten oder Tragödien sind davon ausgenommen. Sie sind einfach nur Teil unseres Lebens auf der Erde. Unsere spirituelle Seite kann aus diesen Erfahrungen lernen, aber sie sind nicht vorherbestimmt. Wir sind spirituelle Wesen, und als solche sind wir hier, um zu lernen und uns weiterzuentwickeln. Wir sind nicht hier, um zu leiden.

Die geistige Welt schickt uns Zeichen. Manchmal drängt sie uns förmlich weg von Entscheidungen, die nicht gut für uns sind. In solchen Momenten ist es besonders wichtig, dass du auf dein Bauchgefühl hörst.

Die falsche Entscheidung zur falschen Zeit

Man hat mir einmal angeboten, bei einer internationalen Veranstaltung aufzutreten. Obwohl ich mir eine Gelegenheit wie diese gewünscht hatte, konnte ich mich nicht durchringen, den Vertrag zu unterzeichnen.

Als ich herauszufinden versuchte, was mich zurückhielt, erzählte ich einem Freund von meinen vagen Ahnungen. Da hörte ich eine Stimme: »Fahr nicht hin!« Die Stimme war verzerrt, ich war nicht einmal hundertprozentig sicher, ob ich richtig gehört hatte.

In jener Nacht wollte ich der Sache definitiv auf den Grund gehen. Ich meditierte und fragte meine geistigen Führer, was los sei.

Die Antwort kam schnell. Es sei nicht der richtige Zeitpunkt. Die geistige Welt teilte mir mit, es würde sich eine andere Chance ergeben. Es sei in Ordnung, wenn ich meiner Intuition folgte und absagte.

Man erzählte mir, der Himmel gäbe uns solche Chancen nicht, nur um sie uns wieder wegzunehmen. Ich solle mir also keine Sorgen machen, dass ich einen wichtigen Karrieresprung verpassen könnte.

Schließlich fand ich heraus, was mich zögern ließ. Zu jener Zeit war die Reise für mich nicht in Ordnung. Ich hätte das Land für sechs Monate verlassen müssen. Sobald ich Nein gesagt hatte, boten sich vor Ort andere Möglichkeiten – und diese waren noch einmal deutlich besser! Und ich begriff, dass ich sie versäumt hätte, wäre ich außer Landes gewesen.

Der richtige Ort, die falsche Zeit

Manchmal weiß man einfach, dass etwas sein soll – und es passiert trotzdem nicht! Ich wollte ein Haus kaufen und scrollte mich im Internet durch die Angebote, als ich bei einem hängen blieb. Ich rief die Maklerin an, sie zeigte mir das Haus; und sobald ich drin stand, wusste ich, es war das meine. Ich sagte der Dame, ich wolle es haben. Ich war mir so *sicher,* dass alles klappen würde, aber die Maklerin meinte nur, es gäbe bereits ein anderes Angebot für das Haus.

»Kein Problem. Ich bin ein Medium«, sagte ich. »Das Angebot wird sicher nicht angenommen!«

»Das glaube ich nicht«, meinte sie. »Der Käufer würde bar zahlen.«

»Na, dann schauen wir mal! Rufen Sie mich an, wenn der Vertrag nicht zustande kommt.«

Als der Vertrag tatsächlich unterzeichnet wurde, war ich schockiert, ja fast ein wenig deprimiert. Nicht nur, weil ich das Haus nicht bekam, sondern weil ich an meiner Intuition zweifelte.

Dann aber dachte ich nicht mehr länger über die Angelegenheit nach und lebte mein Leben weiter, bis das Haus sechs Monate später wieder auf dem Markt war!

Ich konnte es kaum glauben! Ich sah mir das Haus noch einmal an, es war verrückt. Die Besitzer, ein Ehepaar, waren eingezogen und hatten gerade angefangen, das Haus zu renovieren, als sie sich nach diesen sechs Monaten trennten. Und der Mann wollte nicht mehr in dem Haus leben.

Ich zog ein und machte mit den Renovierungsarbeiten dort weiter, wo er aufgehört hatte. Ich lebe noch heute in diesem Haus.

Obwohl die erste Enttäuschung mich veranlasste, an meiner Intuition zu zweifeln, zeigte die neue Entwicklung, wie das, was sein soll, auch eintreten wird. Du musst vielleicht nur ein wenig Geduld haben.

Erfahrungen wie diese stärken mein Vertrauen ins Universum. Wenn du denkst, etwas sei vorbestimmt, passiert aber trotzdem nicht, dann gib dem Universum doch ein wenig Zeit. Die himmlische Welt stellt sicher, dass alles kommt, wie es soll, wenn die Zeit dafür reif ist.

GIBT ES SO ETWAS WIE DIE HÖLLE?

Die gute Nachricht: Ich habe noch nie ein Reading gegeben, bei dem sich eine Seele aus der Hölle gemeldet hätte. Aber ich erlebte Readings, bei denen die Person unerreichbar war – auch wenn das selten vorkommt. Daher überlegte ich, ob diese Seelen vielleicht an einem anderen Ort sind, und stellte der geistigen Welt diese Frage. Man zeigte mir daraufhin, dass es keineswegs zwei Welten gibt, wie das häufig in Filmen oder Büchern dargestellt wird. Aber es gibt Seelen, die eine nötige Wiedergutmachung geleistet haben und weitergekommen sind. Und andere, die daran noch arbeiten. Bevor sie den Übergang erfolgreich vollzogen haben, kann ich sie nicht erreichen.

Vielleicht ist ein Grund, warum ich nie Verbindung zu negativen geistigen Wesen habe, dass ich sie nicht zu mir »einlade«. Bevor ich ein Reading abhalte, formuliere ich eine positive Absicht und gebe deutlich zu verstehen, dass ich nur mit Seelen sprechen will, die aus dem Licht kommen, von einem Ort der Liebe. Denn es ist schon etwas Wahres dran: Wenn du nach Negativem suchst, dann wirst du es finden. Ich aber mache genau das Gegenteil.

Manchmal, wenn ich eine Seele nicht erreichen kann, kommt das Signal: »Versuch es später noch einmal.« Mitunter aber ist es auch so, als würde ich gegen eine Wand rennen, die ich einfach nicht zu durchstoßen vermag. Dann kann ich mir sicher sein: Das, was sich dahinter befindet, übersteigt meine Möglichkeiten, damit fertigzuwerden.

Wenn es eine Seele gibt, die durch und durch böse ist, dann versuche ich nicht, sie zu kontaktieren oder zu finden. Um diese Angelegenheiten kümmert sich Gott.

Die Seelen, die noch feststecken, haben in meinen Augen eine Auszeit bekommen, in der sie ihre Fehler erkennen und wiedergutmachen können.

WO SCHAUT FLUFFY DA HIN?

Kann dein Hund oder deine Katze geistige Wesen spüren? Absolut! Haustiere haben einen sechsten Sinn, der ihnen ermöglicht, Seelen, die von uns gegangen sind, zu sehen und mit ihnen zu kommunizieren.

Gerade Hunde bellen öfter den leeren Sessel an, den ihr Herrchen früher immer benutzt hat. Oder sie laufen schwanzwedelnd zur Tür, obwohl niemand hereinkommt. Vielleicht ist dir schon mal aufgefallen, wie sie unausgesetzt auf einen Fleck starren oder anscheinend jemanden mit ihrem Blick verfolgen, während du selbst absolut nichts siehst.

Haustiere sind sich der Präsenz von Wesen aus anderen Welten durchaus bewusst. Sie halten das auch nicht für merkwürdig. Ihre verstorbenen Herrchen und Frauchen schauen ja auch oft nach ihnen. Manchmal spüren sie ebenso die Präsenz anderer Tiere, die früher im Haus wohnten, auch wenn sie diese zu Lebzeiten nicht gekannt haben.

Tiere sind anders als die meisten Menschen, denn sie fürchten den Tod nicht. Dieser Mangel an Furcht sowie ihr sechster Sinn erlauben ihnen, häufig Besucher aus der geistigen Welt wahrzunehmen.

Einer der Vorteile, die ich am Leben als Medium besonders zu schätzen weiß, ist die Tatsache, dass du den Tod immer weniger fürchtest, je mehr du über die andere Welt erfährst. Tiere sind uns, was das betrifft, voraus, weil sie mit diesem Wissen zur Welt kommen. Tiere können tatsächlich noch mehr, als nur geistige Besucher wahrzunehmen. Ist dir schon mal aufgefallen, dass Tiere, gerade auf dem Bauernhof, spüren, wenn ein Sturm kommt? Die Leute erklären das gewöhnlich damit, dass sie irgendetwas riechen oder andere physikalische Signale wahrnehmen. Ich glaube, das hat eher mit ihrer Intuition zu tun. Daher wissen Tiere auch meist, wenn ihr Besitzer krank oder in Gefahr ist.

Ein friedlicher Gang über die Regenbogenbrücke

Was den sechsten Sinn angeht: Ich musste vor Kurzem unsere Katze einschläfern lassen. Alexa und ich lieben Bengalkatzen, weil sie so schön und anhänglich sind. Wir waren zutiefst erschüttert, als es hieß, unsere hätte einen Tumor. Der Tierarzt tat, was er konnte, aber der Krebs war zu aggressiv. Wir verbrachten noch so viele gute Wochen wie möglich mit ihr, aber schließlich war es einfach so weit: Sie wollte gehen. Sie war nicht mehr so glücklich wie sonst immer, und wir merkten, dass sie starke Schmerzen haben musste.

Ich weiß, wie stark die Intuition von Haustieren ist. Ich dachte, unsere Katze würde sofort merken, was sie erwartete, sobald wir die Praxis beträten. Ich wusste nicht, wie sie reagieren würde. Sie hasste den Tierarzt regelrecht und fürchtete sich sogar vor Routinebesuchen.

Alexa und ich schlugen sie in eine weiche Decke ein. Der Tierarzt führte uns in einen besonderen Raum, wo er normalerweise kranke Tiere einschläferte. Ich hatte eine Heidenangst, mit ihr durch diese Tür zu gehen. Ich wollte nicht, dass sie sich fürchtete.

Was dann geschah, überraschte mich selbst am allermeisten. Alexa und ich gingen hinein und setzten unsere Mieze auf den Tisch. Sie fing sofort an zu schnurren. Dabei hatte sie schon tagelang nicht mehr geschnurrt! Sie leckte uns die Hände und drängte sich eng an uns. Als wollte sie uns zu verstehen geben, dass sie durchaus wisse, was nun passieren würde, aber dass sie damit einverstanden sei.

Der Krebs kam in ihrer Katzenfamilie häufig vor. Wir hatten sie und ihren Bruder als kleine Katzen bekommen. Er war vor einigen Jahren an derselben Krankheit gestorben. Ich konnte seine Präsenz fühlen, und ich weiß, dass unsere Mieze das auch tat. Wir wussten, er war da, um sie hinüberzugeleiten.

Wir streichelten sie liebevoll mehrere Minuten lang. Dann kam der Tierarzt, und wir verabschiedeten uns von ihr. Wir wussten ja, wir würden sie wiedersehen. Sie verließ diese Welt in Frieden und lauter schnurrend als je zuvor.

So erschüttert wir waren: Es tröstete uns, dass sie keine Angst vor dem Weg hatte, der vor ihr lag.

GIBT ES EINEN UNTERSCHIED ZWISCHEN GEISTERN UND GEISTIGEN WESEN?

Letztlich sind Geister und geistige Wesen ein und dasselbe, aber die Menschen sehen sie unterschiedlich, und das hat seinen Grund: Ein geistiges Wesen ist eine Seele, die du gekannt hast – deine Oma, dein Vater, dein Haustier. Geister oder Gespenster hingegen sind Seelen, zu denen du keinerlei Verbindung hast.

Sie sind also im Grunde dasselbe, nur deine Wahrnehmung macht da einen Unterschied.

Wenn ich jemandem sage: »Dein Vater lebt mit dir in diesem Haus«, dann schätzt die Person diese Botschaft gewöhnlich. Würde ich ihr sagen, der ehemalige Besitzer sei noch hier, hätte sie das Gefühl, es spuke bei ihr.

Aber auch wenn du sie anders wahrnimmst, sind Geister nicht böse. Du magst sie von Zeit zu Zeit spüren, aber das heißt nicht, dass sie böse Absichten haben. So wie deine Angehörigen im Geist dich besuchen, besuchen Geister Orte, die ihnen zu Lebzeiten wichtig waren. Möglicherweise ist das ja das Haus, in dem du jetzt lebst. Wenn du eine solche Präsenz bei dir zu Hause spürst, dann ist es eine gute Idee, den Blick in die Vergangenheit zu richten, um herauszufinden, wer das sein könnte. Sobald wir wissen, wer der Geist ist, ist er kein Geist mehr, sondern ein geistiges Wesen.

Als ich klein war, sah ich merkwürdige Geister bei uns zu Hause. Ich beschrieb sie meiner Mutter, und sie erkannte darin Familienmitglieder. Sie zeigte mir ein Fotoalbum, und ich erkannte die Geister darin, die mich besuchten – meinen Urgroßvater, eine Tante und eine Cousine meiner Mutter. Meine Mutter erzählte mir von all diesen Menschen, woraufhin sie mir schließlich ganz real vorkamen.

Es gab auch Menschen, die ich nicht wiedererkannte. Auch von ihnen erzählte ich meiner Mutter, und sie versicherte mir, das seien einfach frühere Nachbarn, die uns nichts Böses wollten.

Pass auf den Laden auf!

Das Gleiche passierte einer meiner Freundinnen, als sie eine Boutique eröffnete. Kaum war sie eingezogen, merkte sie, dass die Lichter oft ohne jeden Grund flackerten und Türen einfach auf- und zugingen. Als sie das dem Vermieter berichtete, meinte der nur: »Ach, das ist Tom, der Friseur. Er hatte diesen Laden, bis er ausbrannte. Und hin und wieder schaut er einfach vorbei, ob alles in Ordnung ist.«

Nachdem sie diese Geschichte gehört hatte, war meine Freundin neugierig geworden. Sie forschte nach und stieß tatsächlich auf ein Bild von Tom. Sie und ihre Partnerin rahmten das Bild und hängten es im Hinterzimmer auf. Jeden Abend, wenn sie die Boutique abschlossen, baten sie Tom, über den Laden zu wachen. So wurde er vom Gespenst zum Partner im Geist!

Das zeigt letztlich sehr schön, dass der Unterschied zwischen Geistern und geistigen Wesen nur auf unserer Wahrnehmung beruht.

MEINE SCHWIEGERMUTTER KONNTE MICH ZU LEBZEITEN NICHT AUSSTEHEN: WIRD SIE JETZT, NACHDEM SIE GESTORBEN IST, BEI MIR HERUMSPUKEN?

Nun, diese Sorge kannst du getrost vergessen! Die Antwort ist definitiv: »Nein«, denn sie hat dich ja schon zu Lebzeiten drangsaliert. Vermutlich wird ihr das in der Retrospektive leidtun. Nach der Lebensrückschau ändert sich die Sichtweise der Seelen. Wenn sie können, machen sie es wieder gut, falls sie jemanden schlecht behandelt haben.

Ich hatte einmal eine Klientin, der genau das passiert war. Sie konnte einfach nichts tun, damit die Mutter ihres Mannes sie mehr mögen würde. Sie versuchte alles, um wenigstens irgendeine Gemeinsamkeit zu finden: Sie lernte, ihre Lieblingsgerichte nachzukochen, brachte ihr zum Muttertag und zu Weihnachten Geschenke und besuchte sie regelmäßig. Alles vergebens. Sie bemutterte ihren Sohn dermaßen, dass keine Frau je gut genug für ihn war!

Als sie an Alzheimer erkrankte, pflegte meine Klientin sie. Sie gab ihr ein eigenes Zimmer in ihrem Haus, kochte für sie, brachte sie zum Arzt und zum Friseur. Aber je mehr sie für die alte Frau tat, umso bösartiger und schwieriger wurde diese. Nach drei Jahren war jeder einzelne Tag die Hölle für sie. Meine Klientin hielt um ihres Ehemannes willen durch, aber die alte Frau bezeigte ihr nicht einen Funken Dankbarkeit oder Freundlichkeit.

Nachdem ihre Schwiegermutter das Zeitliche gesegnet hatte, kam sie wegen eines Readings zu mir. Eigentlich hatte sie den Kontakt zu ihrer eigenen Mutter gesucht, aber die Schwiegermutter meldete sich zuerst.

Sie wollte ihrer Schwiegertochter das längst fällige Dankeschön sagen für all die Liebe und Unterstützung, die sie ihr geschenkt hatte. Und sie bat um Vergebung für ihr Benehmen während der Krankheit und der Zeit davor.

Sie wollte meiner Klientin sagen, dass sie sie jetzt, da sie im Himmel war, als ihre Tochter betrachte. Sie wisse es zu schätzen, wie meine Klientin sich trotz allem um sie gekümmert habe, als wäre sie ihre eigene Mutter. Und ich müsse ihr auch unbedingt mitteilen, sie solle den Schmuck tragen, den die Schwiegermutter hinterlassen hatte.

Dieses Reading sagt letztlich alles. Menschen, die dich im Leben schlecht behandelt haben, sind mehr als an allem anderen daran interessiert, das wiedergutzumachen. Nach ihrem Tod verstehen sie so manches besser, und sie können das Beste in den Menschen sehen, die sie zurückgelassen haben. Im Rückblick erkennen sie ihr eigenes schlechtes Verhalten ohne Wenn und Aber. Was mich zur nächsten Frage bringt …

MÜSSEN SICH MENSCHEN FÜR IHR NEGATIVES HANDELN VERANTWORTEN, WENN SIE STERBEN?

Wenn eine Seele den Übergang vollzogen hat, blickt sie auf ihre Zeit auf der Erde zurück, als würde sie sich einen Film anschauen. Aus dieser neuen Perspektive heraus können die Seelen die Vergangenheit sehr, sehr klar sehen. Sie überblicken ihr ganzes Leben, das Gute und das Schlechte. Manche Seelen brauchen länger als andere für diesen Rückblick und den Übergang auf die nächste Ebene. Möglicherweise stehen dann noch einige Aufgaben an, mit deren Lösung sie ihre Schwingungen erhöhen können.

In gewisser Weise läuft das so wie bei den Anonymen Alkoholikern – du musst dich zuerst zu deinen Handlungen bekennen und dann eventuell Wiedergutmachung leisten, bevor du die nächste Stufe erklimmen kannst.

Wiedergutmachung

Der Lebensrückblick zeigt auf, was im Leben wirklich zählt. Wenn du auf der anderen Seite bist, dann interessierst du dich nicht mehr für deine Karriere, dein Bankkonto oder deinen Körperfettanteil. Das alles ist okay, solange du lebst, aber wenn du stirbst, lässt du all dies hinter dir. Was dir bleibt, sind die Liebe und das Mitgefühl, die du anderen entgegengebracht hast, die Menschen, denen du geholfen hast, und der Einfluss, den dein Tun auf die Welt hatte.

Du siehst auch, welche Aufgaben noch ungelöst sind und welche Menschen du verletzt hast. Du siehst, welche Folgen es hatte, wenn du *nicht* gehandelt hast, wenn du keine Liebe gegeben oder dich nicht um die wirklich wichtigen Dinge gekümmert hast. Du wirst dir des Dominoeffekts bewusst, den dein Handeln auf andere Menschen ausübte. Glücklicherweise ist es nie zu spät für eine Wiedergutmachung.

Wenn eine Seele ihren Lebensrückblick abgeschlossen hat, ist der nächste Schritt der Kontakt mit den Lebenden, um die Angelegenheit wieder in Ordnung zu bringen. Dafür gibt es viele Beispiele:

- Bei einer meiner Veranstaltungen entschuldigte sich die Mutter einer Teilnehmerin dafür, dass sie ihrer Tochter, die sie ins Pflegeheim gab, deswegen solche Schuldgefühle eingeflößt hatte.
- Ein Mann kam zu mir durch und sagte, er wünschte, er könnte den bösen Brief zurücknehmen, den er seiner Frau hinterließ. Darin hatte er sie für seinen Tod verantwortlich gemacht. Er litt unter einer bipolaren Störung und nahm sich das Leben. In der

Rückschau wurde ihm klar, dass sie mit seinen Problemen nichts zu tun hatte.

- Eine ältere Frau bat mich, ihrem Sohn auszurichten, dass sie ihn nie hätte drängen sollen, so viel Zeit mit ihr zu verbringen und darüber seine eigenen Kinder zu vernachlässigen.

Dieser Prozess des Übergangs, bei dem die Seele negative Emotionen loslässt und Lebensrückschau hält, ist ein Geschenk, das ihr erlaubt, sich weiterzuentwickeln. Sie erhält die Chance, allen Groll gehen zu lassen, ihr Leben noch einmal anzusehen und – wenn die Zeit gekommen ist – ihren lieben Menschen auf der Erde zu ermöglichen, aus ihren Erfahrungen zu lernen und ihre Liebe zu spüren.

Vergebung vom Himmel

Als Medium weiß ich nicht, wer durchkommen und mit mir Kontakt aufnehmen wird. Allerdings ist es meist so, dass die besten Readings dann stattfinden, wenn jemand sich meldet, den du nicht erwartet hast. Mitunter ist eben dieser Lebensrückblick der Grund, dass Seelen zu uns durchkommen, die man kaum gekannt hat.

So stellte ich vor Kurzem eine Verbindung her zwischen einer Frau und ihrem Vater, den sie zu seinen Lebzeiten nicht kannte, weil er sie und ihre Mutter verlassen hatte, als sie noch klein war. Da er keinerlei Kontakt zu ihnen gehabt hatte, erfuhr sie erst Jahre nach seinem Tod, dass er gestorben war.

In der anderen Welt konnte er sehen, welchen Schmerz er seiner Tochter zugefügt hatte, weil er in ihrem Leben nie präsent gewesen war. Er wollte ihr eine Botschaft schicken und sein Handeln erklären. Sie sollte wissen, dass er die volle Verantwortung für sein Tun übernahm und dass es ihm leidtat. Dank dieser Botschaft konnte sie nun lächeln, wann immer ihr Vater ihr in den Sinn kam. Jahre des Schmerzes waren in einem Augenblick verflogen, sodass sie wieder frei atmen konnte.

WENN MAN IM LEBEN VOLLER ZORN WAR, WIRD MAN DAS AUCH IM HIMMEL SEIN?

Du kannst dein ganzes Leben verantwortungsvoll führen, gewissenhaft deiner Arbeit nachgehen und dich an die Regeln halten – und trotzdem voller Wut und Negativität stecken. Du hast dir nichts zuschulden kommen lassen, also sollte es beim Übergang in den Himmel kein Problem geben. Andererseits ist es schwierig, sich einen Himmel vorzustellen, der von griesgrämigen, nachtragenden Seelen bevölkert ist!

Sicher hast du schon öfter sagen gehört: »Du kannst nichts mitnehmen!« Das gilt für Geld und Besitz, aber auch für Wut, Groll, Eifersucht und all die anderen schweren Gefühle, welche die Menschen zu Lebzeiten bedrücken.

Keine Sorge! Das Universum hat alles unter Kontrolle. Und das funktioniert so: Stell dir deine Charakterzüge und Gefühle vor wie Sandkörner. Positive Gefühle wie Liebe, Mitgefühl und Güte sind der feinste, weichste Sand. Wut, Verbitterung und Eifersucht stellen die groben, schweren Körner dar, fast schon kleine Steine. Wenn die Seele den Übergang absolviert, ist es, als würde der Sand durch ein Sieb geschüttet. Die schweren Gefühle werden ausgesiebt, nur das Leichte kommt durch.

Wenn deine gutherzige, aber leicht erregbare Großmutter stirbt, kann ein Medium einige dieser Charakterzüge erkennen, was an ihren Erinnerungen liegt. Aber ihre eigentliche Seele ist reinstes Licht.

GIBT ES EINEN GEISTIGEN SCHUTZ?

Meine Mutter sagt immer, es seien nicht die Geister und Gespenster, derentwegen wir uns Sorgen machen sollten, sondern wegen lebender Menschen! Narzissten, Leute, die ihre Unsicherheit und ihre Wut an anderen ausagieren, oder Scheinheilige mit hocherhobenem moralischem Zeigefinger können uns eine Menge wertvoller Energie rauben. Die Rede ist von *Energievampiren.*

Was sind Energievampire?

Kennst du einen Menschen, der dir buchstäblich die Energie aussaugt, sodass du erschöpft und ausgelaugt zurückbleibst?

Energievampire können Familienmitglieder sein, Kollegen oder Freunde. Wenn du mit diesem Typ Mensch zusammen bist, schlägt deine Stimmung um.

Normalerweise wissen Energievampire nicht, was sie tun. Sie sind nur einfach extrem selbstsüchtig und kommen aus ihrer Negativität nicht heraus. Und damit ziehen sie irgendwann auch andere Menschen runter.

Aber wie du dir mit Knoblauch Vampire vom Hals halten kannst, so gibt es auch geheime Schutztechniken, mit denen du Energievampire auf Distanz hältst.

Bei denjenigen meiner Klient*innen, denen ich mit geistigen Schutztechniken helfe, handelt es sich meist um Celebrities. Viele Menschen, die im Rampenlicht stehen, fühlen sich ausgelaugt, weil sie Tag für Tag der öffentlichen Aufmerksamkeit ausgesetzt sind und mit Gerüchten und Neid zu kämpfen haben. Aus energetischer Sicht heißt dies, dass vonseiten der Presse und anderer Medien wie auch wildfremder Menschen eine Riesenwoge der Negativität über sie hinwegschwappt. Die sozialen Medien haben diese Situation noch verschärft.

Glücklicherweise gibt es einige einfache Techniken, die diese Wogen glätten können.

Wirf die Negativität zurück mit dem »Spiegelkreis«

Die negative Energie anderer Leute nicht an unserem Wohlbefinden zehren zu lassen, ist letztlich ganz einfach. Hier eine Übung, zu der ich meinen Klient*innen in solchen Fällen rate: Stell dir vor, um dich herum steht ein Kreis von Spiegeln, die nach außen zeigen. Das kannst du immer machen, wenn du toxische Einflüsse von dir ablenken willst. Der Spiegel wirft nur negative Energie zurück. Alles Positive bleibt hinter der Spiegelwand bei dir.

Die Guten ins Kröpfchen, die Schlechten ins Töpfchen!

Ich hatte einmal eine Klientin, die wirklich massive Probleme im Beruf plagten. Das lag hauptsächlich an einer Kollegin, die jede Gelegenheit nutzte, um sie herabzusetzen und schlechtzumachen. Schließlich hatte meine Klientin schon Angst, zur Arbeit zu gehen. Sie kam zu mir wegen eines Readings, weil sie vorhatte, ihren Job zu wechseln. Sie wollte aber sicher sein, dass sie die richtige Entscheidung traf.

Die geistige Welt sagte ihr, sie solle wegen dieser Person nicht ihr Leben umkrempeln und die Arbeitsstelle wechseln. Alle anderen im Team schätzten und mochten sie. Die Kollegin war nur eifersüchtig auf die positive Reaktion, die meine Klientin von anderen bekam. Dabei hatte sie nicht einmal gemerkt, dass alle Übrigen sie schätzten, weil sie sich nur auf die negative Energie konzentrierte.

Der Rat der geistigen Welt lautete, meine Klientin solle der negativen Energie keine Macht über sich einräumen, sondern »darüberstehen«. Sie setzte geistige Schutztechniken ein, die alles Negative zurück an die Absenderin reflektierten. Sie nahm nur noch das Positive auf. Nach einigen Wochen merkte sie, dass die boshaften, passiv-aggressiven Kommentare sie nicht mehr störten. Sie konnte sich wieder auf ihre Arbeit konzentrieren und auf den Beitrag, den sie dafür leistete.

Nach einigen Monaten, in denen die negative Energie keinen »Abnehmer« mehr fand, kündigte die destruktive Kollegin schließlich, und meine Klientin wurde befördert.

WARUM SIND OUIJA BOARDS SCHLECHT?

Erinnere dich daran, was ich über böse Geister gesagt habe. Dass sie sich nicht um dich kümmern, sofern du nicht nach ihnen suchst. Nun, ein Ouija Board ist der Inbegriff des Sich-Ärger-Einhandelns. Meine Mutter und meine Oma haben mir stets eingeschärft, die Finger davonzulassen!

Wie gesagt: Es gibt sowohl gute als auch böse Geister. Ein Ouija Board wird verwendet, um Kontakt mit der geistigen Welt aufzunehmen. Aber damit stößt du die Tür zu dieser Welt weit auf und lädst alle Geister ein – ob nun wohl- oder übel gesinnte.

Das ist ein bisschen so wie mit dem Schutz unseres Hauses. Du würdest ja auch nicht schlafen gehen, ohne zuvor die Türen zu verschließen. Genauso solltest du vermeiden, die Türen in die geistige Welt weit offen zu lassen. Du solltest immer die Kontrolle darüber behalten, mit wem du sprichst.

Vor meiner Tätigkeit als Medium hatte ich in Boston eine Kollegin, die völlig aus dem Häuschen war, weil ihre Tochter und deren Freunde mit einem Ouija Board spielten. Das Mädchen hatte das Brett selbst nicht angefasst, war aber mit dabei, als es benutzt wurde. Obwohl sie versucht hatte, sich abzukoppeln, kamen Botschaften durch, die für sie gedacht waren. Sie erzählte ihrer Mutter davon, weil ihr diese Botschaften eine Heidenangst einjagten. Die Freundinnen hatten ihre Bitte, doch mit der ganzen Sache aufzuhören, ignoriert. Nun wollte sie, dass ihre Mutter deswegen mit mir sprach, weil sie Angst hatte, etwas mit nach Hause genommen zu haben.

Letztlich war sie nicht in Gefahr, aber tatsächlich hatte eine negative Seele versucht, zu ihr durchzukommen. Da sie das zu keinem Zeitpunkt zuließ, kam sie unbeschadet davon, es war trotzdem *knapp* gewesen. Sie wusste gar nicht, wie viel Glück sie gehabt hatte. Hätte sie sich für diesen Geist geöffnet, hätte sie ihn vielleicht mit nach Hause gebracht.

Wenn du ein Ouija Board benutzt, lässt sich der entstandene Scherbenhaufen hinterher kaum noch beseitigen. Selbst wenn du es fortlegst oder sogar wegwirfst, der Schaden ist angerichtet. Das Board zu verwenden, heißt, Geister einzuladen. Aber selbst wenn du das Board entsorgst, bist du den »Geist, den du beschworst«, deshalb noch lange nicht los.

Wenn du also kein Hotel für heimatlose Geister eröffnen möchtest, lass am besten die Finger vom Ouija Board.

Medial begabte Menschen oder Hellseher verwenden es nie, weil sie es nicht brauchen. Und sie wollen den kommunikativen Kanal nicht eintrüben, indem sie negative Seelen einladen.

Aber versteh mich nicht falsch. Manche meiner Bekannten haben ein Ouija Board benutzt, und nichts ist passiert. Das lag vermutlich daran, dass keine negativen Seelen in der Nähe waren. Im Grunde ist das so, als würdest du beim Autofahren keinen Sicherheitsgurt anlegen. Solange nichts passiert, ist das noch nicht so schlimm. Aber du musst nur einmal einen kleinen Zusammenstoß haben, dann legst du den Sicherheitsgurt künftig gern an.

Tarotkarten oder Teeblätter sind etwas anderes. Solche greifbaren Objekte zu verwenden, ist ein sehr sicherer Weg, wie Hellseher und Medien von ihrer Gabe Gebrauch machen können. Damit werden keine Geister angerufen. Handfeste Gegenstände wie diese helfen dem Medium oder Hellseher nur, sich einen Reim auf ihre Vision zu machen. Tarotkarten und Teeblätter lassen sich problemlos mit einer medialen Begabung vereinen. Sie schaffen einfach nur über deinen medialen Kanal eine Verbindung mit der anderen Welt.

TIEFER EINSTEIGEN

Wie man negative Gedanken durch positive Energie ersetzt

Die Menschen wollen immer wissen, wie sie sich vor negativen Energien schützen können. Mein Rat ist: Achte darauf, ob du selbst negative Energie aussendest. Vergiss nicht, dass du anziehst, worauf du dich konzentrierst. Je positiver deine Gedanken sind, desto weniger Fenster öffnest du für negative Energien.

Wenn du dein Augenmerk auf etwas Negatives richtest, dann erfüllst du es so mit Leben und Energie. Lässt du es hingegen links liegen und konzentrierst dich auf das Positive in deinem Leben, dann entziehst du ihm diese Energie. Denk daran, dass du Grenzen setzen kannst: Du musst nicht hinnehmen, dass die negative Energie zu deiner wird. Du hast dein Leben und dein Glück unter Kontrolle.

Wir alle fühlen uns ab und an mies. Manche Situationen – wie der Verlust eines geliebten Menschen – sind schwer zu überwinden. Akzeptiere diese Zeiten, so wie sie sind, aber konzentriere dich nicht nur auf die Trauer, sondern versuche, jeden Tag ein bisschen Freude zu erfahren.

FINDE HERAUS, WIE DU DICH SCHNELL BESSER FÜHLST, UND HALTE DANN DARAN FEST

In schweren Zeiten ist es wichtig, dich an das Gute in deinem Leben zu erinnern. Also verliere nicht aus den Augen, was wirklich zählt:

- **Erstens:** Du darfst nie aufhören, an dich selbst zu glauben. Denk daran, dass der Himmel für dich einen göttlichen Plan hat.

Du kannst dich an deine Engel, deine geistigen Führer oder deine Lieben im Geist wenden, wann immer du göttliche Hilfe brauchst.

- **Zweitens:** Wende dich an deine Familie und deine Freunde um Hilfe. Die Menschen, denen wir wirklich etwas bedeuten, sind für uns da, wenn wir sie am meisten brauchen. Es gibt Dinge im Leben, die du besser nicht allein ausfichtst.

- **Drittens:** Nimm dir immer nur einen Tag vor. Konzentrier dich auf das Heute, statt dich über das Gestern oder Morgen zu sorgen. Wenn du nur in der Gegenwart lebst, kannst du Stress, Angst und Depressionen vermeiden, weil du geistig nur bei dem bist, was im Moment passiert, statt über Angelegenheiten zu grübeln, die im Dunkeln liegen. Einer meiner Freunde sagte mir einmal, dass 90 Prozent der potenziellen Szenarien, derentwegen wir uns sorgen, nie eintreten. Warum also die Sorge?

- **Viertens:** Treib Sport und mach Dehnübungen. Wenn ich nervös oder gestresst bin, ist es am besten, ich mache etwa fünfzehn Minuten Sport am Tag. Für mich ist Walking die beste Medizin. Der Sport sorgt dafür, dass der Körper Endorphine produziert – die uns ein gutes Gefühl geben. Leider konzentrieren wir uns, wenn wir Stress haben, häufig auf das, was uns stresst. Beim Sport aber werden deine Gedanken neu gebootet, und du findest Verbindung zu deiner Seele.

- **Fünftens:** Sei jeden Tag dankbar. Eigentlich ist es selbstverständlich, aber wir sollten in schweren Zeiten wirklich am Positiven in unserem Leben festhalten. Wenn du dankbar bist für alles, wie groß oder klein es auch sein mag, dann verleihst du damit deinem Leben Sinn und fühlst dich sofort besser, was dein Innerstes angeht. Du kannst auch jeden Abend vor dem Schlafengehen alles auflisten, wofür du dankbar bist.

GEH IN DIE NATUR, UM TRAUER UND STRESS LOSZULASSEN

Einer der schönsten Wege, um Nervosität und Ängste loszulassen, ist es, sich Zeit zu nehmen, um die Natur zu bewundern. Wenn du den Alltag mal hinter dir lässt, findest du Frieden und Ruhe. Die Natur in all ihrer Reinheit hilft dir, deinen Geist von Sorgen zu befreien.

Am besten suchst du dir zuerst einen Ort aus, an dem du gern spazieren gehst. Er sollte nicht allzu nah bei deiner Wohnung liegen, damit du ganz in diesen sicheren »Hafen« eintauchen kannst, wo du Ruhe und Leichtigkeit findest. Einen Ort, an dem du, wann immer du dich dort aufhältst, Gedanken, Sorgen und Ängste hinter dir lassen kannst.

Wenn du spürst, dass du unter Stress stehst oder dir Sorgen machst, dann such deinen Ruheort auf. Dort bist du sicher. An diesem Ort kannst du alles durchgehen, was dich belastet.

Behalte deine Sorgen nicht länger bei dir, sondern lass sie los, damit sie dich nicht mehr bedrücken. Stell dir vor, dass jeder negative Gedanke ein Ballon ist, der in den Himmel aufsteigt.

Im Alltag neigen wir dazu, unsere Sorgen in uns hineinzufressen, ohne sie zu verarbeiten. Wenn du das längere Zeit machst, fühlt sich das Ganze bald unerträglich an. Während du dich an deinem sicheren Ort aufhältst, kannst du dich dafür entscheiden, Trauer und Sorgen hinter dir zu lassen und dich einzig auf den gegenwärtigen Augenblick zu konzentrieren. Gönne dir eine Auszeit von allen Ängsten. Richte dein Augenmerk ganz auf die Natur, die dich umgibt: die Vögel, die Tiere, die Blumen und Bäume. Rieche den Duft der Umgebung. Erlaube dir diese Zeit der Entspannung.

SCHUTZTECHNIKEN

Obwohl 99 Prozent unserer Negativität nichts mit Dämonen oder der Dunkelheit zu schaffen haben, kann es sein, dass du mal auf etwas stößt, was du dir nicht zu erklären vermagst. Auch wenn dunkle Geister dir nichts anhaben können, solange deine eigene Energie positiv ist, gibt es einige Maßnahmen, die du ergreifen kannst, um dich geschützt zu fühlen. Und wie meine Mutter immer so schön sagt: Die einzigen Menschen, vor denen wir uns fürchten müssen, sind die Lebenden. Die folgenden Techniken können dir auch bei solch irdischen Begegnungen helfen:

- Stell dir einen Wall aus Spiegeln vor, der dich umschließt. Die Spiegel schauen alle nach außen und strahlen sämtliche negative Energie von dir ab.
- Mach dich mit deinen Engeln und geistigen Führern bekannt. Rufe sie an, damit sie dich beschützen.
- Wenn du irgendwo in deiner Umgebung eine stagnierende Energie fühlst, die dir nicht gefällt, kläre den Raum, indem du ihn mit Salbei räucherst. Es funktioniert wirklich!
- Fremde Räume kannst du mit deiner eigenen Energie füllen. Ich zum Beispiel mache Hotelzimmer persönlicher, indem ich ein Foto von Alexa und unseren beiden Katzen auf dem Nachttisch platziere und ein paar meiner liebsten Discosongs spiele.
- Wenn alles andere nicht hilft, öffne die Fenster, und lass Sonnenlicht und Luft herein.

· 9 ·

Heile, manifestiere, verwandle dein Leben

»Wir kommen mit unserer Lebensaufgabe zur Welt, und es ist uns bestimmt, sie zu erfüllen.«

WARUM SIND WIR HIER AUF DER ERDE?

Zunächst einmal: Obwohl man mich immer als »alte Seele« bezeichnet, bin ich erst dreißig Jahre alt. Ich hätte nicht den Hauch einer Ahnung vom Sinn des Lebens, hätte ich nicht diese Verbindung zu den Seelen auf der anderen Seite. Einige von ihnen sind sehr alt, und jede einzelne hat Zugang zur göttlichen Weisheit. Wenn es also um Einblicke in den Sinn des Lebens geht, dann stammen sie von ihnen. Und ich gebe mein Bestes, um zu erklären, was man mir mitgeteilt hat.

Du musst nicht mit allem einverstanden sein, was du hier liest – das ist vollkommen in Ordnung. Nimm einfach nur mit, was dein Herz anrührt.

Also los …

Ich sehe die Erde wie ein Klassenzimmer. Hier lernen wir unsere Lebenslektionen, treffen auf unsere Seelengefährten, finden unseren Lebenssinn und nehmen unsere Haustiere zu uns. Und wir schaffen Verbindungen, die wir mit uns auf die andere Seite nehmen.

Sieh es mal so: Die materielle und die geistige Welt sind nicht getrennt. Wenn sie es wären, könnte ich als Lebender die Seelen im Himmel gar nicht erreichen. Doch Himmel und Erde und jedes Wesen, ob es lebt oder »tot« ist, sind miteinander verbunden. Und wir alle hier auf der Erde tragen zu diesen Verbindungen bei, als würden wir mitwirken, ein enormes Netz zu spinnen. Alles, was du hier unternimmst, hat seinen Widerhall auf der anderen Seite.

Es ist so leicht, sich in den Anforderungen des Alltags zu verlieren – wie den Rasen mähen oder die Steuererklärung vorzubereiten –, aber darin erschöpft sich der Sinn unseres Daseins nicht. Die Liebe und Güte, das Mitgefühl, das wir mit anderen Menschen, Tieren und sogar Pflanzen und der Natur insgesamt teilen, haben hier und auf der anderen Seite tiefgehende Auswirkungen.

Wenn bei einem Reading die Rede auf Konflikte kommt, etwa auf Angehörige, die nicht mehr miteinander sprechen, dann sagt die geistige Welt mir immer das Gleiche: Während unserer Zeit auf Erden haben wir nur einander. Daher ist es so wichtig, freundlich zueinander zu sein.

Und was das Verbindungsnetz angeht, so solltest du wissen, dass eine Generation die nächste beeinflusst. Niemand lebt in einem Vakuum. Und wenn du dich nun fragst, wie das mit den verschiedenen Religionen ist, die alle mit dem Himmel und miteinander in Verbindung stehen, dann kann ich nur sagen, dass es unzählige Wege der Verbundenheit gibt. Niemand ist je ausgeschlossen.

Dieses Thema allerdings ist wirklich komplex, daher habe ich es in mehrere Fragen gegliedert, die ich in der Folge beantworten werde.

WARUM MÜSSEN WIR IM LEBEN HERAUSFORDERUNGEN UND KÄMPFE BESTEHEN?

Ich habe persönlich und von den geistigen Wesen erfahren, dass jeder Kampf uns etwas lehren soll.

Wenn du schwere Zeiten erlebst, dann stehst du damit nicht allein da. Selbst Menschen, die scheinbar ein perfektes Leben führen, haben Kämpfe auszufechten. Sie haben vielleicht gesundheitliche Probleme, Suchtprobleme, seelische Störungen, Beziehungsschwierigkeiten und beruflichen Ärger. Hätten sie das nicht, würden sie in diesem Leben kein Wachstum erfahren.

Also fühle dich nicht etwa betrogen, wenn du vor Hindernisse gestellt wirst. Zufriedenheit und ein tieferes Verständnis stellen sich ein, wenn du diese Probleme überwindest und damit deine eigene Erfolgsgeschichte schreibst. Unsere Herausforderungen und Kämpfe prägen, wer wir sind. Sie haben massiven Einfluss auf die Menschen, die unsere Geschichte hören. Wir können einen positiven Dominoeffekt erzeugen, nur indem wir unsere Story erzählen. Oder noch einfacher: durch die Art und Weise, wie wir mit anderen Menschen umgehen.

Wie meine Zeit auf der Highschool aus mir den Menschen machte, der ich heute bin

Eines kann ich mit Sicherheit sagen: Wer mich in der Highschool gekannt hat, würde mich heute nicht wiedererkennen. Ich habe damals nicht viel geredet. In der Cafeteria saß ich immer allein am Tisch, und mein innigster Wunsch war, mit der Tapete zu verschmelzen und zu verschwinden. Ich hatte das Gefühl, dass niemand mich je verstehen würde.

Der durch und durch unsichere Teenager aber war nicht, was ich wirklich bin! Ich hatte Angst davor, ich selbst zu sein – und Angst davor, dass sich aller Augen auf mich richten könnten. Ich reagierte allergisch auf bestimmte Medikamente, die mir eine schreckliche Akne einbrachten. Und ich fand irgendwie keinen Draht zu den anderen Kids. Ich kam von Rhode Island und ging in Boston zur Schule. Ich hatte mit den anderen einfach nichts gemein. Ich verabscheute Sport und hatte außerdem einen massiven Rhode-Island-Akzent. (Es ist ja nicht so, dass die Bostoner keinen Akzent hätten, aber ich habe eben anders geredet.) Die Leute machten sich ständig über mich lustig und zogen mich auf.

Ich flehte meine Eltern an, die Schule wechseln zu dürfen, und schließlich waren sie damit einverstanden. Dort lief es dann eine Zeit lang besser. Bis ich anfing, meine Gabe mit anderen zu teilen. Im Rampenlicht zu stehen, hat seine Schattenseiten, denn nun ging das Mobbing wieder los. Ich war etwa neunzehn Jahre alt und kannte niemanden außer meinen Highschool-Freunden. Unglücklicherweise hatten diese nicht das geringste Verständnis für meine Begabung – und wieder zog man mich auf. Ich bekam Scherzanrufe, Leute, die ich kaum kannte, machten sich über mich lustig.

Aber ich war ja schon ein bisschen älter, und ich hatte beschlossen, dass ich künftig nicht mehr verbergen würde, wer und was ich war – ich wollte all das ausblenden und meine Fähigkeiten als Medium stärken. Auf diesem Weg wurde ich zunehmend sicherer. Und ich brach den Kontakt zu allen negativen Menschen in meinem Leben ab. Einige reagierten weiter negativ, aber langsam erschienen meine wahren Freunde auf der Bildfläche.

Schließlich wurde alles besser …

Während ich selbst mich langsam an den »wahren Matt« gewöhnte, zog ich neue Freunde und neue Chancen an. Als ich in meiner Heimatstadt bekannter wurde, meldeten die alten Freunde sich wieder, die ich aus meinem Leben verbannt hatte. Aber ich hatte mit meinen neuen Freunden und meinem beruflichen Weg genug zu tun. Ich war höflich zu ihnen, aber sie hatten mir ja deutlich gezeigt, aus welchem Holz sie geschnitzt waren. Dieser Zug war nun abgefahren!

Die ganze Erfahrung öffnete mir die Augen. Mir wurde klar: Sobald du die negative Energie aus deinem Leben verbannst, schaffst du dir neue Pfade. Ich, der ich immer Angst gehabt hatte, irgendwo das Wort zu ergreifen, wurde auf einmal zu dieser lauten und verrückten Persönlichkeit, die ich heute bin. Ich begegnete nicht nur Menschen, die waren wie ich und mich für das schätzten, was ich wirklich war. Ich bekam auch Gelegenheit, eine ganze Community zu erreichen – durch Fernsehauftritte, Liveveranstaltungen, virtuelle Begegnungen und durch meine Bücher!

Mein erwachsenes Selbst hat mit dem schüchternen Kid in der Cafeteria nichts zu tun. Ich hätte das wunderbare Leben, das ich heute führe, nie erfahren können, hätte ich meine Angst nicht überwunden.

Ich selbst zu sein, war eine wichtige Lektion, die ich zu lernen hatte, und diese Lektion veränderte tatsächlich mein ganzes Leben. Nicht nur, dass für mich alles besser lief. Ich entwickelte auch Einsichten und Empathie für das, was andere Menschen durchlebten. Und ich glaube, das war der wichtigste Teil meiner eigenen Lebenslektion.

ICH HABE EINEN SCHWEREN VERLUST ERLITTEN. WIE KOMME ICH ÜBER DIESEN SCHMERZ UND DIESE TRAUER HINWEG?

Einen lieben Menschen zu verlieren, gehört zum Schlimmsten, was man erleben kann. Aber ich versichere dir, dass du darüber hinwegkommen wirst. Ich sehe jeden Tag, wie Menschen heilen und ihren Schmerz loslassen.

Das Schwierige an der Trauer ist, dass jeder Mensch anders trauert. Es gibt verschiedene Phasen der Trauer, aber letztlich erlebt jeder sie in unterschiedlichem Maße, ja noch nicht einmal in der gleichen Reihenfolge. Und jeder Mensch heilt auf seine Weise.

Den anfänglichen Schock überwinden und die Heilung beginnen lassen

Lass dir von niemandem einreden, dass es für die Trauer einen bestimmten Ablauf oder Plan gibt. Wie man mit Verlust umgeht, ist Teil der eigenen höchstpersönlichen Reise. Was bei jemand anderem funktioniert hat, muss deswegen nicht auch bei dir wirken. Aber es ist auch wichtig, den Unterschied zu kennen zwischen dem anfänglichen Schock beziehungsweise dem Schmerz über den Verlust und dem Schmerz der Heilung.

Wenn du einen lieben Menschen verlierst, fühlst du dich wahrscheinlich hoffnungslos verloren, als könntest du nicht mehr weiterleben. Vielleicht verspürst du den Drang, dich verstecken zu wollen und jede Erinnerung wegzuschieben. Das ist durchaus opportun, aber irgendwann kommt der Moment, in dem du etwas tun musst, was vielleicht schmerzhaft für dich ist, doch es wird dich auch heilen lassen.

Zum Beispiel kann es wehtun, sich alte Fotos anzusehen, aber auch das fördert die Heilung. Die Kleidung der verstorbenen Person auszusortieren und an Menschen zu verschenken, die sie gebrauchen können, ist nicht leicht, aber es ist ein weiterer Schritt zur Heilung.

Eines der Dinge, die dir in Schmerz und Trauer helfen können, ist festzustellen, woher der Schmerz kommt. Zum Beispiel indem du persönlich Bestandsaufnahme machst.

Denk wirklich gründlich über die Sätze nach, die du im Folgenden findest – also ob sie für dich zutreffen –, sodass deine Worte tatsächlich deine Gefühle widerspiegeln (es gibt hier kein »Richtig« oder »Falsch«):

1. Ich hätte … [hierher gehört alles, was du vor dem Tod deines lieben Menschen nicht getan hast] sollen.
2. Ich bin ein schlechter Mensch, wenn ich nicht ständig an … [deinen lieben Menschen] denke.
3. Ich bin ein schlechter Mensch, wenn ich einfach weiter mein Leben führe.
4. Ich hätte ein(e) bessere(r) … [deine Rolle in der Beziehung] sein sollen.
5. Ich sollte das Andenken an … [deinen lieben Menschen] nicht entehren, indem ich über seine/ihre Fehler nachdenke oder spreche.

Darüber nachzudenken, hilft dir, deine Gefühle besser zu verstehen. Wenn du feststellst, dass dir zu einem Punkt nichts einfällt, kannst du ja mit einer vertrauenswürdigen Freundin oder deinem Therapeuten darüber reden. Ich verspreche: Es kann sein, dass es wehtut, aber es wird dir letztlich zur Heilung verhelfen. Der heilende Schmerz ist wie eine Massage. Es schmerzt, wenn jemand die Knoten weich massiert, aber hinterher fühlst du dich besser.

Erinnerungen ansehen

Deine Lieben im Geist möchten nicht, dass du aus deiner Trauer nicht mehr herausfindest. Zu diesem Zweck versuchen sie, dir den ein oder anderen Schubs zu geben, wie die folgende Geschichte sehr schön zeigt. Die Frau, um die es darin geht, habe ich bei einer meiner Veranstaltungen kennengelernt. Sie wirkte vertraut auf mich, weil sie bereits öfter gekommen war. Sie hoffte, Kontakt zu ihrer Tochter herstellen zu können, aber die junge Dame meldete sich einfach nicht bei uns.

Bei der vierten Veranstaltung fühlte ich mich dann zu der trauernden Mutter hingezogen. Ich sah, dass ihre Tochter in ihrer geistigen Gestalt hinter ihr stand. Die junge Frau war an Krebs gestorben. Ihre Familie hatte alles Menschenmögliche getan. Sie waren überzeugt, dass die junge Frau es schaffen würde, aber der Krebs war zu aggressiv. Es brach ihrer Mutter das Herz, als sie starb.

Die Tochter zeigte mir einen Raum voller Kartons und sagte mir, dass sie seit fünfzehn Jahren im Haus ihrer Mutter standen. Und sie sagte mir, dass der Anblick dieser Schachteln ihre Mutter regelmäßig schmerzte. Als ich der Frau dies mitteilte, fing sie an zu weinen. Sie hatte so viel Angst vor dem Schmerz, den sie verspüren würde, wenn sie die Kartons mit den Habseligkeiten ihrer Tochter auspacken würde. Sie wollte keine Erinnerungen wecken, indem sie alles durchsah. Tatsächlich aber fingen die Erinnerungen an ihre Tochter bereits an zu verblassen.

Und die Tochter blieb hartnäckig: »Du hast dir fünfzehn Jahre lang gesagt, dass du dazu nicht bereit bist, aber jetzt ist die Zeit gekommen!« Die junge Frau ließ ihre Mutter nicht vom Haken. Sie wollte, dass sie ihr versprach, endlich alles durchzuschauen. »In diesen Schachteln liegen Dinge, die sie einfach sehen muss – die für glückliche Erinnerungen stehen. Das wird ihr helfen, über alles hinwegzukommen.«

Die Frau versprach zu tun, was ihre Tochter verlangte. Ich fragte mich aber, ob sie das tatsächlich schaffen würde.

Ich erfuhr es, als sie wieder einmal bei einer meiner Veranstaltungen auftauchte. Dieses Mal kam sie in Begleitung der gesamten Familie. Ihre ganze Energie hatte sich seit dem letzten Mal gewandelt. Ihre Wangen schimmerten rosig, sie trug sogar eine farbenfrohe Bluse und lächelte!

»Sie haben mein ganzes Leben verändert! Anfangs war es wirklich schwer, aber je mehr Kartons ich durchsah, desto weniger wurde der Schmerz, und die Erinnerungen an meine Tochter kehrten zurück.«

Ich hätte mir das ja gern als Verdienst angerechnet, aber ich musste ihr sagen: »Nicht ich habe Ihr Leben verändert, das war Ihre Tochter!«

Wie man anderen hilft, über ihren Kummer hinwegzukommen

Trauer veranlasst uns manchmal, alles Mögliche infrage zu stellen. Sie kann uns als Menschen völlig verändern. Aber je klarer du dich dafür entscheidest, die Erinnerungen an deine lieben Verstorbenen lebendig zu erhalten, desto stärker wirst du dich mit der geistigen Welt verbunden fühlen – und das ist an sich schon ein Segen.

Ich fühle mich immer geehrt, wenn ich einem trauernden Menschen zur Heilung verhelfen kann. Aber dafür musst du kein Medium sein. Falls du jemanden kennst, der trauert, hab keine Angst, mit dieser Person über den geliebten Menschen zu sprechen. Besser noch: Erzähle ihr eine Geschichte, die ihre(n) Dahingeschiedene(n) vor dem inneren Auge lebendig werden lässt.

Für trauernde Eltern: Ich weiß, es ist herzzerreißend, wenn ein Kind stirbt, egal, wie jung oder wie alt. Aber du sollst wissen, dass es immer mit dir verbunden bleiben wird. Eltern, die ein Kind verloren haben, fürchten nichts mehr als die Frage: »Wie viele Kinder haben Sie denn?« Nenne ruhig den Namen des verstorbenen Kindes. Hab keine Angst. Verschweige es nicht, nur weil du nichts erklären möchtest.

Ich wäre froh, könnte ich allen Menschen helfen, Verluste durch meine Augen zu sehen. Zu erkennen, wie die Seelen, die du liebst, tatsächlich über dir wachen und dir Glück und Heilung wünschen.

WIE KANN ICH MEINEN LIEBEN IM GEIST EINE BOTSCHAFT ZUKOMMEN LASSEN?

Die Menschen bitten mich immer: »Matt, kannst du meinen lieben Verstorbenen sagen, wie sehr ich sie liebe?« Darauf antworte ich gewöhnlich, dass dies so nicht funktioniert. Als Medium kann ich Botschaften vom Himmel weitergeben. Aber du brauchst mich nicht, um mit einer Person zu sprechen, die den Übergang vollzogen hat. Du kannst dich mit ihr jederzeit selbst in Verbindung setzen.

Dein lieber Mensch ist buchstäblich nur einen Gedanken von dir entfernt. In dem Moment, in dem du an ihn denkst, ist das, als würdest du an der Tür läuten oder eine SMS schicken. In der Sekunde, in der er in deinen Gedanken ist, weiß er das.

Es gibt noch ein paar weitere Möglichkeiten, Botschaften zu senden:

- Sag laut, was du dieser Person mitteilen möchtest.
- Unterhalte dich gedanklich mit ihr.
- Schreib deine Mitteilung auf ein Blatt Papier.

Welchen Weg auch immer du wählst: Deine Lieben werden die Botschaft bekommen und wissen, dass sie von dir kommt.

Stopp! Was soll ich denn sagen?

Ich weiß noch, dass meine Großmutter sich zu ihren Lebzeiten immer gern mit mir unterhielt. Es war ganz egal, was ich ihr erzählte, sie mochte einfach, dass wir einander nahe waren. Heute, da sie im Himmel weilt, ist das nicht anders. Deine Lieben in der geistigen Welt wissen es zu schätzen, wenn sie von dir hören. Genauso wie du dich über ihre Nachrichten freust. Sag einfach, was dir einfällt:

- Erzähle, wie dein Tag war.
- Lass sie wissen, was die Familie so treibt.
- Bitte sie um Hilfe, etwa: »Mama, ich muss ins Vorstellungsgespräch. Bitte hilf mir, ich bin so nervös.«

Denk nicht allzu lange über deine Worte nach. Erzähle ihnen einfach das, was du ihnen auch zu Lebzeiten mitgeteilt hast. Wenn du deine Mutter immer mit lustigen Geschichten über deine Kinder unterhalten oder deinen Vater wegen der Bohrmaschine um Rat gefragt hast, dann musst du damit nicht aufhören, nur weil sie jetzt auf der anderen Seite sind.

Der Besuch am Grab

Die Leute legen ja meist großen Wert darauf, das Grab ihrer Lieben zu besuchen. Aber, ehrlich gesagt, das ist eher ein Trost für die Lebenden. Die »Toten« interessieren sich nicht dafür, wo du bist, solange du nur an sie denkst.

Der Mensch, mit dem du sprichst, liegt ja nicht dort in der Erde. Und du kannst überall mit ihm reden – im Auto, unter der Dusche oder beim Gassigehen mit dem Hund.

Ich gab gerade ein Reading für eine Frau, als mir auffiel, dass sie ständig folgenden Gedanken im Kopf hatte: »Ich hoffe, meine Mutter weiß nichts von Billy!« Also habe ich sie gefragt: »Wer ist denn Billy?«

»Woher wissen Sie das? Lesen Sie etwa meine Gedanken?«

»Nein, Ihre Mutter hat mir das gesagt! Sie kann Ihre Gedanken hören.«

Es stellte sich heraus, dass Billy eine alte Flamme der Dame war, doch ihre Mutter hatte ihn nicht gemocht. Jetzt aber gingen sie wieder miteinander aus, und die Frau wollte nicht, dass ihre Mutter das erfährt. Doch so etwas kannst du vor einer Seele in der anderen Welt nicht geheim halten. Das ist auch gar nicht nötig!

Deine Lieben im Himmel verurteilen dich nicht. Allerdings sehen sie Dinge so, wie sie tatsächlich sind, und bringen dich manchmal wieder auf den richtigen Weg.

Als Medium habe ich immer wieder erlebt, wie die Lebenden ihren Lieben im Himmel auf alle möglichen Weisen Botschaften schickten – Ballons, Papierlaternen, SMS an das Handy des Verstorbenen … und damit sind wir schon beim nächsten Bericht.

Diese Nummer ist zurzeit nicht vergeben …

Ich gab einmal ein Reading für ein junges Mädchen, das seinen Vater verloren hatte. Nachdem er gestorben war, rief sie jeden Abend seine Handynummer an, hörte seine Stimme auf Voicemail und hinterließ ihm eine Nachricht. Das half ihr, die Verbindung zu ihm zu spüren. Eines Abends aber rief sie wieder an und musste zu ihrem Entsetzen hören, dass die Nummer nicht mehr existierte.

Ihr Vater kam durch und sagte zu ihr: »Die Nummer ist vielleicht nicht mehr erreichbar, aber wir sind nach wie vor miteinander verbunden! Ich habe all deine Botschaften erhalten, aber du brauchst dazu nicht mein altes Handy. Du kannst mich jederzeit zu dir rufen.«

WARUM BEGEGNEN WIR IM LEBEN MITUNTER MENSCHEN, DIE NUR DAZU DA SIND, UNS ZU VERLETZEN ODER IM STICH ZU LASSEN?

Unsere Jahre auf Erden sind eine beständige Reise. Es gibt Leute, die uns ein Leben lang begleiten (und auch danach), aber ebenso andere, die nur auf einem Teil des Weges bei uns sind.

Manchmal, wenn Beziehungen scheitern, fragen wir uns, warum diese Menschen überhaupt je in unser Leben getreten sind.

Vor Kurzem suchte mich eine Freundin auf, die tief erschüttert war. Sie hatte eine enge Freundin, die sie fast drei Jahrzehnte zuvor bei ihrer Arbeit in einer großen Anwaltskanzlei kennengelernt hatte. Die beiden beschlossen damals, sich selbstständig zu machen, und betrieben 25 Jahre lang eine erfolgreiche Anwaltskanzlei. Sie hatten sich dermaßen darauf fokussiert, die Kanzlei als Team zu führen, dass sie sich nicht vorstellen konnten, je getrennte Wege zu gehen. 25 Jahre lang halfen sie erfolgreich ihren Mandant*innen und erwarben sich einen exzellenten Ruf.

Und dann, eines Tages, war damit Schluss. Die Geschäftspartnerin wollte nicht mehr so viel arbeiten und sich aus dem Berufsleben zurückziehen. Meine Freundin war darauf nicht vorbereitet und versuchte, ihre Partnerin zum Bleiben zu überreden. Doch trotz aller Versuche wurde die Geschäftsimmobilie schließlich verkauft, und meine Freundin musste ihre Partnerin auszahlen. Damit war nicht nur das Ende der Kanzlei besiegelt, sondern auch das ihrer Freundschaft.

Meine Freundin fragte mich: »Warum ist diese Person überhaupt in mein Leben getreten, wenn sie am Ende doch so selbstsüchtig sein konnte?« Ich ermutigte sie, die Situation doch aus einer anderen Perspektive zu sehen. Denn hätten die beiden sich nicht kennengelernt, hätten sie niemals eine so erfolgreiche Praxis aufbauen können, die für beide die Erfüllung war. Sie hätten den Mandant*innen in ihrer Stadt niemals 25 Jahre lang zur Seite stehen können.

Das Ganze hatte zwar nichts mit Tod oder Sterben zu tun – aber sich von einem Geschäft, einer Stellung oder einer Freundschaft verabschieden zu müssen, ist gleichfalls ein Verlust. Und wenn du an jemanden denkst, der gestorben ist, dann ist es wichtig, dass du dich an sein gesamtes Leben erinnerst, nicht nur an seinen Tod.

Du bist auf deiner eigenen Reise. Und wer auch immer in dein Leben treten oder daraus verschwinden wird, was für verrücktes Zeug auch passieren mag, der Himmel ist immer da, um dir dabei zu helfen, dass du deinen Weg gehst.

Das Leben »passiert« nun mal, und die Menschen haben ihren freien Willen. Andere bleiben aber bis zu einem gewissen Punkt Teil unseres Lebens, um uns zu helfen, damit wir bestimmte Dinge über uns selbst herausfinden.

Einen weisen Rat habe ich von den Seelen in der anderen Welt bekommen: Nimm nicht alles so persönlich. Die meisten Menschen wollen dich nicht verletzen. Sie sind auf ihrer eigenen Reise.

Ganz egal, was geschieht und wie viele Leute in dein Leben treten, es ist wichtig, dass dein Herz offen bleibt. Selbst wenn deine Beziehungen sich verändern, solltest du die Tür zu deinen Erinnerungen nicht verschließen. Du kannst den Kontakt ja aufrechterhalten. Aber selbst wenn die Beziehung sich gewandelt hat, denk in der Rückschau wenigstens auch an die positiven Aspekte und daran, was du daraus gelernt hast.

WARUM BIN ICH HIER? WIE KANN ICH HERAUSFINDEN, WAS MEINE WAHRE AUFGABE IST?

Bei deinem Lebenszweck geht es weniger um den Sinn deines Daseins als darum, wie du deine Gaben und Talente am besten einsetzen kannst. Aber wenn ich einen Dollar für jeden Menschen bekommen hätte, dem ich helfen sollte, seinen Lebenssinn zu entdecken, dann hätte ich wirklich sehr viel Geld!

Entdecke deine Gaben und wie du sie einsetzen kannst

Manche Menschen sind Maler, andere Musiker. Wieder andere sind geborene Lehrer, Erfinder, Heiler und Führungskräfte. Wo ist dein Platz in alledem? Wenn du dich in keinem klassischen Berufsbild wiederfindest, dann ist deine Berufung vielleicht, etwas völlig Neues zu entdecken und die Welt dadurch zum Besseren zu verändern.

Letztlich geht es ja nicht nur um deine Arbeit, sondern darum, wie du deine Träume leben und das teilen kannst, was du im Herzen trägst.

Wenn du einfach keine Berufung für dich finden kannst, habe ich einen Rat für dich: Denk nicht zu viel darüber nach! Schau dir einfach an, was du wirklich gern tust. Worin bist du gut? Was macht dir am meisten Spaß? Wenn du auf dem Handy oder am Computer liest, welche Seiten oder Apps klickst du an?

Denk an all die Kämpfe und Herausforderungen, die du im Leben schon durchgefochten hast. Kannst du diese Fähigkeit nutzen, um jemandem zu helfen, der Ähnliches durchlebt?

Erinnere dich an die Zeiten, in denen du komplett in etwas versunken warst, sodass die Zeit im Nu verflog und du in deinem Tun vollkommen aufgegangen bist.

Nun kennst du deine Aufgabe. Was jetzt?

Viele Menschen haben Chancen, aber sie fürchten sich, den ersten Schritt zu tun. Wenn du dafür offen bist, reicht das Universum dir häufig die Hand.

Eine gute Freundin von mir lebt in Boston. Sie liebt Kinder und wollte immer Lehrerin werden, aber das Leben führte sie in eine andere Richtung. Sie wurde Verwaltungsangestellte. Das entsprach nicht unbedingt ihrem Traumberuf, aber sie war gut darin. Und die Leute, mit denen sie arbeitete, vertrauten ihr und respektierten sie. Gleichzeitig fiel ihr in ihrem Unternehmen etwas auf. Viele Mitarbeiter hatten ein Problem. Ihr Tag war ausgefüllt mit Meetings, Geschäftsessen und -reisen. Häufig fanden sie niemanden, der auf ihre Kinder aufpasste. Da sie offensichtlich Hilfe brauchten, bot meine Freundin einigen von ihnen an, für sie Babysitting zu machen. Nachdem sie da und dort ausgeholfen hatte, wurde dies zu einem Teil ihrer Arbeit. Mehr und mehr Menschen baten sie, auch nach der Arbeit auf die Kinder aufzupassen. Und schließlich war sie vollkommen ausgebucht!

Und so hatte meine Freundin eine Idee. »Und wenn ich in der Stadtmitte ein Babysitting-Zentrum eröffne für alle Mütter und Väter, die Hilfe brauchen?« Sie sprach mit Leuten, die ebenfalls kinderlieb waren, und zog den Kindergartenservice auf. Und er lief super! Mehr und mehr Menschen hörten davon, und es gab immer Leute, die ihre Dienste brauchten. In der Rückschau erkannte sie, dass sie nie von ihrem Weg abgewichen war. Ihre Arbeit als Verwaltungsmitarbeiterin half ihr, das Vertrauen der richtigen Leute zu gewinnen, und das führte am Ende zu einem neuen Beruf, der eher ihrer ursprünglichen Intention entsprach.

Diese Geschichte ist ein gutes Beispiel für den Aufbau von Beziehungen. Meine Freundin verband ihre organisatorischen Fähigkeiten mit der Nachfrage nach einem dringend benötigten Service. Danach suchte sie Kontakt zu Menschen, die den gleichen Wunsch hatten wie sie, und am Ende fand sie den Beruf ihrer Träume. Sie hatte nicht nur finanziell enormen Erfolg, sondern konnte anderen eine wertvolle Dienstleistung anbieten.

DAS GESETZ DER ANZIEHUNG IST JA WOHL ZU GUT, UM WAHR ZU SEIN! FUNKTIONIERT DAS WIRKLICH?

Und wie! Vergiss nicht, dass wir alle Energie sind. Und als energetisches Wesen bist du wie ein riesiger Magnet. Jeder Gedanke, jede Handlung, jedes Wort von dir ziehen genau das an, was du ausdrückst.

Die Menschen glauben ja gern, Erfolg habe allein mit Glück und Insiderwissen zu tun. Aber wenn du dich darauf fixierst, dass du halt diese Art von Glück nicht hast, was glaubst du, was dann passiert? Dann ziehst du keine Chancen an. Das Gesetz der Anziehung funktioniert nämlich in beide Richtungen. Negative Gedanken ziehen mehr Negatives an. Positive Gedanken hingegen ziehen positive Erfahrungen an.

Wir alle besitzen die Gabe, uns das Leben zu schaffen, das wir uns wünschen. Wir kamen mit einem Wegweiser zur Welt, und wenn wir achtsam und positiv bleiben, dann schubst uns das Universum sachte dahin und dorthin, sodass wir unseren Weg finden.

Die folgende Begebenheit aus meinem Leben macht das anschaulich. Sicher erinnerst du dich noch an das, was ich über das Vision Board gesagt habe? Nun, das Ganze lief so …

Ich war in einer langfristigen Beziehung. Meine Freundin war ein toller Mensch, und wir hatten viel Spaß miteinander. Aber ich denke, uns beiden war klar, dass wir keine Seelengefährten waren. Als diese Beziehung endete, wusste ich: Ich war nun bereit, meine eine und Einzige zu finden. Ein paar Jahre zuvor war ich einer der Juroren bei der Wahl zur Miss America gewesen. Ich war unglaublich beeindruckt von den Frauen, die ich bei dieser Gelegenheit kennenlernte. Sie waren nicht nur schön und stylish, sondern auch klug und fürsorglich. Und sie nutzten die Wahl als Plattform, um etwas in der Welt zu bewirken. Damals dachte ich: »Wow, wie wäre es wohl, mit solch einer Frau zusammen zu sein?«

Ich wusste schon damals, dass das Gesetz der Anziehung funktioniert. Wie gesagt machte ich mir also ein Vision Board. Ich fand für alles, was ich mir von einer Partnerin wünschte, ein Bild. Ich konnte mir die Frau im Geist lebhaft vorstellen. Und all das packte ich in mein Vision Board: Ich wollte eine Schönheitskönigin mit dunklem Haar und dunklen Augen. Und sie sollte in Rhode Island leben.

Bald darauf machte ich eine Veranstaltung in einem großen Einkaufszentrum. Hinter der Bühne traf ich die Organisatorin der Wahl zur Miss Massachusetts, die zur selben Zeit ablief. Sie lud mich ein, doch vorbeizuschauen und die Damen kennenzulernen.

Während ich mich mit ihnen unterhielt, kam eine Frau auf mich zu, die mich von meinen Fernsehauftritten kannte. Wir kamen ins Gespräch, und sie fragte mich, ob ich momentan liiert sei. Als ich verneinte, meinte sie: »Ich kenne die perfekte Frau für Sie! Sie war Miss Rhode Island.« – »Wow«, dachte ich, »mein Vision Board funktioniert.« Ich war so was von aufgeregt! Aber nein, sie war ein nettes Mädchen, doch es funkte einfach nicht. Merkwürdig! Das Mädchen passte zu meinem Vision Board, aber die Chemie zwischen uns stimmte nicht.

Dann scrollte ich eines Abends durch Instagram, und mir fiel eine schöne Frau auf, die gerade angefangen hatte, mir zu folgen. Da hieß es, sie sei Miss Rhode Island. Wie konnte das sein? Ich dachte, ich hätte sie schon kennengelernt! Nun, die Frau, die ich schon kannte, war die frühere Miss Rhode Island, Alexa war die aktuelle.

Ich verlor keine Zeit. Ich schickte ihr eine Nachricht, und wir trafen uns auf einen Kaffee. Von dem Moment an lief alles bestens! Mir wurde klar, dass alles, was in meinen Beziehungen bis dato passiert war, einzig zu diesem Moment führte, in dem ich meine Frau Alexa kennenlernte.

WIE KANN ICH DAS GESETZ DER ANZIEHUNG FÜR MICH ARBEITEN LASSEN?

Wenn du in deinem Unternehmen eine Stellung anstrebst, solltest du dich so kleiden und verhalten, als hättest du die Position bereits inne. Manche Menschen nehmen dieses Thema locker und gehen nicht so professionell vor, wie sie könnten. Sie sagen sich, dass sich alles ändern werde, sobald sie einmal die Beförderung hätten. Und wundern sich, warum diese nie kommt. Dabei ist es eigentlich ziemlich simpel zu bekommen, was du willst, ob nun beruflich oder im Leben ganz allgemein.

Fünf Schritte zur Manifestation von Glück

- **Schritt 1: Lass die Negativität, die dich in der Vergangenheit belastet hat, Vergangenheit sein.** Negativität raubt dir Energie. Sie gibt dir das Gefühl, im Unglück zu versinken, aber nur wenn du das tatsächlich zulässt! Sobald du genug davon hast und beschließt, den Druck und die Schwere abzuwerfen, die dich belasten, hat die Negativität keine Kontrolle mehr über dich. Lass all den Stress hinter dir. Triff die folgende Entscheidung: Was dir auch immer im Kopf umging und dich belastete, hat in deinem Leben keinen Platz mehr. Konzentriere dich lieber darauf, das Neue einzulassen – ersetze jeden negativen Gedanken, jede negative Herausforderung durch positive Eindrücke oder Menschen. Dinge, die dir Freude und dein Leben ganzheitlicher machen.
- **Schritt 2: Umgib dich mit Angehörigen und Freunden, die dir Glück schenken.** Gibt es da jemanden, den du schon seit Langem kontaktieren wolltest, auch wenn du es immer wieder aufgeschoben hast? Hole diese Menschen zurück in dein Leben, indem du sie anrufst und die Verbindung erneuerst. Die Leute, die du heute kontaktierst, bleiben dir im nächsten Jahr

erhalten. Wenn dir niemand einfällt, mit dem du Kontakt aufnehmen möchtest, dann überlege, wie du neue Beziehungen knüpfen und neue Freunde in dein Leben holen kannst. Es fühlt sich anfangs vielleicht ungewohnt an, die eigene Komfortzone zu verlassen und neue Menschen kennenzulernen. Aber wenn du es trotzdem tust, wirst du neue Erfahrungen machen, Freunde kennenlernen und all das zu genießen wissen.

- **Schritt 3: Setz dir Ziele, die du erreichen willst (diesmal ernsthaft).** Ich weiß, dass du dir in der Vergangenheit Ziele gesteckt hast und nicht die Gelegenheit hattest, das durchzuziehen. Dieses Jahr wird das anders laufen. Um sicherzustellen, dass du deinem Ziel treu bleibst und es umsetzt, hol jetzt einen Kalender hervor, und trag dieses Ziel für jede einzelne Woche ein. Das funktioniert am besten, wenn du es am Montag machst. Auf diese Weise wird dein Ziel Teil deines Alltags, und du wirst jede Woche daran erinnert, darauf hinzuarbeiten. Am Ende der Woche trägst du ein, welche Schritte du unternommen hast, um dein Ziel zu erreichen. Wenn du dann am Jahresende deinen Kalender durchblätterst, siehst du all die Fortschritte, die du gemacht hast. Echt cool, oder?
- **Schritt 4: Akzeptiere kein Nein!** Möglicherweise türmt sich ein Hindernis vor dir auf, aber das heißt nicht, dass du deine Pläne runterschrauben musst. Du kannst alles schaffen, worauf du dich konzentrierst. Der Himmel hat einen Plan für dich, und dieser Plan wird zum Erfolg führen, wenn du die richtigen Schritte unternimmst. Falls etwas nicht auf Anhieb funktioniert, solltest du nicht gleich aufgeben, denn vielleicht stimmt ja einfach nur das Timing nicht. Nimm dir eine kurze Auszeit, um dich umzuschauen. Und dann gehst du einer anderen Möglichkeit nach. Manche Dinge im Leben fallen auseinander, damit andere sich besser zusammenfügen können. Nur weil man zu dir an einem bestimmten Punkt Nein sagt, heißt das nicht, dass nicht irgendwo eine bessere

Gelegenheit auf dich wartet, die du nur entdecken musst. Der Himmel wird dich immer auf jenen Pfad führen, der das höchste und beste Gut für dich bereithält. Vertraue einfach dem Pfad.

- **Schritt 5: Es ist ganz in Ordnung, dich mal selbst an die erste Stelle zu setzen.** Wie oft hast du dir schon gesagt, du hättest gern mal einen Tag nur für dich, an dem du dich nicht um andere kümmern musst? Mach diesen Wunsch wahr, indem du dir einmal im Monat einen Tag nur für dich nimmst. Mach an diesem Tag nichts, was mit Arbeit, Rechnungen oder Haushaltspflichten zu tun hat. Stattdessen konzentrierst du dich auf deine Entspannung. Befreie deinen Geist vom Alltagsstress, der sich immer stärker aufbaut. Du kannst an diesem Tag alles tun, was dir Entspannung schenkt und dich zurück zu deiner Seele führt. Tage wie dieser helfen dir, deine Batterien aufzuladen und das verlorene Gleichgewicht wiederherzustellen.

KÖNNEN UNS POSITIVE GEDANKEN HEILEN?

Da ich Rettungssanitäter war, bevor ich anfing, als Medium zu arbeiten, bin ich mit traditioneller und ganzheitlicher Medizin vertraut und sehe in beiden einen hohen Wert. Letztlich aber glaube ich, dass wir von innen her heilen. Das fängt mit unseren Gedanken und Gefühlen an.

Glückliche Geschichten bringen positive Ergebnisse

Heutzutage scheint es für fast alles ein Medikament zu geben. Ob du nun unter Kopfschmerzen leidest, unter Angstzuständen oder Schlaflosigkeit: Du wirfst einfach eine Pille ein. Was aber kannst du noch tun, um Heilung zu finden?

Vor einigen Jahren wurde ich zu einer Konferenz unter dem Motto »Imagination Heals« eingeladen: »Die Vorstellungskraft heilt.« Gegenstand der Tagung war ein Programm für Kinder, die mit lebensbedrohlichen Krankheiten zu kämpfen hatten. Im Rahmen dieses Programms stiftete man Kinderkrankenhäusern positive Bücher, Filme und Audio-CDs für die jungen Patienten, die noch in Behandlung oder schon auf dem Weg der Genesung waren.

In diesen Medien ging es um fiktionale Charaktere, die wie die Kleinen vor großen Herausforderungen standen und sie mit einer positiven Einstellung gemeistert hatten. Man hoffte, dass die Kinder, die schulmedizinisch behandelt wurden, sich mit den Charakteren identifizieren und positiv denken lernen würden. Die Ergebnisse waren umwerfend! Die Kinder, die am Programm teilnahmen, sprachen positiv auf die Behandlung an, und ihre Genesung verlief um 80 Prozent schneller als bei anderen kleinen Patienten. Wie die Ärzte feststellten, erholten sie sich schneller, wenn sie weniger an ihre Behandlung dachten. Außerdem mochten sie die vorgestellten Charaktere sehr und identifizierten sich mit ihnen.

Kids wollen einfach Kids sein

Ich erinnere mich noch, wie ich in einem peruanischen Krankenhaus mit Kindern arbeitete. Ich fürchtete mich davor, die Station zu betreten. Ich war damals erst siebzehn und wusste nicht, was auf mich zukommen würde. Trotzdem überwand ich meine Angst, riss mich zusammen und ging durch die Tür. Es haute mich einfach um. Diese Kinder litten an Verbrennungen, Krebs, Infektionen und so weiter. Ich fühlte mich schrecklich. Mein Blick fiel auf ein Kind, das eine Gesichtsmaske trug. Der Junge erblickte meinen Hut und fing zu lachen an. Ich nahm den Hut ab und setzte ihn dem Kind auf. Es konnte gar nicht mehr aufhören zu lachen.

Bald liefen alle Kinder um uns herum. Sobald ich anfing, mit ihnen zu spielen, sah ich sie nicht mehr als Kranke. Sie lachten, rissen Witze und fanden es toll, dass da jemand war, der sich um sie kümmerte. Das waren »ganz normale« Kids, sie hatten »nur« mit einer Krankheit zu kämpfen. Ihre Stärke war wirklich erstaunlich und inspirierend. Ich merkte erst später, woran das lag: Sie sahen sich selbst nicht als krank. Sie wollten einfach nur wie andere Kinder sein und so behandelt werden.

In der Rückschau wurde mir klar, dass sie uns eine wichtige Lektion beibringen konnten. Heilung ist eine Reise, die Geist, Seele und Körper gemeinsam unternehmen. Wenn du krank bist, lass dich nicht vom Leben erdrücken. Mach möglichst weiter wie bisher. Lass nicht zu, dass die Krankheit dich kontrolliert. Liebe und genieße jeden einzelnen Tag. Versuche, deine Normalität wiederzugewinnen, indem du gute Tage die anderen überstrahlen lässt.

Wenn du im Geist positiv bleibst und an dich glaubst, setzt die Heilung ein.

Die Macht des positiven Denkens

Ich hatte eine Großtante, bei der eines Tages Brustkrebs im vierten Stadium festgestellt wurde. Er hatte schon gestreut, sodass man ihr einen Teil der Lunge und die Lymphknoten entfernen musste. Danach schockte sie die ganze Familie, weil sie sagte, sie wolle keine Chemotherapie.

Der Arzt drängte sie, jede nur mögliche Behandlung zu versuchen, denn der Krebs war aggressiv. Aber meine Großtante wollte das nach ihrem Willen handhaben.

Sie sah sich selbst nach Heilmitteln um und stieß dabei auf einen Tee namens ESSIAC, der gute Resultate lieferte. Gegen den Rat ihres Arztes begann sie mit einer alternativen Behandlung. Sie trank ihren Tee und wiederholte jeden Tag positive Affirmationen: »Ich werde eine Remission erleben. Mein Körper ist gesund. Ich werde heil werden.«

Tag für Tag, wenn sie ihren Tee trank, schloss sie die Augen und meditierte.

Sie stellte sich Millionen winziger Bläschen vor, die ihren Körper durchströmten und ihn von entarteten Zellen befreiten. Sie sagte zu den Bläschen: »Ihr wisst ja, was ihr zu tun habt!« Der Weg, den sie einschlug, war nicht der leichteste. Er war schmerzhaft und beschwerlich. Für sie war es eine geistige und körperliche Herausforderung. Natürlich hatte sie Angst, aber sie schob das beiseite und glaubte an ihr positives Denken.

Jedes Mal, wenn sie den Arzt aufsuchte, gab es gute Neuigkeiten. Trotz der ursprünglichen ernsten Diagnose schien ihr Körper zu heilen. Der Arzt, der zuerst geglaubt hatte, sie hätte keine Chance, betrachtete die Resultate als Wunder.

Meine Großtante wurde sehr alt, und der Krebs meldete sich nicht mehr.

Versteh mich bitte nicht falsch: Ich glaube, dass es Gott ist, der durch die Hände der Ärztinnen und Krankenpfleger wirkt. Aber auch deine positive Haltung ist ein machtvolles Instrument der Heilung.

UND GEBETE – WIRKEN DIE TATSÄCHLICH?

Ja, absolut! Fangen wir an mit dem Gebet für andere Menschen. Jemandem positive Gedanken und Gebete zu schicken, ist keine Plattitüde. Wenn du aufrichtig für jemanden betest, dann schickst du meiner Ansicht nach deine heilende Energie aus, damit sie dieser Person hilft. Du kannst auch »Verstärkung« holen, indem du deine Engel um Hilfe bittest.

Je mehr Gebete durchkommen, umso besser ist das. Ich stelle mir

Gebete immer vor wie Ziegelsteine – sie bauen aufeinander auf. In letzter Zeit habe ich öfter Werbung für Orte wie das Kinderkrankenhaus St. Jude's gesehen. Wenn ich mit einer Spende helfe, achte ich stets darauf, auch ein Gebet zu sprechen, sobald ich die Werbung sehe. Oder wenn ich an diese Kinder denke. Ich hoffe, dass jeder Mensch, der sie sieht, ein Gebet schickt, denn diese positive Energie akkumuliert sich, und ich weiß einfach, dass es hilft. Du musst nicht am Bett der betreffenden Person sitzen, damit das Gebet wirkt. Positive Energie kennt keine Grenzen!

Himmlische Liebe während der Covid-Pandemie

Ich gab ein Reading für eine Frau, deren Mutter mit Alzheimer in einem Pflegeheim lag. Ihre Tochter besuchte sie fast jeden Tag, um Zeit mit ihr zu verbringen. Sie brachte ihr etwas zu essen mit und hatte das Fotoalbum dabei. Als die Pandemie ausbrach, wurde das Pflegeheim für alle Besucher geschlossen. Die Frau machte sich Sorgen, weil sie auf einmal nicht mehr zu ihrer Mutter konnte, ja, ihr nicht einmal etwas zu essen bringen durfte. Da ihre Krankheit schon fortgeschritten war, waren auch keine Telefon- oder Videoanrufe möglich. Sie konnte nur eines tun – beten. Das aber tat sie jeden Abend. Sie bat auch ihren Vater, der schon gestorben war, über ihre Mutter zu wachen. Und tatsächlich kam der Vater bei dem Reading zu uns durch und versicherte seiner Tochter, er habe ihre Gebete gehört und würde die Mutter beschützen.

Ich spreche vor jedem Reading und vor jeder Veranstaltung ein stilles Gebet. Ich bete darum, dass die trauernden Menschen die Botschaften erhalten, die sie brauchen, und sich mit ihren Lieben im Himmel verbinden können, weil diese ihnen Heilung schenken. Und ich spüre, wie stark dieses kleine Gebet ist. Ich weiß, dass es hilft.

TIEFER EINSTEIGEN

Die Lektionen des Lebens verstehen

Ruf dir dein zurückliegendes Leben in Erinnerung. Wie hat sich deine Art, die Dinge anzugehen, während deiner Reise verändert, beeinflusst von anderen Menschen und den Erfahrungen, die du in all den Jahren gesammelt hast? Manchmal sind jene Erlebnisse, die uns am meisten verändert haben, auch diejenigen, die am schwierigsten waren, solange wir mittendrin steckten. Aber wir sind daraus weiser und gestärkt hervorgegangen.

Ich lernte durch die Schikanen an der Highschool nicht nur, wer ich bin, sondern auch, mit welchen Menschen ich meine Zeit verbringen möchte. Das hat mir geholfen, Mitgefühl zu empfinden, wenn andere Menschen trauern oder Kämpfe auszustehen haben.

Manchmal blickst du auf dein Leben zurück und siehst nur das Negative: »Meine Eltern haben sich scheiden lassen«, »Meine Beziehung ist am Ende« oder »Ich wurde gefeuert und stecke in finanziellen Schwierigkeiten« … Natürlich sind all diese Herausforderungen kein Pappenstiel. Aber du kannst dein Gehirn umprogrammieren, um solche Situationen anders zu sehen. Zu diesem Zweck ist es nützlich, eine Bestandsaufnahme aller Menschen und Ereignisse in deinem Leben zu machen, von denen du deine wichtigsten Lektionen gelernt hast.

Setz dich still hin, und lass deinen Geist zur Ruhe kommen. Dann lässt du dein Leben vor deinem inneren Auge Revue passieren. Denk zurück an deine Kindheit, deine Jahre als Teenie, deine Zwanziger und so weiter. Konzentrier dich vor allem auf jene Ereignisse, die in diesen Phasen besondere Bedeutung hatten. Schärfe deine Intuition, damit du die Gedanken erkennst, die dir dazu durch den Kopf gehen, auch wenn sie auf den ersten Blick belanglos wirken. Schreib deine Einsichten auf.

Wenn du eine gute Liste wichtiger Ereignisse und Menschen zusammengestellt hast, überlegst du dir, was sie dich gelehrt haben. Mach dir dazu Notizen in deinem Tagebuch, oder sprich mit jemandem darüber. Und geh dabei wirklich in die Tiefe. Inwiefern hat deine Scheidung dich stärker gemacht? Was hat dir der Tod eines Haustieres über die Wertschätzung für bedingungslose Liebe beigebracht? Was hast du im Umgang mit deiner überkritischen Mutter und deinem nörgelnden Chef über den Schutz deiner Energie gelernt? Wenn du deine früheren Erfahrungen auf diese Weise bearbeitest, wirst du neue Lektionen und Gelegenheiten für Wachstum besser und schneller erkennen können.

· 10 ·

Zu guter Letzt ein paar Worte über Karma, göttliche Führung, Energie und das Universum

»Je mehr du über den Himmel erfährst, desto vertrauter wird er dir.«

KÖNNEN GEISTWESEN BEI MEHR ALS EINER PERSON SEIN? UND WIESO?

Ja, das können sie. Verständlicherweise fragen sich viele, wie das funktioniert. Aber es hat wenig Sinn, sich darüber den Kopf zu zerbrechen. Akzeptiere einfach, dass Geistwesen an mehr als einem Ort sein können und mit mehr als einer Person in Kontakt stehen. Das ist schwer zu begreifen. Wie gesagt: Stell dir das Ganze einfach so vor, als würdest du in einem Zoom-Meeting mit anderen in Kontakt stehen. Die wenigsten wissen, wie das technisch funktioniert. Aber du weißt, dass du dein Haus nicht verlassen musst, wenn du mehrere Leute in aller Welt mit einem Videoanruf gleichzeitig kontaktieren willst.

Einen Regenbogen teilen

Die Frage oben erinnert mich an einen Tag, als ich heimkam und über unserem Haus ein prachtvoller Regenbogen prangte. Ich holte meine Familie heraus, damit wir ihn gemeinsam bewundern konnten. Er war so breit und hell, und es sah wirklich so aus, als sei er unserem Hinterhof entsprungen. Ich machte ein Foto und stellte es auf Facebook. Zehn Minuten später sah ich, dass Dutzende von Menschen, die mit mir verbunden waren, den gleichen Regenbogen gepostet hatten. Nur dass dieser über ihrem Haus stand oder über der Straße, die sie auf dem Weg zur Arbeit nahmen! Wir hatten alle das Gefühl, als befände sich der Regenbogen direkt über unserem Haus, in Wirklichkeit aber war er überall – wie der Himmel.

Viele Menschen reagieren beunruhigt, wenn sie hören, dass ein lieber Verstorbener über ein weiteres Familienmitglied wacht und nicht nur über sie. Das ist aber kein Grund zur Sorge: Wenn eine Person diese Präsenz spürt, dann kann es halt gut sein, dass auch andere die Gegenwart des geistigen Wesens wahrnehmen.

Ich habe von der geistigen Welt gehört, es sei für die Seelen eine große Erleichterung, ihre Zeit nicht zwischen ihren Lieben aufteilen zu müssen. Wie mein Regenbogen können auch sie über allen wachen, und jeder der betroffenen Menschen wird trotzdem ein höchstpersönliches Band zu dieser Seele spüren.

ESSEN DIE GEISTIGEN WESEN AUCH? ODER MÜSSEN SIE AUF DIE TOILETTE?

Das ist eine schwierige Frage. Es gibt hier kein klares Ja oder Nein. Aber vielleicht kann die folgende Geschichte zur Klärung beitragen.

Ich hielt einmal ein Reading für eine Familie ab, und tatsächlich meldete sich der Großvater. Dieser hatte zu Lebzeiten ein festes Abendritual: Er setzte sich in seinen Lehnstuhl und verspeiste

Eiscreme. Genau das zeigte er mir auch. Die Familie war baff: »Wie bitte? Die Menschen im Himmel essen?«

Menschen im Himmel *können* essen, sie müssen es aber nicht. Wenn sie zu uns durchkommen, machen sie häufig etwas, was sie im Leben geliebt haben. Dann sehe ich beispielsweise einen Küchenchef am Herd stehen oder einen Vater, der eine Tasse Kaffee trinkt.

Es ist wichtig zu wissen: Wenn Essen bei einem Reading eine Rolle spielt, heißt das nicht, dass die Seelen ihre drei Mahlzeiten am Tag brauchen. Sie benötigen keine Nahrung zum Überleben. (Schließlich haben sie ja keinen materiellen Körper mehr, den sie am Leben erhalten müssten.) Aber sie verhalten sich immer noch so, wie es für ihre Persönlichkeit typisch war, und zeigen, wer sie im Leben waren.

Ob ich glaube, dass Seelen sich hin und wieder ein Glas Wein eingießen und es mit anderen Seelen zusammen genießen? Ich weiß, sie tun das. Aber das ist eher ein Symbol als tatsächlich eine Mahlzeit oder ein Drink. Nahrung und Getränke haben im Himmel eine völlig andere Bedeutung.

Wie jemand genießt, was er im Leben versäumt hat

Zu mir kam einmal eine Familie, deren Vater dahingeschieden war. Bevor er starb, hatte er längere Zeit enorme Schwierigkeiten, Nahrung aufzunehmen. Man hatte ihm eine Magensonde gelegt, und er fand es schrecklich, dass er seine Leibspeisen nicht mehr genießen konnte. Er bettelte seine Familie um ein Steak oder einen Hamburger an. Aber sie durften ihm nichts dergleichen geben, und so litt er jahrelang, bevor er starb.

Als er beim Reading zu uns durchkam, war er von Speisen umgeben – Steak, Kartoffelpüree, Käsekuchen –, und er sagte mir, dass er nun das Gewicht wiedererlangt habe, das er vor der Erkrankung gehabt hatte. Seine Familie war glücklich, als sie sah, dass er wieder ganz der Alte war und alles essen durfte, was ihm während seiner Krankheit verboten war.

Wenn jemand, der dir im Leben nah war, auf die andere Seite geht, dann will er, dass du ihn als glücklichen Menschen in Erinnerung behältst. Dieses Reading war sehr heilsam für die Familie wie auch für die Seele selbst, denn es ersetzte das Bild von dem Mann als magerem, Hunger leidenden und frustrierten Kranken durch das eines gesunden und glücklichen Mannes, der im Himmel all seine Leibspeisen bekam.

Alles in allem brauchen geistige Wesen nicht die gleichen Sachen wie wir, um zu überleben, denn das schiere materielle Überleben ist für sie ja kein Problem mehr. Im Himmel gibt es weder Krankenhäuser noch Friedhöfe. Wenn du siehst, wie ein lieber Verstorbener im Himmel joggt, duscht oder sich einen Hamburger schmecken lässt, dann ist das nur seine Art, zu dir durchzukommen.

Was du siehst, ist nicht wirklich dein lieber Mensch beim Essen. Die irdische Aktivität, die dir in diesem Moment gezeigt wird, ist nur eine Verbindung zum alten Selbst der Seele, zu der Persönlichkeit, die sie im Himmel ja immer noch hat.

Das erinnert mich an Casper, den freundlichen Geist! Ich habe dieses Cartoon als Kind geliebt. Ich weiß noch gut, wie seine Onkel am Tisch saßen und futterten, und man konnte sehen, wie das Essen dabei durch sie hindurchfiel. Sie brauchten kein Essen, aber hatten immer noch eine enge Verbindung dazu.

SCHLAFEN TOTE MENSCHEN IM HIMMEL?

Das ist im Grunde die gleiche Frage wie die vorhergehende. Tätigkeiten und Verrichtungen, die uns auf Erden gesund halten, sind im Himmel nicht mehr nötig. Die Antwort lautet also: »Nein.« Einer der Gründe dafür ist im Übrigen, dass es im Himmel weder Tag noch Nacht gibt. Es existiert überhaupt keine Zeit. Der Himmel ist grenzenlos und unendlich.

Das Schönste ist, dass die Seelen, die hinübergehen, auch unendlich sind, weil der Geist ja schlicht Energie ist. Sie müssen sich nicht ausruhen und sind nicht von den Auswirkungen der Zeit betroffen.

Das ist der Grund, weshalb deine Lieben im Geist stets bei dir sein können. Wenn du sie rufst, kannst du dir sicher sein, dass du sie nicht beim Essen oder Schlafen störst.

Das ist fast so, als würde man in Alaska leben, wo es monatelang Tag oder Nacht sein kann! Nur dass es im Himmel immer Tag ist.

Ich kann mir nicht helfen, der Himmel kommt mir immer vor wie New York oder Las Vegas! Auch dort gibt es nicht einen Moment, da wirklich alle zu Hause sind oder schlafen. Irgendwelche Leute sind immer unterwegs. Die geistigen Wesen haben auch kein Zeitgefühl.

Irdische Jahrestage verlieren im Himmel ihre Bedeutung

Jahrestage und ähnliche Wegmarken haben für uns Lebende stets enorme Bedeutung. Hier auf der Erde werden wir durch Geburt und Tod definiert. Wir feiern, wenn ein Baby zur Welt kommt, und trauern, wenn ein Mensch auf die andere Seite geht. Zeiten und Daten, darauf legen wir zu Lebzeiten großen Wert. Im Himmel zählt das alles kein bisschen.

Seelen feiern im Himmel nicht Geburtstag oder so. Allerdings sind sie da, wenn du Geburts-, Jahres- oder andere Festtage feierlich begehst. Solche Daten ziehen sie wie gesagt an, weil sie gern zu Familientreffen kommen, bei denen Liebe und Lachen alle zusammenbringen.

WIRD MEIN GELIEBTER MENSCH IM HIMMEL ANDERS SEIN?

Die Antwort hierauf lautet wieder: »Ja und nein.« Denk daran, dass deine Lieben bei ihrem Übergang in die himmlische Welt nur die besten Aspekte ihrer selbst mitnehmen.

Zuerst absolvieren sie ihren Lebensrückblick und lassen dabei alles hinter sich, was »zu schwer« ist, um es in den Himmel mitzunehmen. Sie werden von Lasten wie Sucht, seelischen Problemen und Behinderungen befreit. Aber sie halten an ihrer Liebe zu dir fest. Wenn sie durch ein Medium zu dir durchkommen, wollen sie sich dir von ihrer besten Seite präsentieren.

Die Seelen im Himmel sind die positivste und authentischste Version ihrer selbst. Stell dir vor, du könntest im Himmel eine Facebook- oder ähnliche Seite gestalten, die dein ideales Selbst am besten wiedergibt. Sie enthielte eine Sammlung von Fotos, die dich glücklich und gesund zeigen, bei deinen liebsten Betätigungen, wenn du Spaß mit anderen Menschen hast.

Trotzdem ist dein himmlisches Selbst nicht identisch mit anderen, weil es immer noch damit verbunden ist, wer du im Leben warst. Dein himmlisches Selbst ist wie dein perfektes Profilbild in den Social Media. Wir alle haben doch dieses eine Foto, von dem wir glauben, dass es uns von unserer besten Seite zeigt. Dasselbe gilt für deine Lieben im Himmel.

Doch trotz dieser Unterschiede zwischen den Lebenden und den »Toten« gibt es etwas, was stets beibehalten wird – die Persönlichkeit! Und das ist es auch, was meine Aufgabe manchmal so ungeheuer witzig macht. Wenn ich ein Reading gebe, lerne ich das wahre Selbst der angesprochenen Seele kennen. War sie zu Lebzeiten schrullig, ist sie dies auch, wenn sie sich bei mir meldet. Ich kann sofort sagen, ob ich es mit einer introvertierten oder extravertierten Persönlichkeit zu tun habe, mit einem Spaßvogel oder einem eher ernsthaften Wesen.

Hat sich mein geliebtes Wesen wirklich derart verändert?

Manchmal bekommt man ein Reading, das einfach nicht zu passen scheint. Eine meiner Freundinnen suchte einmal ein Medium auf. Sie hatte einen Golden Retriever gehabt, der gestorben war. Sie sehnte sich so sehr nach ihm, dass sie unbedingt mit ihm Kontakt aufnehmen wollte.

»Mochte Ihr Hund es gern, verkleidet zu werden?«, fragte das Medium ernsthaft. »Ich sehe ihn hier im Wikinger-Outfit mit einem gegabelten Speer.«

Meine Freundin war bass erstaunt, überlegte aber dennoch hin und her. Doch ihr Hund hatte sich nicht mal spaßeshalber ein T-Shirt überziehen lassen, geschweige denn eine solch skurrile Aufmachung geduldet …!

Sie erzählte mir die Geschichte eines Tages, als wir gemütlich zusammensaßen. Das Reading war ihr nicht mehr aus dem Kopf gegangen: Konnte sich die Persönlichkeit ihres Hundes wirklich *derart* verändert haben?

Mir war klar, dass ihr Hund sich keineswegs verändert hatte. Es handelte sich schlicht nur um ein schlechtes Reading. Man muss sich klarmachen, dass es durchaus Readings gibt, bei denen nichts herauskommt. Sie sind kein Beleg dafür, dass dein geliebtes Wesen sich verändert oder plötzlich andere Vorlieben hätte als früher!

Auch Medien sind nur Menschen, die über unterschiedlich ausgeprägte Fähigkeiten verfügen. Vielleicht hatte dieser Kollege auch nur einen schlechten Tag.

Wenn du zu einem geliebten Wesen einen guten Draht hattest, es zu seinen Lebzeiten gut kanntest, dann überlege es dir zweimal, ob du dich wirklich von einem Reading überzeugen lässt, dass seine Persönlichkeit sich derart verändert haben soll. Vielleicht teilt die Seele dir etwas mit, was dich überrascht. Auch sind die Seelen fähig zur Vergebung. Sie entwickeln für vieles ein anderes Verständnis. Aber ihr wahres Selbst verändert sich durch den Übergang nicht.

WOHER KOMMEN DIE »SPIRIT ORBS« AUF FOTOS?

Die Leute fragen mich oft, ob man Geister sehen kann. Da sie aber Energie sind, ist es für das menschliche Auge schwierig, sie tatsächlich wahrzunehmen. Doch es gibt Andeutungen, Spuren oder Zeichen ihrer Präsenz. Hast du je ein Foto gemacht und später darauf einen kreisförmigen Lichtfleck bemerkt? Das nennt man »Spirit Orbs«, also »Geistersphären« oder »-kugeln«. Diese Spirit Orbs zeigen sich meist auf Fotos, sie können aber auch mit bloßem Auge wahrgenommen werden.

Wenn in dem Moment, in dem du das Foto machst, ein geistiges Wesen präsent ist, siehst du vielleicht eine Silhouette oder einen Schatten. Meistens aber macht sich dieses Wesen als Spirit Orb bemerkbar – als Manifestation seiner Energie, welche die Kamera festhält.

Viele Menschen posten auf meiner Facebook-Seite Fotos von Fest- und Feiertagen, auf denen solche Lichtflecken zu sehen sind, die sie bei der Aufnahme nicht bemerkt haben. Wenn sie später dann die Fotos betrachten, zeigen sich auf einmal diese Lichtkugeln! Es ist kein Zufall, dass man sie vor allem bei Familienfesten und besonderen Gelegenheiten sieht. Die geistigen Wesen sind ja häufig anwesend, wenn ihre Lieben zusammenkommen.

Manchmal sagen mir die Geistwesen auch klipp und klar, dass sie auf Fotos als Lichtkugeln sichtbar sind. Die Familienmitglieder hatten das nicht bemerkt, aber wenn sie nach dem Reading die Fotos anschauen, dann sind sie plötzlich auch für sie erkennbar!

Wenn die Leute mir solche Fotos zeigen, erwarten sie gewöhnlich, dass ich ihnen sagen kann, wen der Lichtfleck darstellt. Ganz ehrlich: Ich kann diesen Fotos nichts entnehmen. Diese Gabe besitze ich nicht. Meine Mutter hingegen ist dazu in der Lage.

Ich erinnere mich noch gut daran, dass eine Frau wegen eines Readings zu mir kam. Sie hatte kurz zuvor entbunden, und als sie das Baby auf dem Videomonitor betrachtete, sah sie eine Lichtsphäre, die um das Kleine zirkulierte!

Die Lichtkugel wanderte jeden Abend um das Baby herum, was die Mutter ein bisschen erschreckte. Ich sah mir das Video an und wusste, dass sie nichts zu befürchten hatte. Ich konnte die liebende Präsenz von ihrer eigenen Mutter spüren. Woraufhin wir feststellten, dass die Lichtkugel zum ersten Mal an dem Tag aufgetaucht war, als der Tod ihrer Mutter sich jährte.

Wenn du also auf einem Foto so einen kreisförmigen Lichtfleck feststellst, überlegst du am besten, wann das Foto aufgenommen wurde. Die Chancen stehen gut, dass es sich um einen Feiertag, einen Jahrestag oder ein anderes wichtiges Datum handelt.

WIE KANN ICH MEINE ENGEL ZU HILFE RUFEN?

Sende deinen Engeln einfach nur einen Gedanken, dann sind sie da! Sie helfen gern, wenn du Führung, Schutz oder eine himmlische Schulter zum Anlehnen brauchst.

Engel und Heilige haben im Übrigen ihre »Spezialgebiete«.

Ein Heiliger, den ich oft anrufe, ist Sankt Antonius. Er hilft uns, Verlorenes wiederzufinden. Wie alle Engel und Heiligen steht er nicht einfach da und drückt dir deine verschollenen Autoschlüssel in die Hand. Die Engel mischen sich nicht ohne Erlaubnis in dein Leben ein, außer du bist ernsthaft in Gefahr. Aber sie helfen sehr gern. Sie brauchen nur eine Einladung von dir. Das muss nichts Kompliziertes sein. Ein einfaches »Bitte, hilf mir« oder »Bitte, hilf diesem lieben Menschen« genügt! Und du musst das auch nicht laut aussprechen. Deine Engel hören deine Gedanken und verstehen deine Absichten.

Wenn du ein Dokument beziehungsweise einen Ring verlegt hast oder wenn du dein Auto auf dem Parkplatz nicht mehr findest, kannst du den heiligen Antonius anrufen. Dazu musst du nicht katholisch sein. Er hilft Menschen sämtlicher Konfessionen:

»Heiliger Antonius, schau umher:
Ich finde mein … [hier setzt du ein, was du verloren hast] nicht mehr.«

Dazu habe ich auch eine schöne Geschichte zu erzählen. Vor einigen Jahren bereitete Alexa für uns das Thanksgiving-Abendessen zu. Bei all dem Kochen und Braten wurde es im Haus ziemlich warm, also öffnete sie ein Fenster. Wir bemerkten nicht, dass unser Kater die Gelegenheit zum Freigang nutzte. Uns fiel erst auf, dass er ausgebüxt war, als ich das abends in einer Vision sah. Wir suchten lange nach ihm, aber erst nachdem ich Sankt Antonius um Hilfe gebeten hatte, fanden wir ihn. Sobald das Stoßgebet ausgesprochen war, stand mir ein Bild vor Augen: unser Kater im Garten eines Nachbarn. Und tatsächlich trieb er sich dort herum. Ich glaube, der heilige Antonius hat uns zu ihm geführt.

In meiner Familie heißt es immer: Wenn du zu einem Heiligen betest, lädst du ihn in dein Leben ein. Jeder Heilige, der bei mir sein möchte, ist mir willkommen. Ich unternehme alles, um mir ihre Nähe zu sichern. So habe ich zum Beispiel im Auto eine Münze mit dem Bild des heiligen Christophorus, weil er die Reisenden beschützt. Als die Covid-Pandemie ausbrach, trug jeder in meiner Familie eine Münze mit dem Bild des heiligen Rochus: Er ist der Schutzpatron, der bei Infektionskrankheiten hilft.

Einen Heiligen in deinem Leben zu haben, ist ein großer Trost.

Und es kann wirklich helfen, wenn du Unterstützung und Führung brauchst.

WISSEN MEINE LIEBEN, DASS ICH REGELMÄSSIG IHR GRAB BESUCHE?

Sicher doch, aber nicht, weil sie auf Friedhöfen »abhängen« würden! Sie sind mit dir verbunden und können spüren, wenn du dir die Zeit nimmst, ihr Grab zu besuchen und an sie zu denken.

Manchmal geben sich die Leute wirklich viel Mühe, das Grab schön zu gestalten und es regelmäßig zu besuchen. Aber wie ich schon sagte: Ganz egal, was dein lieber Mensch dir zu Lebzeiten mitgeteilt haben mag, sobald er den Übergang hinter sich hat, bist *du* ihm wichtig, nicht der Ort, an dem sein früherer Körper beerdigt ist.

Bei einem meiner Readings kam eine Frau durch, die ihre Tochter kontaktieren wollte. Als sie damals erfahren hatte, dass sie bald sterben werde, bat sie ihre Tochter, sich um ihr Grab zu kümmern, wenn sie einmal nicht mehr da sein würde. Sie wünschte sich regelmäßig frische Blumen, und das Grab sollte immer gepflegt aussehen. Jeder, der an ihrer letzten Ruhestätte vorüberkäme, sollte sehen, dass sie geliebt worden war. Die Tochter pflegte jahrelang das Grab ihrer Mutter, wie diese es gewünscht hatte. Doch irgendwann zog sie um und konnte es nicht mehr regelmäßig besuchen. Die Mutter sagte beim Reading, sie wisse, dass die Tochter nicht mehr zu ihrem Grab ging.

Du hättest die Reaktion der Tochter sehen sollen! Sie machte ein erschrockenes Gesicht, so als hätte man sie bei einer Untat erwischt. Aber die Mutter sagte der Tochter nur, das habe keine Bedeutung! Ihre neue Sichtweise habe ihr gezeigt, dass es nicht das Grab war, das zählte – sie freue sich viel mehr darüber, dass die Tochter voller Liebe an sie dachte und ihr Andenken ehrte.

Häufig werde ich gefragt, ob ich nicht von Botschaften überflutet würde, wenn ich auf einen Friedhof gehe. Gar nicht! Die geistigen Wesen halten sich wie gesagt nicht auf dem Friedhof auf. Ich spüre die emotionale Restenergie der Beerdigungen. Und ich fühle die Energie der Lebenden, welche die Gräber besuchen. Aber Kontakte zur geistigen Welt sind am Friedhof nicht häufiger als anderswo.

Viele Leute stecken eine Menge Geld und Energie in Grabsteine, Plaketten oder Bänke für die Trauernden. Das ist schön, weil es zeigt, dass die Verstorbenen uns wichtig waren. Aber ich wiederhole: Es hat wirklich mehr mit den Lebenden zu tun als mit den »Toten«, auch wenn diese deine liebende Geste zu schätzen wissen.

Falls du eine Bank für den Friedhof spenden möchtest, dann wird das nicht so sein, dass deine Lieben im Geist künftig ständig dort sitzen. Nimmst allerdings du darauf Platz, um ihrer zu gedenken, sind sie sicher bei dir.

Es ist ähnlich wie bei uns: Da gibt es zum Beispiel eine Organisation, der ich angehöre. Wenn jemand ihr Geld spendet, wird ein Gedenkstein mit seinem Namen auf einem der Gehwege in seiner Stadt angebracht. Wir haben das gemacht, und es ist echt cool, diesen Stein dann vor uns zu sehen: »Gespendet von der Familie Fraser.« Ich freue mich, wenn ich daran vorbeigehe, aber trotzdem halte ich mich nicht ständig dort auf.

Nichts ist wichtiger als deine liebevollen Gedanken

Menschen beschreiten die unterschiedlichsten Wege, um ihrer Lieben zu gedenken. Eine Frau, die ich bei einer meiner Veranstaltungen kennenlernte, hatte ihren Bruder verloren. Sie sehnte sich sehr nach ihm, und so kam sie auf die Idee, regelmäßig an seinem Grab zu sitzen und ein Bier »mit ihm« zu trinken. Er kam im Reading zu mir durch, um ihr zu sagen, dass er mit ihr war ...!

Geh ruhig auf den Friedhof, und besuche das Grab deiner Lieben, wenn dir das ein gutes Gefühl gibt. Aber wenn du von dem Ort wegziehst oder aus anderen Gründen nicht ans Grab gehen kannst, ist das völlig in Ordnung. Denk an deine Lieben, das reicht. Letztlich ist es das liebevolle Andenken, das zählt! Auch wenn du ihrem Gedenken einen Platz in deiner Wohnung oder deinem Garten widmest, ist der Zweck erfüllt.

KÖNNEN MENSCHEN IM HIMMEL NOCH EINMAL STERBEN?

Ob du es glaubst oder nicht: Die Leute stellen mir diese Frage tatsächlich des Öfteren. Die Antwort ist ein klares Nein. Allerdings entscheiden sich manche geistige Wesen, zur Erde zurückzukommen, wenn sie eine göttliche Aufgabe zu erfüllen haben. Kehren sie danach in den Himmel zurück, sterben sie nicht. Sie nehmen nur einfach wieder ihre himmlische Form an.

Denk daran, dass deine Seele – als der unsterbliche Teil von dir – weiterlebt. Und wie die Energie ist auch die Seele unendlich. Die himmlischen Wesen nehmen den Tod nicht so ernst wie wir. Für sie bedeutet er einfach nur einen Übergang.

Die Jahre, die du auf der Erde verbracht hast, sind für deine Seele der kürzeste Teil ihres Weges. Sobald eine Seele in den Himmel kommt, sieht sie Menschen nicht mehr als »jung verstorben« oder »alt geworden« an. Der irdische Part des Lebens ist immer nur ein Lidschlag in der unendlichen Lebenszeit der Seele.

GIBT ES SO ETWAS WIE KARMA WIRKLICH?

Ja, Karma gibt es, und zwar gutes und schlechtes. Die meisten Menschen denken hier immer an letztere Version dieser Konsequenzen unseres Handelns. Manche Leute fürchten sich gar davor. Aber das Karma kennt beide Varianten.

Karma fällt immer auf seinen Urheber zurück. Das gilt für beide Arten. Die Menschen regen sich manchmal auf, wenn sie für jemanden etwas Gutes tun, und der Betreffende bedankt sich nicht einmal. Aber das macht nichts! Das Universum vergisst so etwas nicht. Wir alle haben sozusagen ein »Gutes-Karma-Sparschwein«. Dort wird es gespeichert für die Momente, in denen wir es brauchen.

Das Universum führt darüber Buch. Jeder gütige Akt ist wie eine Einzahlung auf ein Bankkonto. Wenn du in deinem Leben dann positive, liebevolle Energie brauchst, kannst du auf dieses Vermögen zurückgreifen.

Samen der Güte

Ich habe eine Freundin, die wahrhaftig das gute Karma in Person ist. Sie übt sich ständig in Dankbarkeit, und wenn ein Freund Hilfe braucht, kann er auf sie zählen. Sie ist eine wunderbare Zuhörerin und gibt den Menschen gute Ratschläge. Auch wenn ihre Freunde kommen und gehen und manche Menschen ihre Güte und Großzügigkeit einfach nicht zu schätzen wissen, regt sie sich darüber nicht auf. Sie bleibt einfach die liebevolle, gütige Person, die sie ist.

Sie war immer so, seit ich denken kann, doch vor einigen Jahren geriet ihr Leben plötzlich ins Trudeln. Man stellte bei ihr eine sehr seltene Form von Krebs fest, die als unbehandelbar gilt. Ihre Ärzte rieten ihr, in New York einen Spezialisten aufzusuchen. Dieser Arzt hatte schon mehrere Menschen mit der gleichen Krankheit erfolgreich behandelt, und sie wusste, dass dies ihre einzige Überlebenschance war. Sie hatte keine Ahnung, wie sie die Behandlung bezahlen sollte. Es fehlte ihr auch an Energie, ihre Sachen zu packen und umzuziehen!

Da sie normalerweise nicht um Hilfe bat, war es eine Freundin, die auf der Spendenplattform »GoFundMe« eine Seite für sie einrichtete. Beinahe über Nacht kam hier eine halbe Million Dollar zusammen. Alle Menschen, die sie je kennengelernt hatte, taten sich zusammen, engagierten sich für sie und erzählten auch anderen davon. Es war, als hätten sämtliche Leute, denen sie je zur Seite stand, all ihren Freunden von ihrem Problem erzählt. Diese berichteten es wiederum ihren Freunden – und so weiter.

Sie hatte nie erwartet, dass ihre guten Taten eine solche Wirkung haben würden. Ihr positives Karma regelte am Ende alles. Sie konnte die erforderliche Behandlung angehen und überlebte. Mich überraschte das nicht. So funktioniert Karma nun mal!

Gutes Karma zu schaffen, ist einfach

Manchmal scheint das Leben verrücktzuspielen, und man fragt sich, wie man durch den Tag kommen oder gar Akte der liebenden Güte verrichten soll. Aber wenn du die folgenden vier einfachen Techniken übst, dann kannst du zu einer dauerhaften Quelle positiver Energie werden:

1. **Vergib:** Wenn du Groll gegen jemanden hast, hältst du an der negativen Energie eines anderen Menschen fest und holst sie in dein System. Lass sie einfach los! Du hast es nicht verdient, an der Negativität festzuhalten, die andere Menschen in dein Leben gebracht haben. Allerdings bedeutet »vergeben« nicht »vergessen«. Vergebung ist vielmehr ein Geschenk an dich selbst, weil sie dich frei macht! Wenn du vergibst, streichst du diese Energie aus deinem Leben.
2. **Übe dich in Dankbarkeit, wann immer du kannst:** Dankbarkeit steht uns grenzenlos zur Verfügung, also sei dankbar für alles Gute in deinem Leben: für die Menschen, denen du

wichtig bist, für deine Tiere, deinen Beruf und die Blumen in deinem Garten. Je bewusster du dich in Dankbarkeit übst, desto mehr Gutes wirst du anziehen.

3. **Sei achtsam in deinem Tun:** Hattest du es je so eilig, dass du aus dem Supermarkt oder der Bank gestürmt bist, ohne der Person zu danken, die dich bedient hat? Wenn du langsamer machst und achtsam bist, wirst du viele Gelegenheiten finden, um anderen ein Lächeln oder ein Dankeschön zu schenken oder ihnen eine helfende Hand zu reichen.
4. **Sei gütig zu dir selbst:** Wie du dich innerlich fühlst, bestimmt, wie du andere Menschen behandelst. Also sei dir selbst dein bester Freund/deine beste Freundin! Kleb dir Post-its mit positiven Affirmationen an den Badezimmerspiegel, und hör auf, ständig auf dir herumzuhacken. Ermutige dich selbst, und gönn dir eine Pause, wenn du sie brauchst – genauso, wie du das bei einem lieben Menschen tun würdest.

Von Herzen kommende Güte, Dankbarkeit und eine positive Einstellung sind ganz simple Methoden, um die Welt zu einem besseren Ort zu machen. Eine Quelle des Lichts zu sein, fühlt sich gut an; und das gute Karma, das du auf diese Weise aufbaust, verwirklicht sich immer dann, wenn du es am meisten brauchst. Ich kann dir nur empfehlen, dass du es dir zur Gewohnheit machst, gutes Karma anzusammeln, indem du dich täglich in Vergebung, Dankbarkeit, Achtsamkeit und Toleranz übst.

Wie man schlechtes Karma umwandelt

Ich kenne Menschen, die in jungen Jahren unbedacht verrückte Sachen angestellt haben. Und heute machen sie sich Gedanken, ob diese Taten sie vielleicht einmal einholen könnten. Karma geschieht einfach, das muss aber nichts Schlechtes bedeuten. Es gibt dir die Chance, etwas beim zweiten Mal besser zu machen. Es gibt auch Zeiten im Leben, in denen schlechtes Karma reif wird, das du aber umwandeln kannst. Dabei geht es vor allem darum, wie du auf diese Herausforderung reagierst. Dein spirituelles Wachstum sorgt dafür, dass du mittels Achtsamkeit und Bewusstheit den ansonsten automatisch ablaufenden karmischen Zyklus immer besser durchbrechen kannst.

Aber selbst wenn du nicht die Eingebung hast, das Universum verlange von dir, für frühere Handlungen Verantwortung zu übernehmen, fühlst du dich vermutlich besser, wenn du dich um Wiedergutmachung bemühst. Schuldgefühle führen dazu, dass wir bestimmte Themen und Handlungen meiden. Wir haben den Eindruck festzustecken und müssen uns mit der unguten Empfindung herumplagen, dass da noch etwas ist, um das wir uns zu kümmern haben. Daher gehört Wiedergutmachung beispielsweise auch zum Programm der Anonymen Alkoholiker. Aber schon der ehrliche Rückblick und das Eingeständnis, Fehler gemacht zu haben (und sei es nur uns selbst gegenüber), sind ein großer Schritt in die richtige Richtung.

ICH HÖRE IMMER WIEDER VOM RÜCKLÄUFIGEN MERKUR. WAS HAT DAS ZU BEDEUTEN?

Kennst du im Leben auch Momente, in denen alles schiefzugehen scheint? Das Auto streikt, bestimmte Geschäfte kommen nicht zustande, und dein Computer macht Zicken. Die Wahrscheinlichkeit ist groß, dass das nicht an dir liegt – sondern daran, dass Merkur gerade rückläufig ist.

Merkur ist der Planet der Kommunikation. Wenn er rückläufig ist, dann klappt's auch nicht mit der Kommunikation. Aber was heißt »rückläufig«? Und was hat das mit dem Planeten Merkur zu tun?

»Rückläufig« bedeutet, dass etwas sich nach hinten bewegt. Allerdings bewegt sich ein rückläufiger Merkur gar nicht rückwärts. Durch ein Teleskop betrachtet, sieht es allerdings ganz so aus. Das ist ein bisschen so, als würdest du am Bahnhof in einem Zugabteil sitzen, während gleichzeitig auf dem Nebengleis ein anderer Zug steht. Wenn dein Zug nun anfährt, macht es, von deiner Position aus gesehen, den Eindruck, als würde sich der Zug auf dem benachbarten Gleis nach hinten bewegen.

Das Gefühl, dass Merkur sich zurückbewegt, ist also eine Illusion, aber die Auswirkungen dieser Konstellation sind ganz real! Die Turbulenzen, die der rückläufige Merkur verursacht, beeinflussen unseren Alltag auf der Erde.

Die Sensibilität für diese energetischen Veränderungen ist von Mensch zu Mensch ganz unterschiedlich ausgeprägt. Manche verschwenden keinen Gedanken daran, andere stellen ihr Verhalten in dieser Zeit völlig um.

Es gibt Leute, die unterzeichnen keinen Vertrag, wenn Merkur rückläufig ist. Ganz so weit gehe ich nicht, aber wenn ich unter diesen »Vorzeichen« einen Vertrag unterzeichne oder eine größere Transaktion in die Wege leite, bin ich sehr vorsichtig. Und bin nicht übermäßig überrascht, wenn trotzdem etwas schiefgeht!

Wie du mit dem rückläufigen Merkur umgehst

Mein Rat lautet, achtsam zu sein, andererseits solltest du dich von einem rückläufigen Merkur aber auch nicht kopfscheu machen lassen. Trage die Daten in deinen Kalender ein, damit du weißt, dass etwas auf dich zukommen könnte. Wenn du in dieser Zeit fliegen musst, kannst du ein paar Snacks extra einpacken, um für die unvermeidbaren Verzögerungen gewappnet zu sein!

Folgendes Beispiel soll dir erklären, was ich damit meine. Ich habe Filmaufnahmen für einen meiner Kurse gemacht, und der Zeitplan war wirklich sehr eng. Ich konnte den Aufnahmetermin nicht verschieben und wurde ein wenig nervös, eben weil Merkur rückläufig war.

Ich bat die Techniker, besonders vorsichtig zu sein und von jeder Aufnahme eine zusätzliche Kopie herzustellen. Die Leute glaubten nicht so recht an das, was ich da erzählte. Sie hielten mich vermutlich für gaga, machten aber, worum ich sie gebeten hatte.

Ich muss zugeben, ich war schon hyperkritisch. Ich prüfte jedes Mikro und jede Kamera. Und ich erinnerte die Crew immer wieder daran, auch ja alles doppelt abzuspeichern.

Nachdem die Filmaufnahmen abgeschlossen waren, hörte ich dann zwei Wochen lang überhaupt nichts mehr. Als ich die Filmleute schließlich anrief, waren sie recht kleinlaut. Tatsächlich hatte der Computer mitten im Schnittprozess den Geist aufgegeben. Glücklicherweise waren da ja noch die Kopien (weil ich darauf bestanden hatte), aber sie mussten mit dem Schneiden ganz von vorn anfangen. Na ja, es hätte viel schlimmer kommen können …!

Der rückläufige Merkur ist nun nichts, was dich in Angst und Schrecken versetzen müsste … Er wird dein Leben nicht in einen Scherbenhaufen verwandeln, er kann dich jedoch schon ganz schön ausbremsen. Aber wie so oft wirst du den Schaden begrenzen, wenn du weißt, womit du es zu tun hast, und wenn du entsprechend achtsam bist.

TIEFER EINSTEIGEN

Lass die schlechte Energie los

Viel von der negativen Energie in deinem Leben müsste gar nicht da sein. In der Folge ein paar Tipps, wie du schlechte Energie abwehrst und vermeidest, dass sie an dir »kleben bleibt«:

- **Lass es raus!** Wenn ich meiner Mutter früher von einem Albtraum erzählte, sagte sie immer, das wäre schon ein Traum, den ich nie wieder haben müsste. Ich glaube, so ähnlich ist das auch mit unseren Albträumen, die wir im Wachzustand haben. Ich glaube nicht, dass man miese Gefühle verdrängen sollte. Wenn du an alten traumatischen Erfahrungen festhältst und nie darüber sprichst, dann hältst du sie in dir fest, und sie werden allmählich immer mächtiger. Du musst das einfach rauslassen. Rede mit einem Therapeuten darüber oder mit einer Freundin, damit die toxische Erinnerung keine Macht mehr über dich hat.

- **Lass es los!** Vergib und geh weiter. Denk daran: Vergebung ist ein Geschenk an dich selbst. Wenn du jemandem vergibst, heißt das nicht, dass du dieser Person einen Blankoscheck ausstellst und ihr freie Hand gibst. Du kannst darüber entscheiden, wen du in dein Leben lässt und wen nicht. Wenn jemand dich schlecht behandelt und du vergibst dieser Person, bedeutet das ja nicht, dass du künftig mit ihr rumhängen musst. Ob du das tun willst, liegt bei dir. Aber dieser Person zu vergeben heißt, dass du ihren energetischen Klammergriff um deinen Hals löst.

- **Sag einfach Nein!** Achte darauf, welche Menschen für dich schlecht sind, und geh ihnen aus dem Weg. Deine Intuition und deine Gefühle zeigen dir, wenn eine Beziehung dir nichts mehr bringt. Fühlst du dich traurig, aufgewühlt oder körperlich unwohl, wenn du mit diesem Menschen zusammen bist? Falls das öfter als ein- oder zweimal vorkommt, vertraue deinem Bauchgefühl, und begrenze die Zeit, die du mit diesem Zeitgenossen verbringst, oder gib dich gar nicht mehr mit ihm ab.

Du hast alle Macht, die du brauchst, um dich vor Energievampiren, alten Traumata, Wut und anderen negativen Mustern zu schützen. Du verdienst es, deine Zeit nur mit solchen Menschen und Aktivitäten zu verbringen, die das Beste in dir hervorrufen. Kurzfristig mag es einfacher sein, negatives Verhalten zu ignorieren, unangenehme Gefühle wegzuschieben oder einen Energieräuber in deiner Nähe zu dulden. Auf lange Sicht aber bist du besser dran, wenn du dich deinen Dämonen stellst!

· Nachwort ·

Eine letzte Frage: *»Was wollen meine verstorbenen Lieben mich wissen lassen?«* – Ich glaube, die Kommunikation mit den Seelen auf der anderen Seite hat mir ein recht klares Bild davon vermittelt, was wirklich zählt. Während seines Übergangs bekommt ein Mensch Gelegenheit, sein Leben noch einmal im Schnelldurchlauf zu sehen. Er erkennt, welchen Einfluss er auf andere gehabt, welche Chancen er verpasst hat, das Gute wie das Schlechte – einfach alles. Im Gespräch mit den Seelen habe ich wirklich viel gelernt! Fast als hätte man mir einen Spickzettel zugesteckt, auf dem steht, wie ich auf Erden das beste Leben führen kann.

Ich weiß, die Seelen auf der anderen Seite möchten, dass ich diese Einsichten mit dir teile.

DAS LEBEN IM FLUSS

Im Universum gibt es etwas, was man den »göttlichen Flow« nennt. Was das ist? Das ist, als würden wir beim Manifestieren einen kleinen Schubs in die richtige Richtung bekommen: Du schaffst dein bestes Leben mithilfe deiner Lieben im Geist. Lass mich das erklären …

Der Himmel wird dir helfen, wo er kann. Deine Engel werden dich zu Menschen, an Orte und zu Gelegenheiten führen, die dich vorwärtsbringen, aber sie werden dich nie beim Schummeln unterstützen.

Obwohl ich ein Medium bin, haben meine Engel mir nie die Lösungen für die Mathe-Schulaufgabe verraten oder die Lottozahlen der kommenden Woche. Das würde ich auch nicht von ihnen erwarten oder verlangen. Wir sind alle hier, um unsere Lebenslektionen zu absolvieren.

Wenn du lernst, dich im Denken und Handeln mit deinen Absichten und positiven Erwartungen auf den Himmel einzustellen, dann erzeugt dies einen natürlichen Fluss, der dein Leben verändert. Ich nenne ihn den »göttlichen Fluss«.

Mit einer Botschaft, die ich stets aufs Neue wiederhole, löse ich bei den Leuten regelmäßig heftiges Staunen aus: Deine Lieben auf der anderen Seite führen das Leben, das sie sich auf Erden gewünscht hätten. Sie tun höchst inspirierende Dinge und bringen unglaubliche, zutiefst beeindruckende Schöpfungen hervor.

Der Unterschied zu uns hier ist dabei, dass es im Himmel keine Zweifel oder Grenzen gibt. Die Seelen sind im göttlichen Fluss. Hier auf der Erde versuchen wir, diesem Zustand so nahe zu kommen wie nur möglich, aber das ist nun mal schwierig. Da sind so viele Sorgen und Hindernisse, die uns davon abhalten, unserer wahren Leidenschaft, unserer Lebensaufgabe zu folgen.

Wir alle haben die Fähigkeit, uns das Leben zu schaffen, das wir uns wünschen. Das ist unser Geburtsrecht, ob wir nun im Himmel oder auf der Erde leben. Stell dir vor, du kommst mit einem Wegweiser in der Hand zur Welt. Genau das ist passiert. Das ist der göttliche Fluss!

Also machen wir dazu doch mal eine Übung:

Wenn du dir deine Zukunft vorstellst, wie sieht sie aus?

- Wärst du gern verheiratet, oder würdest du noch einmal heiraten wollen?

- Gab es eine Scheidung, die dich in der Schwebe festhält?
- Willst du deinen Beruf wechseln oder ein Unternehmen gründen?
- Kannst du dir das Leben, das du führen möchtest, in seiner Gesamtheit vorstellen?
- Möchtest du deine Gesundheit verbessern und/oder dein Gewicht verringern?

Du hast also über deine Zukunft nachgedacht. Und auf folgende Weise kannst du mithilfe des göttlichen Flusses Träume verwirklichen.

Handle so, als wäre all das schon Wirklichkeit

Bevor du schlafen gehst, mach deinen Wunsch zum Mantra. Wenn du dir eine Liebesbeziehung wünschst, konzentriere dich auf den Begriff »Liebe« und darauf, wie du dich in dieser Beziehung fühlen möchtest. Mach das ungefähr fünf Minuten lang, bevor du einschläfst. Sieh deinen Wunsch einfach nur im Geist vor dir. Wenn wir unser Unbewusstes programmieren, sendet dies ein starkes und klares Signal an die geistige Welt, auch wenn wir das selbst nicht merken. Formulierst du vor dem Schlafengehen deine Absichten klar und deutlich, hilft dies deinem Unbewussten und deiner Seele, während des Schlafs die nötige innere Arbeit zu leisten. Und das trägt im Wachzustand am Ende Früchte.

Bitte deine Ahnen/deine Lieben um Hilfe

Das ist eine gängige Praxis überall auf der Welt: die Ahnen, Engel und lieben Seelen um Hilfe zu bitten, wenn man Schutz, Heilung und Trost braucht. Und es ist noch nicht mal schwierig. Sie sind ohnehin ein Teil von dir. Daher ist es einfach, die Energie des göttlichen Flusses anzuzapfen, zu der sie Zugang haben.

Dankbarkeit ist alles

Dankbarkeit gilt als so eine Art kosmisches Sparkonto. Jedes Dankeschön, das du denkst oder aussprichst und im Herzen fühlst, wird als eine Einzahlung verbucht, die deine Manifestationen energetisch auflädt.

Du bist nicht aufzuhalten

Der Himmel reagiert auf deine positiven Gedanken und Gefühle. Wenn wir positive Schwingungen aussenden, sind wir eins mit dem göttlichen Fluss, und unsere persönliche Schwingungsenergie wird hoch genug angehoben, damit wir uns die enorme Dynamik der Schöpfungsenergie zunutze machen können. An diesem Punkt sind wir im Einklang mit dem Universum und haben das Gefühl, dass nichts mehr uns aufhalten kann.

Handle inspiriert

Vertraue darauf, dass es sich bei Ahnungen oder Eingebungen, du solltest jemanden anrufen, ein bestimmtes Buch lesen oder dich an einen speziellen Ort begeben, um die Stimmen der geistigen Welt handelt, die auf deine Bitte reagiert. Wir werden von unseren Lieben, unseren Engeln und geistigen Führern geleitet, damit wir die Richtung finden, in die uns die Leidenschaften und die Aufgaben unserer Seele weisen.

Vertraue auf die Macht der Bilder und des geschriebenen Wortes

Kauf dir für deine schöpferische Verwirklichung ein Tagebuch, in dem du klar sagst, was du erschaffen möchtest. Und vergiss die Bilder nicht! Zum Beispiel vom perfekten Auto, Haus, Körper oder Gefühl … Sei so genau wie irgend möglich. Der Himmel reagiert auf das, was du dir ersehnst. Sobald du einen konkreten Wunsch hast, schreib ihn auf, und zwar so, als wäre er bereits Wirklichkeit. Deine Vorstellungskraft kann sich lebhaft alle Details dazu ausmalen. Mach dies wenigstens 21 Tage lang, und dann sieh zu, wie die Magie sich entfaltet.

Die Menschen bezeichnen mich ja immer wieder als alte Seele. Ich glaube auch zu wissen, warum. Stell dir vor, wie es ist, die Seelen auf der anderen Seite kontaktieren zu können und schon in jungen Jahren von ihren Erfahrungen zu lernen.

Du wärst echt überrascht. Ich halte mich nicht für einen spirituellen Lehrer, aber wenn du jahrelang immer wieder Botschaften vom Himmel vermittelt bekommst, wie das bei mir ist, dann fallen dir einfach bestimmte Muster auf.

Sprichst du mit dem Himmel, wird man dir sagen, dass es viele verschiedene Formen der Liebe gibt, die alle zu deinem Wachstum, deiner Entwicklung und deinem Glück beitragen.

Ich habe mich immer gefragt, warum die Seelen, die zu mir durchkamen, nie einen Groll gegen irgendjemanden zu hegen schienen – sogar wenn eine Person für ihren Tod verantwortlich war. Sie vertrauten sich selbst und liebten sich zutiefst … und das, obwohl ich immer wieder hörte, dass sie zu Lebzeiten gelitten hatten.

Es schien sie auch nicht zu stören, wenn ihr lieber Mensch auf Erden mit jemand anderem zusammen war, vorausgesetzt, er war mit dieser neuen Person glücklich. Und sie bestanden darauf, ihre Liebe frei fließen zu lassen. Häufig hieß es bei dieser Gelegenheit, sie seien dazu im Leben nicht fähig gewesen.

Heute weiß ich, dass sie all das können, weil sie im Himmel leben. Doch du musst nicht warten, bis du den Übergang absolviert hast. Du kannst den Himmel schon jetzt auf Erden erleben! Und zwar wie folgt.

Achte auf dich selbst – voller Liebe, Mitgefühl und Bereitschaft zur Vergebung

Nimm dir einen Augenblick Zeit, und hör zu, wie du mit dir selbst redest, betrachte, wie du dich ernährst, wie du mit deinem Wohnraum umgehst und welche Schlafgewohnheiten du hast. Welche von den folgenden deiner Gewohnheiten und Verhaltensweisen würdest du Menschen, die du liebst, nicht erlauben?

- Sich mit Worten und Gesten herabzusetzen?
- Den Fernseher während des Schlafens laufen zu lassen?
- Böse Gedanken über sich und andere zu hegen?
- Vor einem gesunden Essen Süßigkeiten zu sich zu nehmen oder es sogar durch sie zu ersetzen?
- Trotz Müdigkeit nachts lange aufzubleiben?
- Im Stehen zu essen, aus der Hand in den Mund, oder zu essen, während man auf einen Computer- oder Fernsehbildschirm starrt?

Wir alle machen dies gelegentlich. Aber wenn das bei dir zur Routine gehört, dann wirst du vermutlich bemerken, dass diese Verhaltensweisen und Gewohnheiten dich davon abhalten, das zu bekommen, was du dir unbedingt wünschst, zum Beispiel einen Körper, den du magst, einen Job, der dich erfüllt, eine gute Partnerschaft oder die spirituelle Disziplin, um all das umzusetzen, was du in diesem Buch gelernt hast.

Sei dir selbst eine gute Mutter (oder ein guter Vater)

Schau zurück auf die Beziehung zu deinen Eltern und/oder deinen Kindern, und überlege, welche Methoden bei dir besonders gut funktioniert haben. Ich wette, es war eine Mischung aus klaren und konsequenten Regeln sowie Güte, Geduld und Verständnis. Mach dir eine Liste von Regeln und Versprechen an dich selbst. Wenn du das noch nie getan hast, achte darauf, dass die Liste nicht zu lang wird. Du kannst ja im Laufe der Zeit das ein oder andere hinzufügen. Auf jeden Fall wirst du den Erfolg merken. Pass auf, dass deine Vorhaben machbar bleiben. Wenn ich auf meine Kindheit zurückblicke, gab es da eine ganze Reihe von nicht verhandelbaren Regeln, die am Ende zu guten Gewohnheiten führten.

Bring dich in Einklang mit deiner Lebensaufgabe

Weißt du noch? Deine Lebensaufgabe entdeckst du, wenn du überlegst, wie du deine göttlichen Gaben am besten einsetzen kannst. In Kapitel 9 im Abschnitt »Warum bin ich hier? Wie kann ich herausfinden, was meine wahre Aufgabe ist?« erkläre ich diesen Prozess.

Entdecke dein wahres Talent, deine Gabe

Wenn dir nicht auf Anhieb einfällt, was dich einzigartig macht, dann schau dir an, was du sehr gern magst. Welche Gespräche oder Aktivitäten begeistern dich am meisten? Was kannst du besser als jeder andere, den du kennst? Wenn du deine brillanten Seiten lebst, dann verfliegt die Zeit wie im Nu, weil du vollkommen eins mit deiner Schöpfung wirst. Lass die Kämpfe und Herausforderungen deines Lebens vor deinem inneren Auge Revue passieren. Wie kannst du diese Fähigkeiten einsetzen, um jemandem zu helfen, der das Gleiche erlebt oder zumindest etwas Ähnliches?

WARUM WIR NIE STERBEN

Wenn es etwas gibt, was deine Lieben im Geist dich wissen lassen möchten, dann ist es die Tatsache, dass du, je mehr du über den Himmel und das Jenseits erfährst, immer besser begreifst: Dies ist keineswegs ein ferner Ort. Und – noch wichtiger: So etwas wie den Tod gibt es nicht. Die Seelen wechseln nur einfach die Welten.

So schmerzhaft es ist, einen lieben Menschen zu verlieren, so bleibt er doch bei dir auf der Erde. Er wacht über dich, schenkt dir Führung – und vor allem: Dieser Mensch liebt dich immer noch von ganzem Herzen. Die Zeichen seiner spirituellen Präsenz sind um dich herum und nehmen die unterschiedlichsten Formen an. Die Seelen auf der anderen Seite kennen die verschiedensten Wege, um mit dir zu kommunizieren.

Aber es gibt da ein Geheimnis, und das ist der Grund, weshalb ich mich entschieden habe, dieses Buch zu schreiben. Denn die Kommunikation kann auch von dir ausgehen. Du kannst mit deinen Lieben Tag für Tag Botschaften austauschen. Es beginnt damit, dass du dir ihre spirituelle Präsenz in deinem Leben bewusst machst und sie spürst. Und weißt, dass sie deine Botschaften erhalten.

Vergiss nicht, die Liebe ist ein göttliches Band. Diese tiefe Verbundenheit sorgt dafür, dass wir mit unseren Lieben in Kontakt bleiben, auch wenn sie diese Welt schon verlassen haben. Das Beste an dieser Verbindung ist: Sie kann nicht zerstört werden. Sie wird mit der Zeit immer nur stärker.

Vergiss nicht, dass zu einem Gespräch zwei gehören. So schön du es findest, wenn du von deinen Lieben im Geist hörst, sie hören auch liebend gern von dir.

Wenn du über sie nachdenkst, mit ihnen sprichst oder dich an die Zeiten erinnerst, die ihr miteinander erlebt habt, dann ist das, als würdest du an der Himmelstür läuten, um Hallo zu sagen.

Du kannst jederzeit mit deinen Lieben in Kontakt treten. Ganz egal, wo du bist oder was du tust, sie werden dich hören.

Wie das möglich ist, willst du wissen? Die Antwort ist einfach: Wir sterben nie.

· Dank ·

Ich kann es kaum glauben, dass dies mein zweites Buch ist, das bei Gallery Books und Simon & Schuster erscheint. Ich bekomme schon eine Gänsehaut, wenn ich das nur niederschreibe. Das alles wäre aber niemals möglich gewesen, wenn ich nicht dieses umwerfende Team hätte, das mich unterstützt hat. Hier ein dickes Dankeschön an alle.

Alexa, meine Frau: Danke für das schöne Vorwort und für die Liebe und Freude, die du in mein Leben gebracht hast. Ich finde es wunderbar, dass du auf dieser Reise an meiner Seite bist.

Danke an meine Mutter Angela, meinen Vater Roderick und meine Schwester Maria – für eure unerschütterliche Liebe und immerwährende Bestätigung.

An Imal Wagner, meine langjährige PR-Frau: Kannst du dir vorstellen, dass wir das Ganze erst 2011 auf den Weg brachten? Und schau uns heute an: drei veröffentlichte Bücher später, eine Reality-Fernsehserie und diverse Erwähnungen in den nationalen Nachrichten. Alles nur wegen dir und deinem unbeirrbaren Glauben an mich. Alles in meinem Leben und meiner Karriere hat seine Wurzeln bei dir. Ich weiß ehrlich nicht, wie ich dir danken soll.

An Lisa Marie Tucker, meine Executive Producerin und gute Freundin: Ich danke dir, weil du mich immer aufbaust. Und für deinen beständigen Glauben an mich.

An Ricardo Couto, meinen aktuellen Tourmanager: Danke, dass

du mit mir buchstäblich durchs ganze Land fährst. Danke, weil du Babysitter ebenso bist wie Problemlöser. Und für all das Lachen auf unserer unglaublichen gemeinsamen Reise.

An Seth Shomes, meinen Touragenten: Danke, weil du mich in so viele spannende Städte und Veranstaltungen gebracht hast. Ich genieße jedes unserer Gespräche und deinen faszinierenden Sinn für Humor. Du richtest mich immer wieder auf.

An Dominic Joseph, meinen Produktionsassistenten und nun auch Tourproduzenten: Danke dafür, dass du jede Veranstaltung zu etwas ganz Besonderem machst.

An Sherry Ferdinandi, meine Finanzchefin und Managerin: Danke dafür, dass du alles im Griff hast! Dank dir kann ich mich auf meine Lebensaufgabe, meine Mission konzentrieren und muss mich nicht um das Alltagsgeschäft kümmern. Danke, weil du dich stets für mich einsetzt und in meinem Interesse kämpfst.

An Alice und Patrick, meine Marketingdirektoren: Danke dafür, dass ihr meine Gedanken und Visionen nehmt und sie zu Kunst macht!

An den Verlagschef Jeremie Ruby-Strauss: Ich kann nicht fassen, dass wir jetzt schon unser zweites Buch zusammen machen! Dieses Buch hier wollte ich schon so lange schreiben! Danke dafür, dass du an mich geglaubt und den Traum zur Wirklichkeit gemacht hast. Dank dir kommen meine Bücher bei Simon & Schuster heraus. Ich werde dir immer dankbar sein für diese großartige Chance. Ich verdanke dir alles.

Danke an Molly Gregory, die unermüdlich Telefonanrufe entgegennimmt, Teams zusammenstellt und dafür sorgt, dass die Kommunikation zwischen allen klappt wie am Schnürchen. Alles, was du getan hast, hat bewirkt, dass meine Wünsche so schnell wahr geworden sind.

An Caroline Pallotta: Danke, dass du mich in der Spur gehalten hast, was die Termine für dieses Buch anging! Obwohl ein Großteil deiner Arbeit im Verborgenen stattfindet, war mir doch immer bewusst, wie hart du arbeitest, damit alles pünktlich fertig wird. Das hat mir sehr viel bedeutet.

An Sarah Wright: Dem Himmel sei Dank, dass ich dich hatte, die alles Korrektur gelesen und meine vielen Fehler verbessert hat. Ich habe keine Ahnung, wie ich es durch die Englischprüfungen in der Highschool geschafft habe! Dank deiner Arbeit weiß niemand, wie schlecht ich in Grammatik, Rechtschreibung und Interpunktion bin! Hoffentlich bleibt dies unser beider Geheimnis.

An Jennifer Robinson: Ich werde immer an die Zeit denken, als wir zusammen auf Pressetour in New York waren und uns in den Pausen miteinander unterhielten. Dass wir in der Show von Jenny McCarthy einen Auftritt hatten und dass wir bei der Talkshow »The Doctors« fertige Bücher zur Verfügung hatten, die ich ans Publikum verteilen konnte, noch bevor das Buch überhaupt in Druck ging – das war alles dein Werk. Du bist einfach ein unschätzbar wertvolles Teammitglied. Ich bin so dankbar für deine harte Arbeit. Danke dafür, dass du meine Pressefrau bist.

An Mackenzie Hickey, meine Marketingspezialistin: Danke, weil du dafür gesorgt hast, dass meine Bücher in den Regalen der Buchhändler landen! Wenn ich an den Buchläden vorbeigehe und sehe mein Buch im Schaufenster, denke ich immer an dich.

An John Vairo und Lisa Litwack, meine Art Directors: Ich kann euch gar nicht sagen, wie begeistert ich von dem Buchcover der amerikanischen Ausgabe bin! Es ist so unglaublich schön, anders und einzigartig. John, ich liebe es, wie du immer mit Visionen und »Wir schaffen das« an die Dinge herangehst! Du bist ein kreatives Genie!

An Jen Bergstrom: danke dafür, dass du mir geholfen hast, dieses Buch in die Hände trauernder Menschen in aller Welt zu bringen.

Die Botschaften hier sind so unglaublich wichtig. Ich weiß, dass das Buch vielen Menschen helfen wird, die einen lieben Menschen betrauern. Ich bin so dankbar, dass du meine Verlegerin bist.

An Aimée Bell: Danke dafür, dass du die Vision von meinem Buch geteilt und hinter den Kulissen viel Arbeit hineingesteckt hast. Ich kann es kaum erwarten, dass die Menschen lesen, was wir gemeinsam erarbeitet haben.

An Jen Long: Ich werde nie den Moment vergessen, als ich dich in der Zentrale von Simon & Schuster in New York kennengelernt habe. Wie begeistert du von diesem Projekt warst. Danke für all die köstlichen Snacks, den Kaffee und die Gespräche auf dem Flur. Ich freue mich, mit dir als Verlagsleiterin weiterarbeiten zu dürfen.

An Sally Marvin: danke dafür, dass du die Informationen über dieses Buch verbreiten geholfen hast! Ich bin wirklich dankbar, dass du in der Presseabteilung des Verlags für mein Buch da warst.

Und an alle meine Freunde, Angehörigen und das ganze Team bei Simon & Schuster: Ich bin euch allen so unendlich dankbar. Ich betrachte mich jeden Tag als gesegnet, weil ihr mich alle unterstützt.